# SAFARI
# EUROPA

Zu Tausenden sind sie in der Camargue zu finden: Das Rosarot der Rosaflamingos fasziniert die Menschen seit jeher. So wurde im alten Ägypten die Farbe Rot mit einer Hieroglyphe in Flamingo-Gestalt dargestellt.

Auch er scheint die langen Tage unter der Mitternachtssonne zu genießen: Dieser Braunbär treibt sich auf der Suche nach essbaren Früchten und Wurzeln in den Wäldern Finnlands herum.

Stark mäandert der insgesamt knapp 120 Kilometer lange Uvac durch einen seiner drei natürlichen Stauseen im Südwesten von Serbien, im Grenzgebiet zu Bosnien und Herzegowina.

Wenn es Nacht wird am Comer See, funkeln nicht nur die Lichter der kleinen Fischerorte, bei sternenklarer Nacht zeigt sich auch die Milchstraße am Firmament und beleuchtet die kleine Kirche San Bartolomeo.

# Safari ins wilde Europa

Beim Wort »Wild« denken viele von uns eher an ein fleischreiches Gericht im Landgasthof. Und beim Wort »Safari« vermutlich an Afrika. Doch beides passt auch vorzüglich bei einem Streifzug durch die Tierwelt Europas zusammen. Und die ist eindrucksvoll: Von den Eisbären auf Spitzbergen bis zu Walen und Delfinen im Mittelmeer breitet sich eine erstaunlich große Artenvielfalt aus. Bären in Skandinavien, Luchse auf dem Balkan und Wisente in Polen – die Liste lässt sich endlos fortsetzen. Nicht nur Namibia und Südafrika haben ihre »Big Five«, sondern auch die Abruzzen und selbst Berlin. Wildpferde? Dafür muss man nicht durch die amerikanische Prärie galoppieren, die gibt es auch auf dem alten Kontinent nicht zu knapp. Da genügt ein Besuch in der französischen Camargue oder am lettischen Endure-See. Ganz zu schweigen von der Vogelvielfalt, die einen nicht nur im Donaudelta oder am Südzipfel Andalusiens ins Staunen versetzt, sondern auch auf der niederländischen Insel Texel und in vielen anderen Gebieten.

Mit sehr viel Glück begegnet man beim Wandern im Wald dem menschenscheuen Luchs.

## Action und himmlische Farbenwelten

Doch nicht nur die reiche Tierwelt bringt Safaristimmung nach Europa, sondern auch die zahllosen Möglichkeiten an Outdoor-Aktivitäten. Schon mal durch einen isländischen Eistunnel gestapft und sich bei all den Blautönen gefühlt wie im siebten Himmel? Oder im mecklenburgischen Schmalen Luzin geschnorchelt, wo die Unterwasserwelt fast so bunt schillert wie im Roten Meer? Oder wie einst die bosnischen Holzfäller mit Flößen über die Stromschnellen gebrettert, bis die Hose wie ein nasses Handtuch trieft? Schon mal was von Boofen gehört? Wenn nicht, dann bei den Naturfreunden aus der Sächsischen Schweiz nachhaken, wo sie ihre Nächte verbringen (oder auf S. 270 nachlesen).

So viel Abenteuer muss nicht sein? Sie möchten lieber des Nächtens verträumt in den Himmel schauen, um die Sterne zu zählen? Dann liegen Sie im Trend, denn immer mehr sogenannte Sternenparks ermöglichen den ungestörten Himmelsblick – auch im lichtdurchfluteten Europa. Und Mitternachtssonne im Sommer und bunte Polarlichter im Winter sind ohnehin unvergleichlich eindrückliche Erlebnisse.

## Im Dienste der Natur

Es gibt noch einen weiteren Trend: Urlauben und Gutes tun. Hört sich wie ein Widerspruch an, ist es aber nicht. Denn man kann viel Spaß haben und gleichzeitig Sinnvolles tun. Wie? Indem Sie als Volontär für eine Umweltschutzorganisation arbeiten und beispielsweise Meeresschildkröten verarzten, Wolfsspuren suchen oder Wale zählen. Der Vorteil: Man ist mitten in der Natur, trifft Gleichgesinnte und hilft der Umwelt. Spaß und Entspannungsmöglichkeiten gibt es natürlich auch. Vielleicht regt Sie dieses Buch dazu an. Und hoffentlich öffnet es Ihnen die Augen für die wilde Seite Europas. Denn die ist erstaunlich vielfältig – im Kleinen wie im Großen.

Ganz oben: Caminito del Rey, »Königspfad«, heißt der abenteuerliche Weg in Andalusien, den man dank Absicherungen gefahrlos begehen kann. Oben: Lieber nicht zu nah sollte man den Moschusochsen im Dovrefjell kommen.

Neugierig beäugt das Ren den Fotografen. Rentiere sind meist an den Menschen gewöhnt, da sie semi-domestiziert wurden. In der norwegischen Hardangervidda leben noch einige wilde Populationen.

# Inhalt

Einer der schönsten Vögel Europas ist der Eisvogel, den man hier beim Beutefang im niederländischen Nationalpark Lauwersmeer beobachten kann.

Erlebnisse, die nur Nordeuropa so bieten kann: Nordlichter und Gletscherhöhlen.

An den Atlantikküsten findet man den Nordkaper, eine Glattwalart, von der es wohl nur noch rund 250 Exemplare gibt.

# Wilden Tieren auf der Spur

Warum in die Ferne schweifen, wenn das Wilde liegt so nah? Das mag sich so manche Berlinerin denken, wenn mal wieder Wildschweine aus dem Grunewald ihren Garten durchwühlten, oder so mancher Lüneburger Bauer, wenn der Wolf auf der Weide ein Schaf gerissen hat. Europa ist wilder, als viele denken. So hat auch Italien seine »Big Five«: Marsische Braunbären, Wölfe, Hirsche, Wildschweine und Abruzzen-Gämse. Und wer es lieber gigantisch mag, der oder die wird vor allem in Skandinavien fündig, wo je nach Breitengrad Schwergewichte wie Moschusochsen, Elche und Rentiere durch die Wälder pirschen. Ganz zu schweigen vom Meer, das vor den Küsten Norwegens, Liguriens oder den Azoren genug Nahrung für Pottwale und andere Großsäuger bietet.

Wer bei Wildpferden nur an die amerikanische Prärie denkt, muss nur mal nach Lettland reisen. Dort grasen sie beispielsweise rund um den Engure-See. »Das weiß der Geier« sagen nicht nur Schülerinnen und Schüler bei blöden Lehrerfragen, sondern auch die Bewohner in den Pyrenäen. Dort drehen Bart- und Gänsegeier ihre Runden. Apropos Vögel: Über 900 Arten wurden laut »Avibase«, einer Datenbank für Vögel, bislang auf dem europäischen Kontinent gezählt. Dazu gehören die mächtigen Steinadler in den Karpaten genauso wie die rosafarbenen Flamingos in der französischen Camargue oder die Krauskopfpelikane im Donaudelta. Und was wäre die Küste Skandinaviens und Islands ohne die hübschen Papageitaucher? Glücklicherweise besitzt Europa noch genügend Wildnis, Nationalparks und Schutzgebiete, um die Artenvielfalt unter den Tieren zu erhalten. Denn wir brauchen sie: die natürliche Wildheit. Ohne sie wäre dieser wunderbare Kontinent ziemlich arm dran.

# Moschusochsen im Dovrefjell

Ihre Urahnen stapften mit Mammuts durch die Gegend, heute sind Moschusochsen nur noch in wenigen nordischen Regionen verbreitet. Im Nationalpark Dovrefjell-Sunndalsfjella wurden sie erfolgreich wieder angesiedelt und zählen zu den Hauptattraktionen.

Die zotteligen Gesellen trifft man in Europa heute nur noch an wenigen Orten in Norwegen und Schweden an. Im Nationalpark Dovrefjell-Sunndalsfjella dürfen sie sich nach der Wiederansiedlung frei bewegen.

Ein verhältnismäßig großer Kopf, der Buckel über der Schulter und das aus mehreren Haararten zusammengesetzte Fell lassen die Moschusochsen massig erscheinen.

## REISE-INFOS

**Wo? Hjerkinn, Innlandet, Ostnorwegen**
**Wie? Gutes Straßen- und Bahnnetz in den Regionen Trøndelag, Innlandet und Møre og Romsdal**
**Info: www.dovrefjell-sunndalsfjella.no**

Sie sehen wie zottelige Bisons aus, ihre nächsten Verwandten sind jedoch die Ziegen – fast unvorstellbar, wenn man den dunkelbraunen Kolossen gegenübersteht. Rund 400 Kilogramm schwer und mit einer Länge von über zwei Metern scheinen sie so gar nichts mit den schmächtigen Verwandten gemein zu haben. Einst waren sie nur in Alaska, im Norden Kanadas und dem Nordosten Grönland heimisch, heute sind sie in anderen Gebieten verbreitet, auch in Skandinavien. Die Tiere sind nahrungstechnisch ziemlich anspruchslos und selbst die Kälte macht ihnen wenig aus. Moschusochsen bevorzugen Ebenen und Flusstäler, wo sie sich von Baumblättern, Kräutern und Gräsern ernähren, im Winter sich auch mit Flechten und Moosen begnügen.

**Regenscheu** *Feuchtes Klima schadet ihnen, da das fast bodenlange Fell wegen fehlender Talgdrüsen nicht wasserabweisend ist. Ebendieses Fell hat die Moschusochsen übrigens in der Inuitsprache zu ihrem Namen gebracht: Dort heißen sie Umimmaq, »Tier mit Fell wie ein Bart«.*

In Norwegen sind die Ungetüme am besten im Nationalpark Dovrefjell-Sunndalsfjella zu beobachten, wo 1932 Exemplare aus Grönland angesiedelt wurden. Nach einigen Rückschlägen ziehen heute rund 300 Moschusochsen durch die Wälder, die man im Rahmen geführter Wanderungen auch zu Gesicht bekommt. Gegründet wurde der Nationalpark im Jahr 2002 und umfasst heute ein Gebiet von 1693 Quadratkilometern. Zusammen mit den benachbarten Schutzgebieten ist ein Raum von fast der doppelten Größe des Saarlands dem Erhalt des alpinen Ökosystems gewidmet. Das kommt auch den wilden Rentierherden zugute, die hier in großer Zahl durch die Gegend pirschen. Unter anderem halten sie sich rund um die Snøhetta auf, mit 2286 Metern höchste Erhebung der Region.

## NICHT VERPASSEN!

### Dovrefjell

Die Gebirgsregion ist eine der eindrucksvollsten Landschaften Norwegens. Auf der Hochebene thront die 2286 Meter hohe Snøhetta, auf die man vom höchsten Punkt der Straße (1026 Meter) aus einen schönen Blick hat. Die raue Gegend gilt als einziges verbliebenes Hochgebirgsökosystem Europas, das noch intakt ist. Im Botanischen Garten von Kongsvold Fjellstue sind alpine Pflanzen aus anderen Regionen zu sehen.

Um 1700 wurden in Norwegen mit Vorliebe achteckige Kirchen erbaut, so auch Lønset.

**Nationalpark Dovrefjell-Sunndalsfjella** »Einig und treu, bis Dovre fällt«, schworen die Abgeordneten, als sie 1814 in Eidsvoll die bis heute gültige Verfassung des demokratischen Königreichs Norwegen verabschiedeten – und erhoben das Dovrefjell zu Norwegens Nationalgebirge. Seit 1974 sind die Höhen des Dovrefjell wegen ihrer landschaftlichen Schönheit, ihres botanischen Reichtums und als Rückzugsgebiet seltener Flora und Fauna als Nationalpark geschützt. 2002 wurde der Park fast bis zur Fjordküste erweitert und hieß ab diesem Zeitpunkt Dovrefjell-Sunndalsfjella. Rund 4000 Wildrentiere, aber auch Polarfüchse, Lemminge sowie seltene Greifvögel leben hier.

### Oppdal

Der Ort am Fuß des Dovrefjell ist ein Ausgangspunkt für Touren in eines der größten zusammenhängenden Skigebiete in Norwegen. Im Freilichtmuseum Oppdal sind 25 Gebäude (darunter Wohnhäuser, Speicher, Ställe und Mühlen) mit rund 2000 Anschauungsobjekten versammelt. Sehenswert ist auch die Ausstellung bäuerlicher Textilien.

### Nationalpark Dovre

**Der 289 Quadratkilometer große Nationalpark Dovre befindet sich zwischen dem Dovrefjell-Sunndalsfjella-Nationalpark und dem Rondane-Nationalpark. Die Landschaft des Parks besteht hauptsächlich aus Hochplateaus mit hügeligen Gipfeln bis zu einer Höhe von 1700 Metern. Die Gebiete um die höchsten Gipfel haben einen arktischen Charakter und weisen Spuren von Permafrost auf. Fast der gesamte Park liegt oberhalb der Baumgrenze. Die nährstoffreichen Böden bieten zahlreichen seltenen und geschützten Bergpflanzen optimale Lebensbedingungen. Das Vogelleben ist reich und vielfältig. Die abgelegenen Bergregionen im Park bieten vielen Vogelarten ruhige Nist- und Brutplätze. Eulen, Steinadler, Bussarde und Falken sind hier ansässig. Gleichzeitig ist der Park Teil eines größeren Gebiets, in dem noch wilde Rentiere leben. Die Tiere sind äußerst scheu und halten sich von Menschen fern.**

Vom Grimsdal aus reicht der Blick bis zu den schneebedeckten Gipfeln des Rondane-Nationalparks (ganz oben).
Das Dovrefjell bildet eine Wasserscheide, viele Bäche und Flüsse durchziehen das Gebirge (oben).

# Berberaffen in Gibraltar

Die Seefahrer der Antike hielten die Felsen für das Ende der Welt. Ihrer Magie beraubt ist der Ort an der Südspitze der Iberischen Halbinsel auch heute nicht. So befindet sich hier die einzige wild lebende Primatenpopulation Europas. Importiert während der maurischen Herrschaft (711–1492) und später von den Engländern geschützt, deren Hoheit über Gibraltar der Legende nach mit ihrem Überleben verknüpft ist, sind die Berberaffen inzwischen ein Besuchermagnet.

## REISE-INFOS

**Wo? Gibraltar, britisches Überseegebiet im Süden Spaniens**
**Wie? Per Auto von Algeciras (Provinz Cádiz, 20 km) oder Marbella (80 km)**
**Info: www.visitgibraltar.gi**

Wer war zuerst da? Die Menschen oder die Affen? Vermutlich die Menschen, zumindest im Falle von Gibraltar. Höhlenfunde an dem abschussrampenartigen Felsen legen nahe, dass hier vor 28 000 Jahren schon Neandertaler auf die Meerenge blickten. Und die Berberaffen? Sie kamen irgendwann mit den Mauren, die zwischen dem 8. Jahrhundert und 1492 in »al-Andalus« das Sagen hatten.

Die Berberaffen sind eine Makakenart, die ihre ursprüngliche Heimat im Atlasgebirge hat. Sie bevorzugen Eichen-, Tannen- oder Zedernwälder und kommen dank ihrer Kletterkünste auch in steinigem Terrain zurecht. Das kann man gut am 426 Meter hohen »Affenfelsen« beobachten, wo über 300 Tierchen in Gruppen durch die Gegend pirschen und geschickt Touristen die Taschen leer räumen. Denn als Allesfresser lieben sie Eiscreme genauso wie Früchte.

Über das politische Hin und Her der Region müssen sich die hier lebenden Affen keine Gedanken machen.

Selbst Ameisen und Tausendfüßler sind vor ihren flinken Händen nicht sicher. Und auch nicht Smartphones, die sie allerdings wegen Nichtessbarkeit dann schnell wieder wegschleudern. Dass sie im Naturreservat Upper Rock als Europas einzige wilde Affenkolonie noch da sind, haben sie möglicherweise Winston Churchill zu verdanken. Als die Population in

den letzten Weltkriegsjahren zu verschwinden drohte, ließ der britische Premier einige Artgenossen aus Marokko importieren.

Bei all dem Affentheater sollte man die schönen Ausblicke nicht vergessen. Beispielsweise vom 1841 erbauten Leuchtturm am »Europe's Point« an der Südspitze. Mit Blick auf die alte Heimat der Berberaffen.

**Sagenumwobener Fels** *Für die antiken Seefahrer war der Fels von Gibraltar das Ende der Welt, in der griechischen Mythologie eine der beiden Säulen, die Zeus-Sohn Herkules am Rand des Erdkreises aufgestellt hat (die andere ist der 851 Meter hohe Jbel Musa in Marokko). Die Engländer sehen das alles nüchterner. Für sie dient Gibraltar seit 1704 vorrangig als ein wichtiger Militärstützpunkt.*

Überraschend ist die Tropfsteinwelt im Inneren des Felsen von Gibraltar (ganz oben). Dieses Höhlenwunder der St Michael's Cave dürfte diese beiden Affen auf dem Felsen nicht sonderlich interessieren (oben).

## NICHT VERPASSEN!

### Costa del Sol

**Wellen, die sanft an den Strand plätschern, kleine weiße Dörfer, die sich an die Hänge schroffer Gebirge schmiegen und mehr als 300 Sonnentage im Jahr. Die Costa del Sol, Andalusiens Sonnenküste, ist der Inbegriff eines Mittelmeerurlaubs. Auch wenn im Allgemeinen die gesamte Mittelmeerküste Andalusiens als Costa del Sol bezeichnet wird, unterteilt sie sich in Costa de Almería und Costa Tropical, bis sie bei Tarifa an der südlichsten Spitze auf den Atlantik trifft. Ihre insgesamt 24 Strände sind meist grobkörnig oder aus Kieselsteinen. Sie finden elf Jachthäfen, die sowohl zum Bummel auf den Promenaden als auch zu Bootstouren einladen.**

### Marbella

Der Mythos Marbella – an ihm wirkten Cary Grant und Grace Kelly ebenso mit wie südamerikanische Diktatoren oder all die Superreichen, die einen sonnigen Platz im Süden suchten. Gut erreichbar, luxuriös und ohne Rummel wie in Monaco oder an der Côte d'Azur sollte er sein. So stieg das einstige Fischerdorf in den 1950er-Jahren durch Alfonso Prinz zu Hohenlohe-Langenburg zum Lieblingsort des Jetsets auf. Denn der Prinz gründete das Marbella Beach Club Hotel und bot den Stars Ruhe vor den Paparazzi. Heute sind die Medien permanent vor Ort: in den schicken Strandclubs am Niki Beach oder im Casino. Wer das wahre Marbella erkunden will, lässt die teuren Jachten einfach im Hafen liegen und begibt sich auf einen Stadtrundgang zur üppig bepflanzten Plaza de los Naranjos und zum kleinen Gotteshaus Ermita de Santiago – dort herrscht himmlische Stille.

Längst schon ist Tarifa mit seiner sonnenverwöhnten Brandung kein Geheimtipp mehr unter Wassersportlern.

Tiefblau zeigt sich der Himmel über Marbella, darunter lockt sich das weiße Ensemble aus Häusern und Booten.

## Tarifa

Die perfekte Welle – hier ist sie sicher zu finden. Denn Tarifa, der südlichste Zipfel Spaniens, ist ein Paradies für Surfer. Die grell-bunten Segel flimmern als Farbtupfer unentwegt zwischen blauem Meer und noch tiefer blauem Himmel auf und ab, sonnengebräunte Wassersportler kämpfen gegen die Brandung. Nur 15 Kilometer von hier liegt Afrika – das Land scheint zum Hinüberschwimmen nah. Auf der Hauptstraße reihen sich Surfshops aneinander, überall parken Autos mit Brettern auf dem Dach, Neoprenanzüge trocknen auf den Motorhauben oder einfach am Wegesrand. Außerhalb der Hauptsaison, wenn die sonnenhungrigen Touristenströme verebbt sind, lassen sich in der Altstadt bezaubernde kleine Viertel mit engen Gassen entdecken. Sogar Teile der alten Stadtmauer sind noch erhalten.

## Casares

Kein Trubel, keine Touristenströme – Casares liegt im Hinterland der Sierra Bermeja, einer ruhigen Berglandschaft, die geprägt ist von Korkeichen und Pinien. Ein Ausflug in das Dorf Casares ist ideal, um sich zu entspannen. Vor allem beim Blick auf die gerade einmal 15 Kilometer entfernte Küste. Oder von einem benachbarten Hügel über die Stadt: Wie Würfelzucker mit roten Deckeln kleben die Häuschen kreuz und quer und scheinbar übereinander an einem Berghang. Auf dessen Spitze steht das Castillo Árabe, eine maurische Burg.

## Die weißen Dörfer

**Die Route der weißen Dörfer ist sicherlich eine der schönsten Strecken, um die andalusische Architektur kennenzulernen. Ein guter Start ist Ronda. Die Orte liegen in den Bergen der Serranía de Ronda und gehören zu den Provinzen Málaga und Cádiz. Sie thronen auf Gipfeln, kleben an Hängen oder in Schluchten – und überall dominieren sie die Landschaft durch ihr grelles Weiß. Ihre Dächer aus feuerroten Ziegeln setzen einen weiteren Kontrast. Die Wege innerhalb der Dörfer sind eng und steil. Auf dem höchsten Punkt der meisten Orte wacht eine maurische Burg oder eine Kirche, die auf dem Grundriss oder sogar in eine ehemalige Moschee hineingebaut wurde. Der mittelalterliche Kampf zwischen Arabern und Christen hat überall deutliche Spuren hinterlassen.**

# Greifvögel im Regionalpark Campo dei Fiori

Das Bergmassiv von Campo dei Fiori ist nicht nur ein beliebtes Ausflugsziel der Bewohner von Varese, sondern auch die Heimat vieler Greifvogelarten. Die Laubwälder und Magerwiesen zwischen den Karstfelsen bieten hervorragende Lebensbedingungen.

## REISE-INFOS

**Wo? Varese, Lombardei, Norditalien**

**Wie? Per Auto und Zug in 30 Minuten vom Schweizer Grenzort Chiasso (30 km)**

**Info: www.parcocampodeifiori.it**

Die Sicht auf den Lago di Varese ist einfach gigantisch. Und auch das Alpenpanorama im Norden ist ein Traum. Das wissen die Wanderer des 1227 Meter hohen Monte Campo dei Fiori genauso zu schätzen wie die vielen Greifvögel, die in den Höhen ihre Kreise ziehen. Zusammen mit dem Monti Martica e Chiusarella jenseits des Rasa-Tals ist das Bergmassiv im Norden der lombardischen Stadt Varese nicht nur ein beliebtes Ausflugsziel, sondern auch ein wichtiges Habitat für gefiederte Jäger. Falken, Wespen- und Mäusebussarde sind hier auf Spähflügen ebenso unterwegs wie Sperber, Habichte und Schwarzmilane. Selbst Rohrweihen und Schlangenadler mit Flügelspannweiten bis zu 1,30 bzw. 1,80 Meter lassen sich hier regelmäßig blicken. Die Adlerart trägt ihren Namen nicht von ungefähr, denn sie lebt ausschließlich von Schlangen, Eidechsen und anderen Reptilien.

Das wald- und wiesenreiche Karstgebiet mit zerklüfteten Felsen, in dem sich ein System von mehr als 130 Höhlen entwickelt hat, bietet den Greifvögeln und ihren potenziellen Opfern (Kleinvögel, Mäuse oder Reptilien) perfekte Lebensbedingungen. In den tieferen Lagen erstrecken sich Laubwälder mit Esche, Bergahorn und Linden in den feuchteren Gebieten, im nordwestlichen Bereich teilweise auch noch Kastanienwälder, die einst landwirtschaftlich genutzt wurden. Ab 600 Metern breiten sich Buchenwälder aus, bis sie von Magerwiesen abgelöst werden. Dank des kalkhaltigen Bodens gedeiht hier eine üppige Flora aus wilden Orchideen- und Enzianarten. Ein Grund, wieso das Massiv Campo dei Fiori, »Blumenwiese« heißt. Seit 1984 ist ein 63 Quadratkilometer großes Terrain als »Parco Regionale« deklariert. Darin eingeschlossen sind sechs Naturreservate, um die sensibelsten Bereiche zu schützen. Damit die Nahrungskette auch gut erhalten bleibt – vom Blumennektar über Insekten und Kleintiere bis zum Greifvogel.

**Wespenbussarde** *Wespenbussarde sind etwas größer als Mäusebussarde mit längeren Flügeln und längerem Schwanz. In Europa halten sie sich nur zwischen Anfang Mai und Ende August auf, um südlich der Sahara zu überwintern. Sie sind auf Wespennester spezialisiert, die sie in Stücken in ihre eigenen Nester transportieren. Augenlider und Gefieder schützen sie vor Stichen.*

Die Lüfte erobern im Regionalpark unter anderem Mäusebussard, Falke, Habicht und Sperber (von links). Zu ihnen gesellen sich temporäre Gäste, denn das Gebiet ist auch für Zugvögel interessant.

Frisches Grün umgibt die Cascata del Pesegh im nördlichen Teil des Regionalparks, bei Brinzio.

## NICHT VERPASSEN!

### Lago Maggiore

Wie ein Wurm, der sich aus den Schweizer Südalpen bis in die italienische Poebene schlängelt, sieht der 66 Kilometer lange und bis zu zehn Kilometer breite See im Luftbild aus. Das Schweizer Tessin sowie Piemont und Lombardei besitzen Anteile an dem von Gletscherzungen in die Voralpen gefräste Gewässer, das sich bereits im 19. Jahrhundert zum bevorzugten Ferienort des Adels und zahlreicher Dichter und Denker entwickelte. Villen in allen nur vorstellbaren, eklektischen Stilen inmitten perfekt manikürter Parks zeugen davon. Die hohen Berge im Norden schirmen den See vor kalten Winden ab und bescheren ihm ein beinahe mediterranes Klima. Palmenbestandene Promenaden, Blütenkaskaden von Bougainvillea, Rosen und Rhododendron und über allem das weiche Licht des Südens – das verleiht einen besonderen Zauber.

### Cannobio

Eine Seepromenade wie gemalt: Pastellfarbene Patrizierhäuser mit schattigen Bogengängen begleiten sie, die Sonnenschirme von Cafés und Restaurants spiegeln sich im stillen Wasser. Das schon von den Römern gegründete Städtchen am Westufer des Lago Maggiore liegt an der schmalsten Stelle des Sees und nur wenige Kilometer entfernt von der Schweizer Grenze. Schon im Mittelalter lebten die Bewohner Cannobios vom Handel, dem auch heute eine wichtige Rolle zukommt – sonntags verwandelt sich die Promenade in einen viel besuchten Markt.

### Verbania

Die größte Stadt am Lago Maggiore zeigt zwei Gesichter: hier das von Industrie geprägte Intra, dort Pallanza mit seinen üppigen Gärten und historischen Villen. Unbestrittene Königin der feudalen Landsitze ist die Villa Taranto bzw. ihr botanischer Garten. Der Schotte Neil McEacharn erwarb das Anwesen 1931 und ließ es in ein immergrünes Paradies umwandeln: Barocke Terrassengärten wechseln sich ab mit vielfarbigen Rhododendrenwäldchen. Rosen blühen zwischen sprudelnden Fontänen, während Lotusblüten einen romantischen Teich überwuchern. Im Frühjahr, wenn die Dahlien blühen, zeigt sich der Garten in einer Explosion von Duft und Farben.

### Stresa

Der wohl mondänste Kurort am Lago Maggiore gefällt sich in traumhafter Lage zwischen See und Ber-

Ob im Lago d'Orta oder im Lago Maggiore, mit der Insel San Giulio (links) und der Isola dei Pescatori (rechts) warten zwei schmucke Eilande mit ihren historischen Bauten auf Erkundungsfreudige.

Besonders der Kontrast aus mediterran anmutenden Hafenorten am See und der hohen Gipfelwelt mit ihren glitzernden Schneefeldern macht den Comer See zu einem faszinierenden Reiseziel.

gen. Am schönsten ist Stresa im Park der Villa Pallavicino, wo sich italienische Parkkultur in Vollendung präsentiert.

**Hoch hinaus** *Fast schon ein Muss ist die Fahrt auf den 1491 Meter hohen Gipfel des Mottarone – sei es mit der Seilbahn oder mit dem Auto (über die Mautstraße Strada Panoramica La Borromea). Neben der Panoramaaussicht gibt es auf dem Gipfel auch noch einen Alpengarten mit über 2000 alpinen Pflanzenarten.*

## Borromäische Inseln

Zu filigranen Kaskaden gestutzt, zu bunten Blütenkissen ausgebreitet: Die Inseln im Golf von Verbania sind ein Meisterwerk der Gartenbaukunst. Seit dem 12. Jahrhundert gehören sie zum Besitz der Adelsfamilie Borromeo. Auf der Isola Bella ließ Carlo III. Borromeo im 17. Jahrhundert einen Palast errichten, die Gärten zu barocken Terrassen fassen und mit Statuen, Putten und Vasen schmücken. Die benachbarte Isola Madre gestalteten im 19. Jahrhundert Gartenarchitekten um, unter anderem mit einer fantastischen Kamelienallee. Einen Kontrast zum Gartenluxus stellt die Isola dei Pescatori mit ihren alten Fischerhäusern und dem Hafen dar. Sie ist seit mehr als 700 Jahren von Fischern bewohnt.

## Comer See

**Als fast perfektes, auf den Kopf gestelltes »Y« schmiegen sich die drei Arme des Sees südlich und westlich des Monte Legnone in die Täler. Wie mit dem Pinsel hingetupft wirken die Uferdörfer und die Villen an den Hängen – nicht wenige aus der Renaissance. Platz für die herrschaftlichen Anwesen gibt es, denn der drittgrößte See Italiens rühmt sich einer Uferlänge von 170 Kilometer, mehr als alle anderen. Zeigt sich der Lago Maggiore mondän-geschäftig, gibt sich der Comer See zurückhaltender – nicht erst, seit George Clooney hier die Ferien verbringt und sein Anwesen mit Halteverboten abgeschirmt wurde.**

# Bei den Meeresschildkröten auf Zakynthos

Zakynthos, die südlichste der Ionischen Inseln, ist für seine weißen Sandstrände und imposanten Steilhänge bekannt. Das malerische Eiland erfreut sich aber nicht nur bei Touristen großer Beliebtheit, sondern auch bei der Unechten Karettschildkröte. Die seltenen Meeresschildkröten haben vor allem die Bucht von Laganas und den Kalamaki-Sandstrand zur Brutstätte erkoren.

## REISE-INFOS

**Wo? Zakynthos, Ionische Inseln**
**Wie? Direkte Flugverbindungen zu europäischen Zielen, Fähren nach Kylini auf den Peloponnes**
**Info: www.visitgreece.gr**

Nach Korfu und Kefalonia bildet Zakynthos die drittgrößte Ionische Insel und liegt am weitesten im Süden. Ihre strahlend weißen Sandstrände, die eingerahmt von imposanten Steilhängen in das azurblaue Wasser der Ionischen See übergehen, ziehen Touristen aus aller Welt in ihren Bann. Sie sind aber nicht

So anmutig die Unechte Karettschildkröte ist, so gefährdet ist sie auch. Zwar steht sie unter Artenschutz, doch insbesondere die Schleppnetze der Krabbenfischer wird ihr noch häufig zum Verhängnis.

nur wie geschaffen für ein entspanntes Bad in der Sonne, sondern auch, um die Nester der seltenen Unechten Karettschildkröte zu bewahren. Im Mittelmeer zählt der fünf Kilometer lange Kalamaki-Sandstrand zur wichtigsten Brutstätte der unter Artenschutz stehenden Tiere. Es ist einer Umweltschutzinitiative zu verdanken, dass der Nationalpark 1999 ausgewiesen wurde; dafür bedurfte es einiger Überzeugungsarbeit. Mittlerweile sichern spezielle Metallgestelle die im Sand vergrabenen Schildkrötennester, die Strandabschnitte werden gesperrt, und Motorsport ist zum Teil untersagt. Zwischen Juni und August zieht es sie zur Eierablage an Land, wo sie sich aus gebührender Distanz beobachten lassen. Wer mehr von der hiesigen Unterwasserwelt entdecken will, ist auf einer Tour mit dem Glasbodenboot genau richtig.

### Unechte Karettschildkröten

**Ihre fünf Rippenschilde brachten der Unechten Karettschildkröte die wissenschaftliche Beifügung »unecht« ein, die schlicht der Unterscheidbarkeit von ihrer »Echten« Namensvetterin (mit vier Rippenschildern) dient. Beiden gemeinsam ist das Leben am Rande der Existenz: Wegen ihres Schildpatts wurden sie intensiv bejagt und ihr Fleisch, ihr Fett und die Eier für Heilmittel oder Kosmetika verwendet. Zwar stehen sie heute unter strengem Artenschutz, doch die Bedrohung ihrer natürlichen Lebensräume macht es schwer, dem Aussterben entgegenzuwirken. Dabei kommt die bekannteste Meeresschildkröte weltweit in allen tropischen und subtropischen Meeren vor, wo sie Krebse, Quallen, Seeigel oder Kopffüßer verspeist: Schließlich muss einiges dafür getan werden, um ein Gewicht von über 100 Kilogramm auf die Waage zu bringen. Trotz der Körperfülle bewegen sich die Tiere behände durchs Wasser und erreichen eine Geschwindigkeit von bis zu 30 Stundenkilometern. Für die Brut zieht es sie zurück an den Ort ihrer Geburt, den sie dank des irdischen Magnetfelds finden. Dort legen die Weibchen ihre Eier im Sand vergraben ab, wo die Jungen – je nach Umgebungstemperatur – nach 50 bis 70 Tagen schlüpfen.**

Die Navagio-Bucht (ganz oben) gehört zu den Stars Zakynthos' wie die Schildkröten (oben).

# NICHT VERPASSEN!

## Zakynthos-Stadt

Wie ein Amphitheater schmiegt sich Zakynthos-Stadt an den Berg, dessen höchsten Punkt eine Zitadelle ziert. Mit 13 000 Einwohnern ist Zakynthos Hauptstadt der Insel, dort trifft man sich in Bars oder zum Shopping. Doch sie ist eben nicht wie jede andere griechische Stadt, möglicherweise ist Zakynthos die Stadt mit dem stärksten italienischen Einfluss, er prägt das gesamte Stadtbild mit den bunten Fassaden und der venezianischen Bauweise.

**Markusplatz** Die Platía Agíou Márkou, wie der Markusplatz auf Griechisch heißt, ist gesäumt von Häusern, die mit ihren Arkaden an venezianische Paläste erinnern.

**Agios Dionýsios** Dieser schlanke Glockenturm könnte auch aus Venedig stammen, mit seiner lang gestreckten Bauweise und der rot-weißen Farbgebung der Steine: Der Turm des Klosters der Strophaden ragt hoch aus dem Stadtbild. Es gehört zur Kirche Agios Dionýsios, der wohl prächtigsten Kirche der Stadt, und liegt direkt am Hafen. Die Kirche stammt aus dem frühen 18. Jahrhundert und beeindruckt mit reichen Fresken und byzantinischen Vergoldungen im Innenraum.

**Hafen** Fangfrischen Fisch direkt vom Boot können Touristen am frühen Morgen am Hafen kaufen. Dreimal in der Woche (Montag, Donnerstag und Samstag) verwandelt sich der Fähranleger in einen Handelsplatz, wenn auf dem Wochenmarkt Händler Oliven, Kräuter, Marmeladen, Sesamkringel oder die typischen Platterbsen feilbieten.

**Bohalis** Der Vorort nahe der Zitadelle erinnert mit seinen schmalen Gassen und den wunderbaren Panoramablicken an die italienische Vergangenheit. Neben den Villen, deren Gärten zum Träumen einladen, ist auch die venezianische Burg sehenswert.

Eine schmale Brücke führt auf die Insel Cameo (links). Zakynthos' Nordspitze bildet das Kap Skinari (rechts).

## Agios Sostis

Zur vorgelagerten Insel Agios Sostis zwischen Laganas und Keri führt ein langer Steg. Bis ins 17. Jahrhundert war das Inselchen mit Zakynthos verbunden, ein Erdbeben trennte die beiden Formationen voneinander, heute steht noch immer eine Kirche auf dem kleinen Eiland, das dank seiner Strandbars gar nicht so einsam ist.

## Keri

Das ursprüngliche Bergdorf mit seinem zentralen Kafenion bietet eine lauschige Atmosphäre an seinem Dorfplatz. Von dort aus lohnt ein Abstecher zum zwei Kilometer entfernt liegenden Leuchtturm, der einen grandiosen Blick auf die Felsen und das Meer offenbart. Von Keri aus kann man einen Trip mit dem Boot zu den Keri-Höhlen buchen.

## Marathonisi

Die kleine Insel hat schon die Form der Tiere, die sich dort wohlfühlen und geschützt sind. Marathonisi ist einer der wichtigsten Schutzorte für die Unechte Karettschildkröte. Vor allem im Juli und August sind Ausflüge auf die Insel spektakulär, weil man dort unter Umständen die Meeresschildkröten beobachten kann. Häufig zeigen sich auch Delfine bei der Überfahrt.

Tolle Blicke auf die Blauen Grotten bieten Bootstouren.

## Blaue Grotten

Mit dem kleinen Boot von Skinari aus zu den Blauen Grotten zu fahren, sollte auf jeden Fall auf der Agenda für die Zakynthos-Reise stehen. Im Gegensatz zu den großen Schiffen kann man mit diesen Booten in die Grotten fahren und die geheimnisvollen Lichtreflexe bewundern. Manche bieten auch Ausflüge mit Schwimmen in den Grotten an.

## Strände

- **Schmugglerbucht**

**Gestrandete Schmugglerschiffe, damit verbindet man vielleicht das 16. oder 17. Jahrhundert. Doch in Zakynthos ist auch ein solches Schiffswrack aus dem Jahr 1980 zu sehen, es hatte illegal eine Ladung Zigaretten an Bord und ist in der Navagio-Bucht gestrandet. Die Schmugglerbucht ist nicht nur wegen des Wracks sehenswert, auch das Farbenspiel des türkisfarbenen Wassers und des gleißend hellen Strandes ist atemberaubend, am besten von einer Aussichtsplattform weit über der Bucht. Ganz in der Nähe befinden sich die Blauen Grotten.**

- **Gerakas**

**Golden schimmert der lange, breite Strand von Gerakas, das Wasser läuft flach auf das Ufer zu, die Sicht auf die steilen, hellen Klippen ist beeindruckend. Da hier auch Schildkröten nisten, sind die Sperrzeiten des Strandes unbedingt einzuhalten!**

- **St. Nicholas**

**Auf der Halbinsel Skopos in Vasilikos lockt der St. Nicholas Beach alle, die es trubeliger möchten. Hier kommt schon am Tag Partystimmung mit Beach-Bar und guter Laune auf, nebenan befindet sich der Banana Beach, der ebenfalls alle aktiven Urlauber einlädt.**

# Berlins Big Five

Berlins wilde Seite spielt sich nicht nur in den Clubs ab, sondern auch in der Natur. Dort herrscht eine erstaunliche Vielfalt an Wildtieren. Ob in Parks, in der Gartenlaube oder in den Wäldern – die Chance ist gar nicht so schlecht, auf einen der »Big Five« zu treffen.

## Wildschweine

Das Bild ging um die Welt: Ein Wildschwein schnappt sich die Plastiktüte samt Laptop an einem Berliner Badesee und rennt davon, gefolgt von dem nacktbadenden Besitzer. Das könnte zukünftig öfters passieren, denn die Zahl der Borstentiere wächst. Um die 4000 Wildschweine sollen es sein, gezählt hat sie niemand. Vor allem Grunewald, Tegeler und Köpenicker Forst gehören zu ihren Stammrevieren. Auf Nahrungssuche streifen sie jedoch bis zu 20 Kilometer weit in die Stadt hinein, um sich neue Futterquellen zu erschließen. Dabei machen sie auch vor Wohngebieten nicht Halt, wo Gartenlauben, Friedhöfe und Parks genügend Essbares bieten. Über Jahre können sie sich ergiebige Futterquellen merken und kehren gern zurück.

### Flexibel und lernfähig

Als Allesfresser sind Wildschweine sehr flexibel und lernfähig. Da können es zur Not auch mal Döner- und Pizzareste neben der Parkbank sein. Lieber sind ihnen jedoch Knollen, Wurzeln und Würmer, die sie in den Grünanlagen vermuten und daher mit ihren kräftigen Zähnen gern umpflügen. Das stößt natürlich nicht auf die Begeisterung der Besitzer. Zu nahe sollten sie den bis zu 150 Kilogramm schweren Ko-

Nachts wachsam Auto zu fahren, ist immer ratsam – in bestimmten Teilen Berlins auch aufgrund der Wildschweine.

lossen jedoch nicht kommen, die stets in Familienverbänden (Rotten) anrücken.

**Übrigens:** *Der Naturschutzbund Deutschland (NABU) rät bei unliebsamen Begegnungen: Ruhe bewahren und auf Distanz gehen. Sind Bachen mit ihren Frischlingen dabei, dann sollte man einen großen Bogen um sie machen. Doch grundsätzlich sind Wildschweine friedliebende Tiere, auf deren Speiseplan keine Menschen stehen. Das ist doch schon mal beruhigend.*

## Füchse

Sie sind überall zu finden: vor dem Reichstag, rund um die Berliner Staatsbibliothek, auf dem Kudamm, in den Wäldern und Grünanlagen sowieso. Seit ihrer ersten Sichtung in den 1950er-Jahren haben sich Rotfüchse stetig ausgebreitet. Der Platz wird langsam knapp, obwohl das Land Berlin über 40% Grünfläche hat. Gut 1400 Reviere mit ungefähr 1700 Rotfüchsen sollen es sein. Und die meisten haben sich vom Jäger zum Sammler gewandelt, denn als Allesfresser finden die flauschigen Tierchen allerlei: Schrippenreste im Mülleimer, Katzenfutter im Napf, Beeren im Schrebergarten, aber auch Vögel, Mäuse und Ratten. Selbst vor plattgefahrenen Tierkadavern auf der Straße scheut Meister Reineke nicht zurück. Auch nicht vor dem Tageslicht, denn Stadtfüchse streunen nicht nur nachts durch die Gegend, sondern auch am helllichten Tag. Warum auch nicht? Natürliche Feinde gibt es nicht, und die meisten Menschen sind ihnen wohlgesonnen.

Nicht nur nachts anzutreffen ist der Fuchs.

### Anhänglich im Herbst

Im Jahresverlauf ändert sich das Fuchsverhalten. Von Anfang Januar bis Mitte Februar sind die Tiere mit Partnersuche (durch Bellen und Jaulen) und Paarung beschäftigt. Ist dann ein passender Fuchsbau gefunden, beginnt nach 50-tägiger Tragzeit die Jungenaufzucht. Diese Phase von April bis Mai/Juni kann für Reineke Fuchs und Gattin ziemlich anstrengend sein, denn die bis zu fünf Welpen wollen gefüttert werden. Kein Wunder, dass die Eltern auch tagsüber mit Nahrungssuche beschäftigt sind. Weibchen schauen dann oft recht zerzaust aus. Im Herbst wird es entspannter für die Eltern, denn dann fühlen sie für ihren Nachwuchs nicht mehr zuständig. Das wiederum heißt Stress für die Jugend: selbst auf Nahrung gehen, neues Revier suchen, gegen Rivalen ankämpfen. In ihrer Not wenden sich dann manche an den Menschen, zerren an Hosenbeinen mit erwartungsvollem Blick und lassen sich kaum verscheuchen. Wer kann bei solchen Fuchsaugen schon Nein sagen? Das sollte man aber: Füttern von Wildtieren ist verboten.

## Feldhasen und Wildkaninchen

Abgefressene Rosenblüten, angeknabberte Zucchini, zerrupfte Salatbeete – wo Meister Lampe sein Revier aufschlägt, sieht manches Beet ziemlich lädiert aus. Um die Rasenfläche ist es auch nicht viel besser gestellt, denn dort werden gern die trichterförmigen Eingänge zum Kaninchenbau angelegt, ein bis zu 2,50 Meter langes unterirdisches Gangsystem. Berlin mit seinen vielen Parks, Brachflächen und Gartenanlagen ist ein wahres Langohrbuffet. Gräser, Kräuter, Triebe und Knospen, im Winter gern auch mal Rinde, dann im Sommer Getreide, Gemüse und Stauden – die flauschigen Tiere können im Stadtgebiet aus dem Vollen schöpfen. Dort ist Langohr vorwiegend in zwei Varianten unterwegs, die beide zur Familie der

»Hasenartigen« zählen: Das Wildkaninchen mit sandfarbener bis brauner Oberseite, im Nackenbereich auch gern rötlich bis ockerfarben, und auf der Bauchseite weißlich. Die Ohren sind lang und stets aufgerichtet, der Schwanz kurz und wollig. Dagegen ist der Feldhase deutlich größer (bis zu 70 Zentimeter) und an seinen langen Hinterbeinen erkennbar. Seine an der Spitze dunkel umrandeten Ohren sind so lang, dass sie nach vorn geklappt die Schnauzenspitze überragen.

### Feldhasenhochburg Osten

Im Gegensatz zu Kaninchen legen Hasen keinen unterirdischen Bau an, sondern halten sich in einer flachen Mulde auf. Während die geschätzten 2000 Wildkaninchen vor allem im Tiergarten, in Siemensstadt und rund um den Flughafen Tegel zu finden sind, trifft man die gut 100 Feldhasen vor allem in Marzahn-Hellersdorf, Lichtenberg und den östlich angrenzenden Stadtteilen an. Da sie sehr scheu sind, lassen sie sich am besten zur Dämmerung oder nachts beobachten.

**Übrigens:** *Was treibt die Tierchen nach Berlin? Neben dem üppigeren Essensangebot auch die Kleinteiligkeit der Grünanlagen. Anstelle der Monokultur auf dem Land gibt es in der Stadt Hecken und Büsche zuhauf, um sich vor Hund, Fuchs und Krähe zu verstecken.*

## Steinmarder

Steinmarder lieben es häuslich. Ob Schuppen oder Garage, Laube oder Villa – wenn es einen Zugang gibt, dann ist jedes Obdach willkommen, um sich tagsüber zu verstecken und die Jungen aufzuziehen. Als sogenannte Kulturfolger siedeln sie gern in menschlichen Behausungen, denn die Zeiten sind vorbei, als der frierende Zweibeiner Steinmardern an den Pelz ging, um flauschige Wintermäntel daraus zu machen. Marder-Pelzmäntel waren in den 1950er-Jahren en vogue. In Berlin sind die Marder unter anderem im Volkspark Friedrichshain, im Volkspark Rehberge und im Viktoriapark anzutreffen.

**Übrigens:** *Ihr Name rührt von der ursprünglichen Herkunft, als Steinmarder bevorzugt in Bergregionen Süd- und Mitteleuropas siedelten.*

### Autoknacker und Mäusejäger

Als Allesfresser sind die Marder nahrungstechnisch breit aufgestellt. Das Spektrum reicht von kleinen Reptilien, Eiern und Vögeln bis zu Essensresten und Gemüse. Um all das zu finden, sind sie bei ihren nächtlichen Streifzügen rund sechs Kilometer unterwegs. Leider entwickelte so mancher Artgenosse eine Vorliebe für Plastikisolierungen bei Fahrzeugen, wes-

Für Unmut wissen Steinmarder und Waschbär in der Stadt zu sorgen – man sollte sich lieber arrangieren.

Feldhasen spitzen ihre Löffel längst nicht mehr nur in Feldern, sondern sind teilweise in die Städte abgewandert.

halb sie als »Automarder« recht verhasst sind. Auch wenn sie sich als »Dachmarder« an die Hausisolierung heranmachen und bei der Jungenaufzucht herumlärmen, mag dies die menschlichen Mitbewohner nicht gerade zu Marderfreunden machen. Tröstlich ist, dass die flauschigen Tierchen grundsätzlich friedliche Hausgenossen sind, und sich als gute Mäuse- und Rattenjäger hervortun.

## Waschbären

Sie lieben Müllpartys, große Dachböden, Regenrinnen zum Klettern und gelten als schwer erziehbar – Waschbären sind eine ganz eigene Sorte unter den städtischen Wildtieren. Vielleicht liegt es an ihrer Herkunft, dass die geschickten Tierchen mit dem schwarz gestreiften Panzerknackergesicht kaum zu kontrollieren sind. Ursprünglich in den riesigen Wäldern Nordamerikas zu Hause, betraten sie erstmals in den 1920er-Jahren europäischen Boden, um dort in Pelztierfarmen als Mantellieferant ihr Dasein zu fristen. Bis am 12. April 1934 Waldarbeiter am Südufer des hessischen Edersees auf Geheiß des Forstmeisters zwei Waschbärenpaare aussetzten, um die heimische Fauna »zu bereichern«. Als kriegsbedingt östlich von Berlin 1945 weitere Waschbären aus einer Pelzfarm in die Freiheit entkamen, war dies ein zweiter Startschuss für die rasante Ausbreitung der Waschbären. Heute sind sie in ganz Europa zu Hunderttausenden unterwegs. Allein in Berlin sollen es 800 sein.

### Problembär mit Zorro-Maske

Mit schwarzen Knopfaugen, flauschigen Öhrchen und Zorro-Maske ist der Niedlichkeitsfaktor der grauen Gesellen enorm. Den Hausbesitzern sind sie indes zur Plage geworden. Sie verwüsten Rasenflächen und Gärten, stellen die Dachkammer auf den Kopf, durchwühlen Mülleimer und decken Dachziegel ab. Mit ihrem nächtlichen Lärm rauben sie einem zudem den Schlaf. Vor allem kriegt man sie schlecht wieder los. Sind Waschbären einmal in Haus oder Laube eingezogen, bleiben sie erst einmal da. Was tun? Sie durch Verschließen potenzieller Öffnungen aussperren und Nahrungsquellen reduzieren, rät die Berliner Senatsverwaltung. Oder sich mit ihnen arrangieren.

# Pelikane im Donaudelta

Aus der Vogelperspektive wirkt das Donaudelta wie ein grünblaues Labyrinth aus Strömen, Seen und Kanälen. Es bietet einer gewaltigen Artenvielfalt eine Heimat, darunter über 310 Vogelspezies. Zwei davon sind besonders prominent.

## REISE-INFOS

**Wo? Tulcea, Dobrudscha, Ostrumänien**
**Wie? Per Bahn, Bus oder Auto von Bukarest (280 km) aus erreichbar**
**Info: www.danubeparks.org**

Die Dimensionen sind gewaltig. Mit 5800 Quadratkilometer Fläche mehr als doppelt so groß wie das Saarland, bietet das Donaudelta rund 5200 Tier- und Pflanzenarten eine Heimat. Über 310 Vogelarten bevölkern die Lüfte, 90 Fischspezies die Gewässer. Das Mündungsgebiet der 2857 Kilometer langen Donau ist ein Wasserlabyrinth mit 30 verschiedenen Ökosystemen und erstreckt sich auf den Staatsgebieten der Ukraine und Rumäniens. Nur ein Fünftel besteht aus Land, der Rest ist Wasser, Marsch und Schilf. Es gilt als das größte zusammenhängende Schilfrohrgebiet der Erde. Jede Sekunde ergießen sich 5000 Kubikmeter Wasser von der Donau ins Schwarze Meer – und damit in zwei Minuten die Tagesration einer Millionenstadt.

## Rekordverdächtige Pelikane

**Doch all diese imposanten Zahlen verblassen, wenn man das Wunder des Deltas leibhaftig erlebt und bestaunen kann. Unter anderem ist hier die größte**

Leichte Nebelschwaden liegen noch über dem Wasser, doch die Morgensonne wird sie bald vertreiben.

Zu den zahlreichen Vögeln, die das Donaudelta ihr Zuhause nennen, gehört auch der Rosapelikan.

**Krauskopf- und Rosapelikankolonie Europas beheimatet. Man weiß gar nicht, welches der vielen unglaublichen Talente der Pelikane man mehr bewundern soll. Sind es ihre phänomenalen Flugfähigkeiten? Obwohl sie mit bis zu 15 Kilogramm zu den Schwergewichten unter den flugfähigen Vögeln gehören, können sie 24 Stunden lang ohne Pause in 3000 Meter Höhe über 500 Kilometer weit reisen. Oder ist es ihre raffinierte Jagdtechnik? Im Team fliegen die Pelikane in Hufeisenformation und treiben die Fische in flaches Wasser hinein, um dann ihren gewaltigen Hautsack am Unterschnabel wie einen Kescher zu benutzen und ihre Beute herauszufischen. Oder ist es doch ihr riesiger Appetit, der sie Tag für Tag ein Zehntel ihres Körpergewichts fressen lässt?**

Für diese Wasservögel ist es wichtig, dass die Flüsse und Seen nicht sehr tief sind, um leicht an die Fischbestände heranzukommen. Ihren Nachwuchs ernähren sie dann direkt aus dem Schnabel, wo verspeister Fisch vorverdaut wieder zur Verfügung gestellt wird. Während der Brutzeit finden sich Pelikane zu großen Kolonien zusammen, die früher zum Teil sogar Millionen von Tieren umfassten. Zwar gelten Pelikane nicht als bedrohte Tierart, doch ihr Bestand ist dennoch deutlich zurückgegangen. Der Grund: die zunehmende Zerstörung ihres natürlichen Lebensraums, vor allem die Abholzung seit Jahrhunderten. Deshalb wurde zum Schutz des Deltas 1991 im rumänischen Teil eine Fläche von 3124 Quadratkilometern zum UNESCO-Weltnaturerbe erklärt. 1998 kam der Titel eines UNESCO-Biosphärenreservat dazu und umfasst eine mehr als doppelt so große Fläche. Doch die ökologischen Herausforderungen blieben, nicht nur für die beiden Pelikanarten des Donaudeltas.

Lange Vogelliste *Nicht nur Krauskopf- und Rosapelikane machen Birdwatching-Touren zum Hit, sondern auch andere Gefiederte. Von den über 300 Vogelarten legt ein gutes Drittel einen Zwischenstopp ein, darunter im Herbst rund 90 Prozent des Weltbestandes an Rothalsgänsen. Mit ihrer rostroten Brust, dem schwarzen Gefieder und den weißen Konturlinien zählen sie zu den buntesten unter den Gänsearten. Das gilt auch für den Rothalstaucher im Vergleich zu seinen beiden Artenkollegen im Delta (Hauben- und Schwarzhalstaucher). Zudem ist sein Balzruf Tag und Nacht weit zu hören – zuweilen im Duett.*

Über 40 Zentimeter lang können die Schnäbel der Rosapelikane werden. Die Nahrungssuche ist bei ihnen meist Gemeinschaftsarbeit, in Gruppen fischen sie mit ihrem Kehlsack täglich bis zu 1,2 Kilogramm Fisch.

# + NICHT VERPASSEN +

## Constanța

Die drittgrößte und älteste durchgehend bewohnte Stadt Rumäniens blickt auf eine über 2600 Jahre alte Geschichte zurück. Unter dem Namen Tomoi wurde die Hafenstadt bereits im 7. Jahrhundert v. Chr. von den Griechen wegen ihrer guten Lage am Schwarzen Meer gegründet. Nach der Eroberung durch die Römer bekam sie unter Kaiser Konstantin den Großen (um 272–337) zu Ehren seiner Schwester den Namen Constantiana. In der osmanischen Ära zu Constanta verkürzt, spiegelt die 280 000-Einwohner-Metropole heute ihre ganze Geschichte wider. Fundamente des alten Tomoi sind ebenso vorhanden wie Reste von Aquädukt und Bäder aus der Zeit der Römer. Einige Prachtbauten stammen aus dem späten 19. Jahrhundert, als Constanţa eine Blütezeit als Seebad erlebte, etwa das bombastische Casino an der Promenade oder das Geschichtsmuseum am Ovidplatz (benannt nach dem hier im Exil verstorbenen römischen Dichter). Der Strand von Mamaia im nördlichen Anschluss der Stadt zählt zu den beliebtesten der Region.

## Sulina

Hier also endet die Donau – nach 2857 langen Kilometern. Für die Schifffahrt war die Hafenstadt zeitweise das Maß aller Dinge, als 1856 aus dem einstigen Fischerdorf der Sitz der Europäischen Donaukommission wurde, um die Schifffahrt auf Europas zweitlängstem Fluss zu regeln. Konsulate wurden errichtet, Büros von Reedereien eröffnet, im Freihafen waren Migranten aus ganz Europa beschäftigt. Zu Spitzenzeiten lebten 15 000 Menschen aus über 20 Nationen in Sulina. Es gab 150 Geschäfte und 70 Firmen. Dann kam der Zweite Weltkrieg und bald darauf die kommunistische Ceauşescu-Ära. Das läutete ihren Niedergang ein. Heute leben gerade mal 3000 Menschen in der Donaustadt, die den kilometerlangen Sandstrand meist für sich haben. Und den prächtigen Palast gegenüber der Anlegestelle, das hölzerne Windrad, die orthodoxe Kathedrale oder den alten Leuchtturm aus dem Jahr 1869. Drumherum: endloses Grün bis zum Horizont auf der einen Seite, Blau bis zum Abwinken auf der anderen. Sulina ist eine Stadt für Entdecker, ohne Straßenanbindung und nur per Schiff in vier Stunden von Tulcea aus erreichbar.

## Tulcea

Das Eingangstor zum Donaudelta war schon in der Antike ein wichtiger Hafen. Von den Drakern im 7. Jahrhundert v. Chr. gegründet, findet es bereits in Werken Ovids (43 v. Chr.–17/18 n. Chr.) Erwähnung. Später waren die Römer (ab 2. Jahrhundert) ebenso hier wie Byzantiner (5. bis 7. Jahrhundert), Genuesen (10.–13. Jahrhundert) und Osmanen (ab 14. Jahrhundert). Seit 1878 gehört Tulcea zu Rumänien. Zu den Hauptattraktionen zählen die 1865 erbaute orthodoxe Bischofskirche des heiligen Nikolai, die Azzizie-Moschee von 1924 und das Museum für die Geschichte des Donaudeltas. Westlich der Stadt liegt die Bazilika Paleocrestina Niculitel mit Bruchstücken aus dem 4. Jahrhundert und inmitten einer hübschen Hügellandschaft das orthodoxe Kloster Celic Dere.

## Pădurea Caraorman

**Der Wald von Caraorman erstreckt sich auf einer Donauinsel zwischen den beiden Armen Sulina und Sfântu Gheorghe, etwa 25 Kilometer westlich der Schwarzmeerküste. Der türkische Name »karaorman«, »Schwarzer Wald«, kommt nicht von ungefähr, denn die Eichen, Eschen und Pappeln lassen zusammen mit dem dichten Unterholz, den Lianen und Kletterpflanzen (darunter Griechische Baumschlingen, Echter Hopfen und Wilde Weinreben) wenig Tageslicht ins Innere dringen. Zu den Attraktionen zählen über 400 Jahre alte Eichenbäume. Seit 1990 geschützt, ist das rund 22 Quadratkilometer große Waldgebiet Heimat zahlreicher Wildtiere, darunter Wildpferde, Rotwild und Seeadler. Der sandige Grund türmt sich stellenweise zu bis zu zehn Meter hohen Dünen auf. Der Wald ist nur per Boot erreichbar.**

Mit seiner Jugendstilarchitektur beeindruckt das ehemalige Kasino von Constanța – auch wenn es dringend renoviert werden müsste (ganz oben). Abendspaziergänge macht man in Tulcea am liebsten an der Donau (oben).

# Wilde Wölfe im Nationalpark Durmitor

Im Norden Montenegros erstreckt sich das spektakuläre Durmitor-Bergmassiv. Das UNESCO-Weltnaturerbe ist nicht nur wegen der schroffen Zweitausender und zerfurchten Schluchten bekannt, sondern auch wegen seiner Wildtiere. Durmitor gilt als das Königreich der Wölfe.

## REISE-INFOS

**Wo? Žabljak, im Norden Montenegros**

**Wie? Per Bus oder Auto von der Hauptstadt Podgorica (125 km)**

**Info: www.visit-montenegro.com**

Gipfel an Gipfel reihen sich die Zweitausender im Durmitor-Nationalpark. In den Hochtälern glitzern kristallklare Gletscherseen, während Montenegros längster Fluss Tara durch Stromschnellen und über Kaskaden fließt und in Jahrtausenden Europas tiefste

Als türkisblaues Band zieht sich die Tara durch ihre mehr als eindrucksvolle Schlucht im Durmitor-Nationalpark.

Leider muss der Wolf im Durmitor-Nationalpark nach wie vor auf der Hut sein, er wird hier gern gejagt.

Schlucht gegraben hat. Wer begreifen will, warum es in der Geschichte des Balkans so viele zermürbende, sich endlos hinziehende Kriege ohne Sieger gab, wird in Gegenden wie den Durmitor-Bergen die Antwort finden: weil es auf dem Balkan so viele Rückzugsmöglichkeiten gibt, in denen man über Jahre ausharren und den Kampf fortführen kann. Auch Durmitor, dieses wilde Durcheinander aus Gipfeln, Schluchten und Plateaus, diente Kriegern als uneinnehmbare Fluchtburg. Hier ist die Landschaft so übermächtig, dass sie die Menschen einfach verschluckt wie ein Nichts.

**Rekordverdächtig** *Die 80 Kilometer lange Tara-Schlucht ist mit 1300 Metern die zweittiefste Schlucht weltweit nach dem Grand Canyon. Und 48 Gipfel sind höher als 2000 Meter – der höchste ist mit 2523 Metern der Bobotov Kuk.*

1952 wurde das 321 Quadratkilometer große Gebiet zum Nationalpark erklärt, seit 2005 genießt es UNESCO-Welterbestatus. Aufgrund der gewaltigen Höhenunterschiede bietet die Bergregion zugleich ein alpines und mediterranes Klima. Das zeigt sich auch in der Tier- und Pflanzenwelt. Rund 130 Vogelarten sind hier zu finden, darunter Steinadler, Wanderfalken und Auerhähne. Unter den Wildtieren zählen Braunbären, Balkanluchse und Europäische Wildkatzen zu den größten. Wie viele Grauwölfe durch die Gegend schleichen, weiß niemand so genau. Im nur 13 812 Quadratkilometer großen Montenegro sollen es 200 bis 300 Tiere sein. Nicht unbedingt zur Freude der Bauern, die in den höheren Lagen der Berge Sommerweiden für Kühe und Schafe unterhalten. Die Wolfsjagd ist hier noch gang und gäbe – Jagd ist auf dem freiheitsliebenden Balkan eine Art Volkssport. Da ist der Durmitor-Nationalpark leider keine Ausnahme.

## NICHT VERPASSEN!

### Bobotov Kuk

Die Durmitor-Berge sind eindrucksvoll: so schroff, so rau. Die Kette, die immerhin mit 48 Gipfeln mit rund 2000 Meter Höhe punktet, hat einen ausgemachten Star: Bobotov Kuk ist der höchste Berg, dessen Fläche allein im Landesgebiet von Montenegro steht. Mit seiner charakteristischen Gipfelform ist er leicht zu erkennen und lädt ambitionierte Wanderer zu einer Tour auf die Spitze ein. Dabei ist schon ein wenig Kondition gefragt, denn die Wanderung ist ein Tagesmarsch. Doch dafür belohnt sie den, der sich aufmacht, mit Abgeschiedenheit: Weder Hütten noch Verpflegungsmöglichkeiten gibt es, Stille in den Bergen ist angesagt.

### Savnik

Lieblich ins Tal im Treskavac-Gebirge kuschelt sich Šavnik, ein verlassenes Bergdorf. Mit 600 Einwohnern und wenig Tourismus ist die bevölkerungsärmste Gemeinde des Landes bodenständig geblieben, denn die meisten Urlauber bleiben an der Küste und fahren höchstens für einen Tagestrip ins Hinterland. Das ist schade, denn sie verpassen viel. Šavnik ist zwar dünn besiedelt, aber reich an Naturschätzen. Es ist die Unberührtheit, die hier Outdoorfans zu Wanderungen oder Kanutouren lockt. Immerhin fließen im Ort die Bergbäche Bukovica, Šavnika und Bijela zusammen. Es gibt römische Steinbrücken zu sehen, und ganz in der Nähe befindet sich die beeindruckende Komarnica-Schlucht. Im nahen Nevidio-Canyon unternehmen Abenteuerlustige gerne Canyoning-Touren im Flussbett.

### Tara-Schlucht

Montenegro, das Land der »schwarzen Berge«, ist rau, unberührt und versetzt Besucher zurück in eine Zeit, als die Welt noch entdeckt werden wollte. Die Natur hier ist überwältigend und beeindruckt mit ihrer schroffen Wildheit und dem ein oder anderen Superlativ: Zum Beispiel mit der Tara-Schlucht – mit 1300 Metern nach dem Grand Canyon die tiefste Schlucht der Welt. Die Einheimischen nennen die Tara die »Träne Europas«: Wer sich zutraut, ihre wilden Gewässer zu befahren, entflieht buchstäblich der modernen Zivilisation, so rau und ursprünglich geht es hier zu. Wer echte Wildheit kennenlernen möchte, ist hier richtig.

### Đurđevića-Tara-Brücke

**Als sie gebaut wurde, gehörte sie zu den größten Stahlbetonbrücken Europas. Die Brücke ist ein Bauwerk, das zu den Hauptsehenswürdigkeiten der Tara-Schlucht zählt. Immerhin spannt sie sich bis zu 150 Meter über den Fluss. Interessant sind vor allem die weiten Bögen, deren weitester 116 Meter misst. Vor allem im Morgendunst ergibt sich ein unwirkliches Bild, wenn die Brücke in watteweiche Nebelwolken eingehüllt scheint und dahinter die blauen Berge aufragen. Es lohnt sich, seine Höhenangst zu überwinden und die Brücke zu betreten, denn von ihrem Scheitelpunkt hat man einen fantastischen Ausblick auf die Schlucht.**

### Nationalpark Biogradska gora

Ein Urwald in Montenegro? Ja, den gibt es tatsächlich. Im Nationalpark Biogradska gora. Das Schutzgebiet ist zwar mit seinen 60 Quadratkilometern das kleinste im Land, hat aber eine Menge zu bieten. Teilweise sind die Bäume mehr als 500 Jahre alt, manche der stattlichen Exemplare erreichen Höhen bis zu 45 Meter. Der Urwald erstreckt sich vor allem um den See Biogradsko jezero, einem spektakulären Gletschersee, dessen Ufer sich mit einer Wanderung umrunden lässt. Er ist der größte See im Nationalpark. Zwischen den moosbewachsenen Baumwurzeln und den Farnen haben viele seltene Tiere ihr Zuhause gefunden, darunter auch Bären oder Rothirsche. Auch Insekten gefällt der Lebensraum. Wer den Park erkundet, trifft auch auf alte, verlassene Hütten sowie Wassermühlen, die von der Mühe des Alltags in früheren Zeiten erzählen. Modern erhebt sich hingegen ein Aussichtsturm, der dem Besucher mit einem atemberaubenden Blick die Schönheit der Gegend nahebringt.

An keinem anderen Punkt des Durmitormassivs steht man so hoch wie auf dem Gipfel des Bobotov Kuk (ganz oben). Über die Schlucht der Tara (oben links) spannt sich die Đurđevića-Tara-Brücke (oben rechts).

# Vögel im Nationalpark Lauwersmeer

Der Nationalpark Lauwersmeer ist ein Refugium Zigtausender Vögel. Darunter sind Raritäten wie Säbelschnäbler und Rotschenkel. Das wasserreiche Naturidyll ist einer Katastrophe zu verdanken.

## REISE-INFOS

**Wo? Lauwersoog, Friesland und Groningen, im Nordosten der Niederlande**
**Wie? Per Auto oder Zug über das 40 km entfernte Groningen**
**Info: www.np-lauwersmeer.nl**

Nach der verheerenden Sturmflut in der letzten Januarnacht des Jahres 1953 war klar, es musste etwas geschehen. Ein Jahr später startete die niederländische Regierung ein umfassendes Deichprogramm und trennte das breite Mündungsgebiet des Flusses Lauwers, die Lauwerszee, vom Wattenmeer ab. 1969 war der Bau des 13 Kilometer langen, von Sielen und Schleusen durchbrochenen Damms abgeschlossen: Das Lauwersmeer entstand und entwickelte sich zu einem wahren Vogelparadies. Seit 2003 umfasst es den beträchtlichsten Teil des 57 Quadratkilometer

»Abflug!« heißt es für diese Gruppe Krickenten über dem Lauwersmeer.

großen Nationaal Park Lauwersmeer und liegt in Nachbarschaft zum UNESCO-Weltnaturerbe Wattenmeer. Durch den stetigen Zufluss von Süßwasser änderte sich die Bodenbeschaffenheit und schuf im Laufe der Jahre eine reichhaltige Flora und Fauna.

**Im Frühjahr verwandelt sich die Landschaft alljährlich in ein Blütenmeer aus Herzblatt, Tausendgüldenkraut, Sumpf-Stendelwurz und anderen Orchideenarten.**

Auch den Mäusebussard trifft man hier an.

Lauwersmeer beherbergt mehr als 20 000 überwinternde Vögel und ist Heimat bedrohter Säugetiere wie Fischotter und Baummarder. Unter den rund 100 Brutvogelarten sind auch Kampfläufer, Rohrdommel und Wiesenweihen zu finden. Sogar Seeadler haben sich inzwischen wieder angesiedelt und gelegentlich werden sogar Flamingos gesichtet. Selbstredend lässt sich der Park am besten per Fahrrad erkunden, wo eine 43 Kilometer lange Strecke wunderbare Ausblicke auf Wasser, Feuchtwiesen, Moorheiden und Marschen eröffnet. Sie führt auch nach Ballastplaat, wo man an einigen Stellen ausgewilderte Konik-Pferde oder Schottische Hochlandrinder sehen kann. Und natürlich Wasservögel ohne Ende.

**Sternenpark Lauwersmeer** *Seit dem Jahr 2016 ist das Lauwersmeer auch ein offizieller »Dark Sky Park«. Den Schutz der Nacht schätzen nicht nur die vielen Wildtiere und Pflanzen, sondern auch die Besucher. Ihnen bietet sich ein von Streulicht ungestörter Blick in den klaren Sternenhimmel.*

Seine leuchtend grünen Federn zeigt dieses Krickentenmännchen beim Abheben aus dem Wasser.

## NICHT VERPASSEN!

### Drachten

Da schippert man nichts ahnend durch friesische Gewässer und stößt ganz unerwartet auf eine kleine ehemalige Kunst-Enklave. In Drachten wurde 1916 die Dada-Bewegung gegründet, hier erschien 1917 das erste Manifest von De Stijl und hier entstand die Künstlervereinigung De Ploeg. Das hier natürlich vertretene Dada-Museum ist so verrückt benannt, wie die dadaistische Strömung nun einmal war, in diesem Fall, passend zum Ortsnamen »Dr8888« (ausgesprochen: Drachten).

### Leeuwarden

2018 zur Kulturhauptstadt Europas gekürt, widmet sich Leeuwarden vornehmlich der Geschichte seiner

Ob Groningen (ganz oben) oder Leeuwarden (oben) – viele niederländische Städte sind vom Wasser geprägt. Und auch die bunten Farben der Häuser sind Gemeinsamkeiten der beiden Orte.

Provinz, Friesland. Das beeindruckende Fries-Museum verfügt über immerhin 170 000 Artefakte zur friesischen Geschichte. Museumsmuffel finden genügend Alternativen in der schmucken Altstadt rund um das ehemalige Handelszentrum Waag. Lustig ist auch das Wahrzeichen der Stadt. Der nie vollendete Kirchturm Oldehove neigt sich jedes Jahr ein Stückchen weiter und macht dem Turm von Pisa Konkurrenz.

## Franeker

Ein bisschen strahlt das mit 13 000 Einwohnern zu den größeren Städten Frieslands zählende Franeker die Atmosphäre aus, die schon im 18. Jahrhundert in der Stadt geherrscht haben muss. Denn viele Fassaden haben alle Kriegswirren unbeschadet überstanden, nicht nur das besonders schöne Renaissance-Rathaus.

**Eisingas Wundermaschine** *Ein Planetarium ist keine Sternwarte, von der aus sich der Sternenhimmel beobachten lässt. Früher war ein Planetarium eine mechanische Darstellung der Planetenbewegungen – und das konnte auch an einer Wohnzimmerdecke geschehen, wie im unglaublich liebevoll kuratierten Planetarium in Franeker. Eise Eisinga (1744–1828), eigentlich Wollkämmerer, aber mit Herz und Verstand Mathematiker, Astronom und Mechaniker, reagierte mit dem Bau des heute ältesten funktionstüchtigen mechanischen Sonnensystems auf eine niederländische Massenpanik im Jahr 1774, als viele glaubten, es käme zu Planetenkollisionen. Mit seiner mechanischen Darstellung des Planetensystems zerstreute er die Ängste der Menschen.*

## Groningen

In Groningen reihen sich avantgardistische Neubauten an altehrwürdige Bauwerke, am Rande der Stadt ragt futuristisch der asymmetrische »Affenfelsen« in den Himmel, während der schiefe Turm der Martinikirche – das Wahrzeichen Groningens – über die Innenstadt wacht. Diese wurde aufgrund ihres besonderen Charmes sogar zur attraktivsten Innenstadt in den ganzen Niederlanden gekürt. Inmitten der bunten Architekturlandschaft herrscht reges Treiben: Fast täglich finden Märkte statt, Straßenmusiker sind an jeder Ecke anzutreffen und Unmengen an Events werden veranstaltet, wie das Noorderzon-Kunstfestival. Besonders Studenten lieben die Stadt im Norden der Niederlande – so hat sie auch den jüngsten Altersdurchschnitt des ganzen Landes zu verzeichnen. Von der pulsierenden Stadt geht eine regelrecht elektrisierende Aura aus. Einen guten Überblick über die Stadt verschafft man sich von einem der begehbaren Kirchtürme oder dem Wasserturm aus.

Morgenstimmung im November auf Schiermonnikoog.

## Schiermonnikoog

Die ganze Insel ist schon seit 1989 ein Nationalpark. Kaum Autos. Nur ein Dorf, in dem nicht einmal 1000 Seelen wohnen. Ansonsten gehört vor allem außerhalb der Sommersaison die Insel den Vögeln, dem Wind und dem Meer. Wer auf den Spuren des Bestsellers von Astrid Lindgren, »Ferien auf Saltkrokan« wandelt, aber nicht bis in den hohen Norden Schwedens reisen möchte, findet ein passendes Pendant in Schiermonnikoog, der kleinsten der Westfriesischen Inseln. An den breiten, jährlich weiter wachsenden Sandstränden lässt sich stundenlang wandern und dem Meer lauschen. Orchideenliebhaber werden im Mai ganz begeistert den rosa und lila Spuren durch die Dünen folgen, natürlich nur auf erlaubten Wegen.

# Mönchsrobben vor den Nördlichen Sporaden

Sie ist das wohl seltenste Säugetier des Mittelmeerraumes: Die Mittelmeermönchsrobbe ist stark vom Aussterben bedroht. Nur rund 450 Tiere leben noch zwischen der italienischen und der türkischen Küste. Dem Alonnisos-Nationalpark kommt beim Schutz dieser Tierart eine Schlüsselrolle zu, denn dort sollen zwei Drittel des Bestandes leben.

## REISE-INFOS

**Wo? Alonnisos, Nördliche Sporaden, Griechenland**
**Wie? Fähren ab Volos und Evia auf dem Festland und zu den Inseln Skopelos und Skiathos**
**Info: www.alonissos-park.gr**

Unberührt und ursprünglich waren sie, die Sporaden, irgendwie schien die gute alte Zeit stehen geblieben zu sein an diesem Ort. Doch dann kam Abba: »Mamma Mia!« Was für ein Film. Dass die Geschichte zum Teil auch auf Skiathos und Skopelos spielt, hat den Inseln ein wenig ihren Geheimtippcharakter genom-

Vom Strand Rousoum Gialos aus blickt man auf das klare Wasser, das in schönstem Türkis erstrahlt.

Bereits Aristoteles schrieb über die Mittelmeer-Mönchsrobbe. Heute ist sie vom Aussterben bedroht.

men. Wo schon Meryl Streep und Pierce Brosnan herumgelaufen sind, wollen nun auch andere Reisende wandeln und ihren Urlaub verbringen. Das Film-Musical hat mit seinen Szenen Lust auf die »griechische Karibik« gemacht. Wem es auf Skiathos und Skopelos zu trubelig ist, setzt nach Alonnisos über – hier erwartet den Gast absolute Stille.

Der Meeres-Nationalpark Alonnisos wurde im Jahr 1992 als erster seiner Art in Griechenland gegründet. Die größte Insel der Nördlichen Sporaden gab dem Naturschutzgebiet seinen Namen: Alonnisos ist etwa 20 Kilometer lang und an seiner breitesten Stelle fünf Kilometer breit. Im Süden dominieren Pinienwälder, im Norden findet man dagegen Macchia-Vegetation und Pistazienbäume vor. Alonnisos wird von etwa 3000 Menschen bewohnt. Die seltene Mittelmeer-Mönchsrobbe lebt in einer großen Kolonie in den Höhlen der unbewohnten Inseln, was dem beharrlichen Einsatz von Umweltschützern zu verdanken ist. Einheimische Fischer respektieren die strengen Schutzvorschriften, und obwohl der Park für Besucher geöffnet ist, bleiben einzelne Abschnitte allein der Natur vorbehalten. Diese Ruhe genießen neben den Robben auch zahlreiche Vogelarten, Delfine und Wildziegen. Viele Touranbieter auf den Sporaden bieten Ausflüge dorthin an, mit etwas Glück sieht man nicht nur die Robben, sondern auch die Delfine.

**Schwergewichte** *Mittelmeer-Mönchsrobben sind leicht an ihrer doppelten Flosse erkennbar und mit 2,40 Meter Länge und 280 Kilogramm Gewicht ziemliche Kolosse. Zum Gebären ziehen sie sich in Höhlen und Grotten zurück. Sie sind die einzige Robbenart des Mittelmeers.*

## NICHT VERPASSEN!

### Alonnisos

Die drittgrößte der Nördlichen Sporaden ist bekannt dafür, dass es dort etwas gibt, was vielen Menschen im Alltag fehlt: vollkommene Ruhe und Beschaulichkeit. Außer der Natur und ein paar Wochenendausflüglern gibt es nichts. Wirklich nichts. Nur Aleppo-Kiefern, Feigen- und Mandelbäume, die Natur ist sowohl im Wasser als auch an Land intakt. Die Inselhauptstadt heißt Patitiri, ihre Bebauung stammt aus den 1960er-Jahren, da der vorige Hauptort der Insel 1965 bei einem Erdbeben zertrümmert wurde. Mit dem Boot von hier aus erreichbar ist die kleine Insel Kyra Panagia, dort lebt ein Mönch ganz allein in einem Kloster, einzig die wilde Natur ist sein Gefährte.

### Skiathos-Stadt

Als hätte jemand einen überdimensionalen Hut vergessen, so ragt der Berg aus dem Inselrelief heraus. Geschmückt wie eine Kopfbedeckung ist er, ein kleines Dorf ergießt sich wie ein weißes Band um seine Krempe. Schon von Weitem sieht man: Dieser Ort ist nicht wie andere. Er könnte auch in Südgriechenland stehen, als Kykladenstadt mit seinen verwinkelten Gassen und der kubistischen Architektur, die sich wie ein Amphitheater über der Stadt ausbreitet. Bergdörfer über dem Meer – Griechenland wie aus dem Bilderbuch. Der alte Hafen ist Zentrum der Fischerei. Auch jenseits dieser Hotspots lohnt es sich, durch die kleinen Gassen zu wandeln, die einem Gewirr gleichen und Besuchern schnell die Orientierung nehmen. Dafür aber steht man überraschend plötzlich vor einem schönen Laden oder wird in ein Café gelockt. Unbedingt anschauen: Burg Bourtzi, sie liegt auf einer Insel vor der Stadt im Meer.

### Kloster Panagia Eikonistria

Ganz so einfach machen die Heiligen es den Menschen nicht, sie zu sehen. Als Maria sich entschlossen hatte, sich auf Skiathos zu zeigen, erschien sie zunächst als

Paradiesische Aussicht im Süden von Skopelos.

helles Licht mitten im Wald. Drei Tage lang versuchte ein Mönch, den Grund für dieses Licht zu finden. Kam er näher, verschwand das Leuchten. Er fastete und betete eine Nacht durch und versuchte es am nächsten Tag noch einmal. Das Licht war verschwunden, doch an der Stelle, an der er es gesehen hatte, fand er eine Ikone der Jungfrau. Sie ist heute Zentrum des Klosters Panagia Eikonistria, das 1655 dort errichtet wurde.

### Strofilias-See

Reiher tauchen ihre langen Schnäbel in das Wasser, Enten fliegen manchmal auf, vor allem aber formt das stille Wasser den perfekten Spiegel des blauen Himmels: Der See Strofilias bietet allen eine schöne, stille Abwechslung, die von der Weite des Meeres genug haben und etwas Rückzugsraum brauchen.

Als einziges Kloster auf Skiathos ist das Evangelistria-Kloster bis heute noch aktiv.

**Evangelistria-Kloster** *An der nördlichen Spitze der Insel liegt dieses aus Natursteinen errichtete Kloster. Es geht zurück auf das Jahr 1794 und liefert eine Reminiszenz an die romanische Kultur.*

## Skopelos

Wenn der Begriff »griechische Karibik« zutrifft, dann auf diese Insel. Die kleinen, bunt getünchten Häuser umschließen die Bucht und reihen sich wie eine Treppe an dem bis zum Meer reichenden Gebirgsarm auf. Skopelos-Stadt ist Hauptort der Insel und verzaubert seine Besucher mit dem typischen Gewirr schmaler Gassen, mit strahlend weißen Stränden und türkisblauem Wasser. Führte die Insel lange Zeit ein Geheimtippdasein in den Reisekatalogen, ist sie schnell in den Fokus der Reisewünsche geraten, als sie beim Abba-Film »Mamma Mia!« Drehort wurde. Besonders betörend sind die duftenden, schattigen Wälder im Inselinneren.

## Skyros

Die Ruhige der Nördlichen Sporaden, dieser Titel würde auf Skyros auch zutreffen. Die kleine Insel hat bislang noch nicht viel Infrastruktur für den Tourismus aufgebaut. Wer etwas erleben will, der schlendert durch die Inselhauptstadt, fährt zu einem der Strände, lässt sich den berühmten Hummer der Insel servieren oder wandert einfach über die grüne – vor allem von Aleppo-Kiefern geprägte – Nordhälfte der Insel und hofft, wilde Ponys zu treffen. Bei Pouria befindet sich ein Felsen, der aussieht wie ein riesiger Pilz und eine richtige Attraktion auf der stillen Insel ist.

# Wisente im Nationalpark Białowieża

Es gibt in Europa noch einen einzigen Tieflandurwald, und wer jemals seine urwüchsige Schönheit, seine ungezähmte Wildheit, seine überwältigende Formenvielfalt gesehen hat, wird nur noch seufzend durch einen forstwirtschaftlich genutzten, wie manikürt wirkenden Wald gehen.

## REISE-INFOS

**Wo? Białowieża, Woiwodschaft Podlachien, im Nordosten von Polen**
**Wie? Von Warschau (235 km) per Auto bis zur weißrussischen Grenze**
**Info: www.bpn.com.pl**

Dieser Dschungel liegt im äußersten Osten Polens und in Weißrussland in der Bialowiezer Heide, ist in seiner Kernzone strengstens gegen alle Eingriffe geschützt und hat deswegen eine phänomenale Artenvielfalt bewahrt. Alle in Europa lebenden Spechtarten sind hier ebenso zu Hause wie allein 3500 unterschiedliche Pilz-

Nicht nur die Wisentpopulation macht den Nationalpark besonders. In einigen geschützten Bereichen des Parks überlässt man die Natur ganz sich selbst – in das Ökosystem des Urwaldes wird also nicht eingegriffen.

arten, Dutzende Orchideenarten und dazu einige der mächtigsten Eichen des Kontinents. Die Stars des Urwalds aber sind ohne Zweifel die Wisente. Das Gelände erstreckt sich beiderseits der Grenze über 1500 Quadratkilometer, der Nationalpark und das Weltnaturerbe umfassen zusammen 876,1 Quadratkilometer. Eingriffe des Menschen werden nur entlang der Touristenrouten akzeptiert und beschränken sich auf das Freihalten der Wege. Dies geschieht ausschließlich manuell, ohne Einsatz von Motorsägen und Maschinen. Weitere Eingriffe werden selbst bei Schädlingsbefall von Bäumen nicht vorgenommen. Trotz extremer Winterkälte hat sich auf dem Areal dieser Welterbestätte eine erstaunliche Artenvielfalt entwickelt. Im streng geschützten Kernbereich des Parks wachsen die höchsten Bäume ganz Europas mit 55 Meter hohen Fichten und 40 Meter hohen Eschen. Neben Säugetieren wie Bären, Elchen, Luchsen und Wölfen leben hier über 220 verschiedene Vogelarten.

Die Bialowiezer Heide ist Teil des zentraleuropäischen Tieflands im östlichen Weichselbecken und breitet sich in einer Höhe zwischen 145 und 202 Metern aus. In der Umgebung der Grenze zwischen Polen und Weißrussland erstreckt sich die Wasserscheide zwischen Ostsee und Schwarzem Meer. In den 1920er-Jahren begann die polnische Regierung, Wisente aus Zoobeständen nachzuzüchten und ab 1952 planmäßig auszuwildern. Gegen Ende des 19. Jahrhunderts war das mächtige Urrind durch Abschuss nahezu ausgerottet. Heute leben hier rund 300 Exemplare dieser größten europäischen Landsäugetierart. Auch die früher heimischen Wildpferde haben in diesem Schutzgebiet ein Refugium gefunden.

Bis zu 60 Kilogramm Nahrung braucht ein Wisent pro Tag – und sie ernähren sich rein pflanzlich.

## Wisente

**Obwohl sie heute als »Könige der Wälder« gelten, bevorzugten sie ursprünglich andere natürliche Lebensräume: Wisente (Europäische Bisons) hielten sich einst in lichten Wäldern und Heiden auf, wo sie feste Reviere bezogen. Aufgrund der intensiven Nachstellungen durch Jäger haben sie sich heute in dichte Wälder zurückgezogen. In Deutschland leben sie fast ausschließlich in großzügigen Wildgehegen. Ein Wisent misst bis zu drei Meter Kopf-Rumpf-Länge und wiegt bis zu 900 Kilogramm; Kühe sind erheblich kleiner und leichter, ein Kalb kann aber schon bei der Geburt 20 Kilogramm auf die Waage bringen. Der Wisent ist nach dem Aussterben des Waldwildpferdes das größte frei lebende Landsäugetier Europas. Um die enge genetische Situation der weltweit 3000 Tiere zu verbessern, verteilen Naturschützer gelegentlich Zuchttiere auf andere Gebiete. Im April 2013 wurde eine Herde Wisente im nordrhein-westfälischen Rothaargebirge ausgewildert. An den heißesten Sommertagen treten Wisente nur zögernd aus dem Schatten des Waldes heraus. Sie äsen dann meist bei Nacht, grasen auf Lichtungen, rupfen Kräuter und – am liebsten – Knospen von Erlen.**

Die Wisente fühlen sich in dem Nationalpark unter anderem deshalb so wohl, weil er vergleichsweise hell ist und die Krautschicht, von der sich die Tiere ernähren, dementsprechend dichter ist.

## +NICHT VERPASSEN!+

### Nationalpark Narew

Massiven Protesten der Bevölkerung in den 1980er-Jahren ist es zu verdanken, dass diese wunderschöne Auenlandschaft mit ihren Sümpfen erhalten blieb. Der westlich von Białystok gelegene Nationalpark schützt das Narewtal zwischen Rzędziany im Norden und Suraż im Süden. Wie die benachbarten Nationalparks Biebrza und Wigry ist er eine wichtige Station für die Zugvögel auf ihrem Weg von Afrika nach Skandinavien und zurück. Für Besucher, die den sich ständig ändernden Flusslauf auf dem Wasser erkunden wollen, bietet die Nationalparkverwaltung in Kurowo von Mai bis September einen Kajakverleih an. Dort und in anderen Dörfern kann man sich zudem von Privatanbietern in der »Pychówka«, einem vier Meter langen traditionellen Stakboot, durch die Sümpfe fahren lassen.

### Freilichtmuseum Zagroda Kurpiowska

**Bunt und ausgefallen sind die Trachten und Festbräuche der Kurpen, etwa zu Ostern. In Łyse fertigen vor allem Frauen in mühsamer Handarbeit aus Papier Blumen und Pflanzenteile für den Wettbewerb um die schönste Osterpalme. Aufwendig ist auch das Verzieren der Ostereier, die mit weißer Spitze umhäkelt oder bunten Häkelelementen beklebt werden. Im Freilichtmuseum von Kadzidło werden alte Gewerke sowie traditionelle Tänze und Lieder gepflegt und den Besuchern vorgeführt.**

### Kamaldulenserkloster in Wigry

Im Sommer ist es auf der Fähre oft voller. Sie bringt die Besucherscharen vom Nationalparkmuseum in

Lange Schatten wirft die Sonne auf dem Schlossplatz in Warschau. Namensgebendes Gebäude des Platzes ist das Warschauer Königsschloss, das nach seiner Zerstörung im Zweiten Weltkrieg wiedererrichtet wurde.

Von viel Grün umgeben ist Drohiczyn und auch der Bug windet sich hier noch nach seinem Willen durch die Landschaft (links). Wasserreich zeigt sich auch der Nationalpark Narew (rechts).

Stary Folwark zur gegenüberliegenden malerischen Landzunge im Jezioro Wigry. Der Kamaldulenserorden hatte den See mit Ortschaften und Wäldern von König Jan Kazimierz erhalten und ließ ab 1667 einen Klosterkomplex mit 17 Einsiedeleien, Refektorium, schmuckem Uhrenturm und dem sogenannten Königshaus errichten. So entstand eine der schönsten spätbarocken Klosteranlagen Nordpolens.

## Zwierzyniec

Der 1593 gegründete Ort wurde von der Magnatenfamilie Zamoyski, die hier zunächst eine Sommerresidenz unterhielt, 1820 neu gestaltet. Das Parkensemble mit Ordinatenpalast, Brauerei und Verwaltervilla lädt zum Flanieren ein. Auf einer malerischen kleinen Insel gelegen, bezaubert die im Jahr 1741 errichtete Johann-Nepomuk-Kirche.

## Drohiczyn

Von der mittelalterlichen Grenzfestung zwischen Masowien und Litauen ist heute nichts mehr übrig. Dafür ist die Aussicht vom Burghügel über den Bug, der hier eine malerische Schleife beschreibt, einfach nur wunderbar. Drohiczyn ist heute ein wichtiges Zentrum des Kajaksports. Zudem ist der geschichtsträchtige Ort ein schönes Beispiel für die ländlich geprägte Stadtkultur Ostpolens. Noch heute zeugen Klöster und Kirchen von der einstigen Größe und dem jähen Fall. Drohiczyn war von 1520 bis zur Dritten Polnischen Teilung Hauptstadt der Woiwodschaft Podlasie und Königsstadt. Bis heute erhalten blieben die prachtvollen Barockklöster der Franziskaner, Benediktinerinnen und Jesuiten.

## Warschau

**Die polnische Hauptstadt Warschau liegt mit ihren etwa 1,7 Millionen Einwohnern an beiden Ufern der Weichsel. Die Stadt ist der Regierungssitz Polens und auch dessen kultureller sowie wirtschaftlicher Mittelpunkt. Am westlichen Weichselufer liegt die an der Wende zum 14. Jahrhundert gegründete Altstadt mit den zentralen Plätzen des Zentrums und östlich des Flusses die etwa 100 Jahre jüngere Neustadt. Das beherrschende Gebäude der modernen City ist der in den Jahren zwischen 1952 und 1955 errichtete Kulturpalast. Einstmals als Zeichen der sowjetisch-polnischen Freundschaft erbaut, wird der Wolkenkratzer von vielen Warschauern als Wahrzeichen ihrer Stadt gesehen. Im alten Warschau sticht vor allem der Königstrakt (Trakt Królewski) hervor, eine lange Prachtstraße mit repräsentativen Bauten und barocken Palästen. Zu den bedeutendsten Baudenkmälern zählen unter anderem auch der Schlossplatz mit der Sigismundsäule und der schon im 13. Jahrhundert entstandene Altstädter Marktplatz.**

# Pottwale suchen vor den Vesterålen

Einfach gigantisch, wenn Pottwalflossen plötzlich vor dem Boot auftauchen oder Schwertwale durchs Meer pflügen. Vor der norwegischen Inselkette Vesterålen herrscht ein ziemliches Meeressäugertreiben, denn in den Fjorden, Meerengen und Buchten finden sie genügend Nahrung. Das macht den Archipel neben den benachbarten Lofoten zu einer der Top-Locations für Walbeobachtungstouren. Aber auch sonst ist tierisch viel los.

Der letzte Gruß mit der Fluke, der Schwanzflosse, bevor die großen Meeressäuger wieder abtauchen, ist für viele Teilnehmenden an einer Walsafari das größte Highlight. In Nordnorwegen hat man gute Chancen einer Sichtung.

Dicht bleibt das Pottwaljunge bei seiner Mutter auf dem Weg durch die endlosen Weiten des Ozeans. Es wird etwa zwei Jahre lang von ihr gesäugt.

## REISE-INFOS

**Wo? Vesterålen, Troms og Finnmark, Nordnorwegen**
**Wie? Die schönste Anreise ist per Postschiff mit Halt in Risøyhamn, Sortland und Stokmarknes.**
**Übernachtung: Viele Camping-Möglichkeiten**
**Info: www.visitvesteralen.com**

Schroffe Berge, die himmelhoch aus dem Wasser ragen, tiefblaue Fjorde, die sich tief ins Land hineinfräsen, sanft geschwungene Buchten mit schneeweißen Stränden und idyllischen Fischerstädtchen – die Vesterålen sind Norwegen wie aus dem Bilderbuch. Und ein Königreich für Wale, denn rund um die Inselgruppe, 300 Kilometer nördlich des Polarkreises, finden die Meeressäuger in bis zu 2000 Meter tiefen Canyons reichlich Nahrung. Es ist beeindruckend zu sehen, wie sie nach einem Tauchgang zum Luftschnappen gut zehn Minuten auftauchen, um dann wieder im Wasser zu entschwinden, begleitet von einem weithin hörbaren Blasen. Kein Wunder, dass in den Gewässern vor den Vesterålen Walsafaris extrem populär sind. Dank des wärmenden Golfstroms sind ganzjährig fünf Meeressäugerarten zu beobachten: Pott- und Buckelwale, Schwert- und Zwergwale sowie Grindwale.

**Gut zu wissen** *Die meisten Bootstouren starten von den Häfen in Andenes auf der nördlich gelegenen Insel Andøya und Stø auf der Insel Langøya. Bei den zwei- bis vierstündigen Touren kommen meist umfunktionierte Fischkutter oder ehemalige Robbenfänger zum Einsatz.*

Man sollte aber nicht nur nach den Meeresgiganten schielen, denn die Natur hat noch mehr zu bieten: am Ufer sonnenbadende Seehunde, durchs Wasser flitzende Fischotter, in den Lüften kreisende Seeadler und an den Felsen nistende Papageitaucher. Auch der Sound der Basstölpel darf nicht fehlen. Es ist also gut was los auf den Vesterålen, die im Süden fast nahtlos in die bekannteren Lofoten übergehen. Im Juni und Juli kann man auch nachts auf Walsafari gehen – dann geht die Sonne niemals unter.

## NICHT VERPASSEN!

### Hinnøya und Langøya

Die beiden größten Inseln der Vesterålen sind nur durch eine schmale Meerenge, über die die 961 Meter lange Sortlandbrücke führt, voneinander getrennt. Zusammen bilden sie eine gebirgige Inselkette, die sich auf einer Nord-Süd-Länge von 150 Kilometern vor der Küste erstreckt. Der See- und Hochgebirgs-Nationalpark Møysalen auf der Insel Hinnøya zieht sich vom Indrefjord bis hinauf zum vergletscherten Møysalen (1262 Meter), dem höchsten Gipfel der Vesterålen. Das Gebiet ist als Wanderparadies bekannt und kann auf ausgewiesenen Trekking-Trails erkundet werden.

**Harstad** Die Hafenstadt Harstad auf der geschützten Ostseite von Hinnøya, der größten ganz in Norwegen gelegenen Insel, ist die zweitgrößte Stadt der Provinz Troms und alljährlich an Mittsommer Schauplatz der »Festspillene i Nord-Norge« mit klassischer Musik, Theateraufführungen und Filmen. Am Kulturhuskai liegt die »Anna Rogde« vor Anker, der älteste segelnde Schoner der Welt.

**Trondenes** Die kleine Kirche von Trondenes stammt aus dem Mittelalter und war ihrerzeit vor allem ein

Egal, für welche der vielen Inseln Nordnorwegens man sich entscheidet: Spektakuläre Ausblicke sind garantiert.

geistliches Bollwerk gegen die russisch-orthodoxen Christen. Im Chor kann man noch Reste von Kalkmalereien bewundern, die übrigen prachtvollen Darstellungen wurden leider überstrichen. Die Steinmauer, die zur Abschreckung von Seeräubern die Kirche umgab, ist noch heute vorhanden.

**Museumsspaß** *Wissenswertes über die Vergangenheit von Trondenes erfährt man im sehr sehenswerten Historical Centre, dem Museum der Inseln. Hier trifft man auf Edelmänner, Wikinger und alte Bewohner von Harstad und anderer Inselgemeinden. Sie alle nehmen den Besucher mit auf eine abenteuerliche Reise durch die Geschichte der Vesterålen.*

## Andøya

Die nördlichste Insel des Vesterålenarchipels ist eines der moor- und moltebeerenreichsten Gebiete Norwegens: Mehr als die Hälfte der 489 Quadratkilometer großen Insel sind von Mooren bedeckt. Wegen der vergleichsweise isolierten Lage wirken auf Andøya enorme Windkräfte: 1916 errichtete Ulrike Dahl auf Dverberg die erste Windmühle, 2008 ging in einem Moorgebiet an der Küste der erste Windkraftpark in Betrieb. Der 2,5 Kilometer lange Bleikstranden zählt zu den längsten Sandstränden Norwegens.

**Andenes** Der rund 2500 Einwohner zählende Ort präsentiert sich als lebendiges und zugleich traditionsreiches Fischerdorf, das über Jahrhunderte ein Walfängerstützpunkt war. Das 1988 in einer ehemaligen Fischfabrik eröffnete Walzentrum informiert über den Meeressäuger. Wahrzeichen von Andenes ist ein das Kap überragender roter Leuchtturm, der einen fantastischen Blick über Andøya und das Meer gewährt. In unmittelbarer Nähe lockt das Andøymuseet mit einer Ausstellung über die Polarregion.

## Hadseløya

Das zwischen Langøya und der Lofoteninsel Austvågøy gelegene Eiland ist als Standort des Hurtigruten-Heimathafens bekannt. In Melbu, einem kleinen Ort im Süden der Insel, lockt das Vesterålen-Museum, das in einem 200 Jahre alten Gutshof untergebracht ist.

**Stokmarknes** Stokmarknes ist der historische Heimathafen der 1893 gegründeten Hurtigruten. Anlässlich der 100-Jahr-Feier 1993 wurde das Hurtigruten-Museum eröffnet, zu dem auch das zum Museumsschiff umfunktionierte Hurtigruten-Schiff »MS Finnmarken« gehört. Oberhalb von Stokmarknes erhebt sich der Aussichtsberg Storheia (500 Meter), der ein fantastisches Panorama der 102 Quadratkilometer großen Insel, des Hadsel- und des Vesterålsfjords und der Lofoteninsel Austvågøy gewährt.

# Geierschau in den Cevennen

Als eine Art »Wasserschloss, das den Ebenen Leben verleiht«, beschrieb der Historiker Jules Michelet enthusiastisch die Cevennen. Der Artenreichtum der Bergregion ist einzigartig. Seit den 1980er-Jahren sind auch wieder Geier heimisch.

## REISE-INFOS

**Wo? Ganges und Alès, Département Hérault, Südfrankreich**
**Wie? Per Zug über Lyon nach Alès oder mit dem Auto nach Ganges**
**Info: www.ot-cevennes.com**

Kalkfelsen, die wie Skulpturen gen Himmel ragen, Schluchten, die sich in Millionen von Jahren tief in die Erde gegraben haben, Tafelberge, die über dichten Wäldern thronen – die Cevennen zählen zu den faszinierendsten Landschaften des französischen Zentralmassives. Die Steinformationen begeistern Geologen, die vielfältige Flora und Fauna Tier- und Pflanzenforscher. Schon Édouard Alfred Martel (1859–1938), der französische Wegbereiter der modernen Höhlenforschung, beschrieb in seinem 1890 erschienenen Buch »Les Cévennes« voller Faszination die Landschaft und wollte sie unter Naturschutz stellen. Doch erst 1970 wurde sein Traum wahr, als mit Gründung des Parc national des Cévennes eine Fläche von der Größe Luxemburgs (938 Quadratkilome-

Zu den Gipfeln im Nationalpark Cevennen gehört auch der Mont Lozère (links). Die Landschaft von oben herab betrachten und bewundern können unter anderem die hier lebenden Gänsegeier (rechts).

Über 2,50 Meter kann die Flügelspannweite der Gänsegeier betragen – unerheblich, ob es ein Männchen oder Weibchen ist, denn in Größe oder Gewicht unterscheiden sich die Geschlechter bei dieser Art nicht.

ter Kern- und 2035 Quadratkilometer Pufferzone) unter Naturschutz gestellt wurde. Seitdem gedeihen Pflanzen wie Sonnentau, Lavendel, Orchideen, Kastanien und Türkenbund noch besser. Auch 137 Vogel- und 70 Säugetierarten, darunter Mufflons (eine Wildschafart), Rehe, Steinböcke, Ginsterkatzen und Fledermäuse fühlen sich wohl.

Mit Erfolg wurden einige Tierarten angesiedelt, die bereits aus der Region verschwunden waren: Wölfe, Luchse, Biber und Fischotter sind seit Jahren wieder verbreitet. Und auch Geier kreisen wieder über den Felsen und Schluchten. In den 1940er-Jahren ausgerottet, wurden 1981 über der Jonte-Schlucht erstmals fünf Gänsegeierpaare ausgesetzt. Heute gibt es Hunderte davon. 1992 kamen die ersten Mönchsgeier hinzu, mittlerweile sind es über 100. Seit 2012 gibt es zudem wieder Bartgeier, und auch Schmutzgeier werden regelmäßig gesichtet. Dass sie Wanderern und Kletterern in den Rücken fallen, ist nicht zu befürchten. Sie begnügen sich mit Aas.

**Enorme Spannweiten** *Gänsegeier können eine Flügelspannweite von bis zu 2,70 Metern erreichen, Mönchsgeier bis fast drei Meter. Gänsegeier sind an ihrem markanten weißen Kopf zu erkennen, Mönchsgeier an ihrem dunkelbraunen Gefieder. Beide halten sich bevorzugt in Gebirgsketten mit Steilhängen auf und finden in den Cevennen ideale Bedingungen.*

Nur langsam vermag die Sonne ihr morgendliches Licht auch in die Tiefen der Gorges du Tarn zu schicken (ganz oben). Neben solcher Naturschönheiten lohnt sich in der Region der Besuch von Albi mit der alles überragenden Kathedrale (oben), die auch im Inneren mit ihrem blauen Gewölbe eindrucksvoll anzusehen ist (rechts).

## NICHT VERPASSEN!

### Gorges du Tarn

Seit Jahrtausenden bearbeitet der Fluss Tarn im Südwesten des Departements Lozère die Kalksteinfelsen. Von seiner Quelle am Berg Lozère fließt er mal tosend, mal ruhig durch die Cevennen und hat auf seinem Weg zwischen der Causse Méjean und der Causse de Sauveterre eine atemberaubende, etwa 53 Kilometer lange Schlucht geformt. Diese Landschaft gehört mit zu den schönsten Naturschönheiten Frankreichs. Die Felsen erheben sich teilweise bis zu 500 Meter hoch über dem Fluss, von denen zahlreiche Panoramapunkte einen herrlichen Blick auf die Landschaft gewähren.

**Kanutour** *Wer die Schlucht vom Wasser aus erkundet, den führt der Wasserweg, umrahmt von spektakulärer Natur, an verschiedenen Sehenswürdigkeiten vorbei, zum Beispiel an der mittelalterlichen Brücke von Quézac oder an Burgen wie der Ruine von Castelbouc.*

### Albi

Die Kleinstadt liegt im Süden Frankreichs, rund 80 Kilometer nordöstlich von Toulouse. Aus dem Ensemble der am Fluss Tarn gelegenen Häuser der Altstadt ragen besonders zwei Bauten hervor: die Kathedrale Ste.-Cécile und der Bischofspalast Palais de la Berbie. Mit dem Bau der gotischen Kirche wurde 1282 begonnen, ihre Fertigstellung zog sich bis 1492 hin. Mit ihrem über 70 Meter hohen Glockenturm zählt die Kathedrale zu den größten Backsteinkirchen der Welt. Aus Backsteinen wurde auch der ganze historische Bezirk der Bischofsstadt Albi errichtet. Das wuchtige Palais de la Berbie war ursprünglich als Festung angelegt und demonstriert die Machtfülle, über welche die Bischöfe von Albi ab dem 13. Jahrhundert verfügten. Heute beherbergen seine Mauern ein Toulouse-Lautrec-Museum. Der im 17. Jahrhundert geschaffene Barockgarten ist kunstvoll gestaltet.

### Cordes-sur-Ciel

Das befestigte Städtchen thront auf einem konischen Hügel über dem Tal des Cérou. In den steilen Gassen findet sich noch so manches Haus aus gotischer Zeit. Schöne Beispiele sind das Maison Ségulier mit seiner skulpturengeschmückten Fassade oder das Maison du Grand-Veneur. In den Morgenstunden kommt es hier manchmal zu traumhaften Szenen: Dann scheint der kleine Ort, der die Kuppe wie eine Mütze aus Häusern bedeckt, in einem Meer von Nebel zu schweben. Das gab ihm auch seinen Namen – »Cordes über dem Himmel«. Die wehrhafte Bauweise entstand 1222 auf Geheiß des Grafen von Toulouse, der Cordes als Bastide errichten ließ, um sich gegen einfallende Truppen aus dem Norden Frankreichs zu verteidigen. Ein blühendes Wirtschaftsleben entstand in und um den Ort. Heute haben sich viele Künstler in der Kleinstadt niedergelassen.

Romantische Abendstimmung in Cordes-sur-Ciel.

# Papageitaucher in Islands Westfjorden

Neben Trollen und Elfen ist er das Maskottchen der Insel: Der Papageitaucher gehört wohl zu den beliebtesten Vogelarten Islands.

## REISE-INFOS

**Wo? Vestfirðir, im Nordwesten von Island**
**Wie? Rund 450 km nördlich von Reykjavik; am besten per Mietwagen zu erreichen**
**Übernachtung: Hotels, Pensionen und Campingplätze.**

Weltweit gelten Papageitaucher als gefährdet; auf Island kann man sie noch in größerer Zahl antreffen.

Die Látrabjarg-Halbinsel in Islands Westfjorden bildet den westlichsten Punkt Europas. Auf dem Weg zum Látrabjarg passiert man die sanft geschwungenen Buchten Breiðavík und Látravík mit einsamen Sandstränden und türkisfarbenem Meer vor einer gewaltigen Bergkulisse. Irgendwann endet die Straße, und ein kleiner Pfad führt auf die Klippe, die an ihrer höchsten Stelle atemberaubende 400 Meter erreicht. Senkrecht brechen die Felsen auf mehreren Kilometern Länge ab. Bei gutem Wetter ist sogar der über 80 Kilometer entfernte Snæfellsjökull zu sehen. Der größte Vogelfelsen im Nordatlantik beherbergt auf seinen Felsvorsprüngen Hunderttausende Seevögel, die während der Brutzeit einen ohrenbetäubenden Lärm produzieren. Beobachten kann man Krähenscharben, Dreizehenmöwen, Lummen, Alken, und Eissturmvögel. Die Stars sind aber die Papageitaucher, die ihre Bruthöhlen an der oberen Abbruchkante graben.

**Der »Lundi«, wie er hierzulande genannt wird, ist tatsächlich der Nationalvogel, denn Island kann sich der größten Bestände dieser Art rühmen.**

Von den weltweit rund sieben Millionen Paaren leben allein vier Millionen auf Island, und dort vorwiegend an den Westfjorden. Der Papageitaucher brü-

Golden legt sich die Sonne im Meer zur Ruhe. Auf diese Szene hat man vom Látrabjarg aus eine hervorragende, unverstellte Sicht, immerhin ist das Kap die westlichste Stelle des Landes und Europas.

tet in Kolonien in selbst gegrabenen Höhlen an Land und pendelt ständig zwischen Brutplatz und Meer, da er im Wasser nach Nahrung sucht. Er ist ein sehr guter Taucher, wenn er auf Beutefang nach Sandaalen, Sprotten oder Heringen geht. Charakteristisch für ihn ist, dass er viele Fische gleichzeitig im Schnabel halten kann; er klemmt sie mit seiner Zunge an den Oberschnabel und transportiert sie mühelos an Land. Der Papageitaucher gehört zur Familie der Alkenvögel, zu denen auch Trottellumme und Tordalk zählen. Kennzeichnend für ihn ist sein hoher, aber extrem schmaler Schnabel mit den typischen rötlich-orangefarbenen Akzenten. Während er im Wasser eine elegante Figur macht, sieht er im Flug eher unbeholfen aus mit seinen im Verhältnis zum breiten Körper doch relativ kurzen, schmalen Flügeln. Die ersten Flüge der Jungtiere enden oft mit Bruchlandungen auf regennassen Straßen, die sie fälschlicherweise für das Meer halten.

### Svalvogar-Route

**Sie ist wohl eine der berühmtesten des Landes – und vielleicht landschaftlich auch die schönste Straße, führt sie doch entlang der Fjorde und Berge vorbei an plätschernden und rauschenden Bächen und schwarzen Stränden. Wer die knapp 50 Kilometer unbedingt mit dem Auto fahren will, braucht Mut und ein geländegängiges Fahrzeug. Am besten ist sie jedoch für Mountainbiker geeignet. Die ersten Kilometer mögen ja noch mit dem Auto gehen, bis man einen kleinen Fluss überqueren muss und die Straße immer unwegsamer wird. Die Route verbindet die Fjorde Dýrafjörður und Arnarfjörður und startet in Þingeyri.**

Leuchtend rote Beine und der hohe, gemusterte Schnabel machen den Papageitaucher unverkennbar.
In den Westfjorden Islands muss man auch nicht lange nach ihnen suchen.

# + NICHT VERPASSEN! +

## Dynjandi-Wasserfälle

Schon die Fahrt zu den Dynjandi-Wasserfällen ist ein Genuss. Wer von Süden kommt, fährt von Bíldudalur anfangs auf kurviger Straße am Fjord entlang. Bald entfernt sich die Straße vom Meer und führt auf die Dyjandisheiði, eine wasserreiche, aber karge Hochebene. Vor allem der Blick in Richtung Westen fasziniert, denn dort liegt der von steilen Felswänden umgebene Arnarfjörður. Von der Hochebene schlängelt sich die Straße wieder hinunter zu den Wasserfällen. Insgesamt bildet der Fluss Dynjandisá sechs Kaskaden mit einer Gesamtfallhöhe von fast 200 Metern. Besonders beeindruckend ist der erste, der 100 Meter hohe Fjallfoss. An der oberen Kante misst er 30 Meter, fächert sich nach unten aber auf die doppelte Breite auf. Es folgen fünf kleinere Wasserfälle: Hundafoss, Strokkur, Göngumannafoss – hinter dem man durchlaufen kann –, Hrísvaðsfoss und Sjóarfoss.

## Arnarfjörður

**Wie ein großes blaues Y teilt sich der Fjord 30 Kilometer landeinwärts. Er ist der zweitgrößte der westlichen Fjorde Islands und misst an manchen Stellen bis zu zehn Meter Breite. Der »Adlerfjord« ist gesäumt von spektakulären Gebirgslandschaften. Im Gegensatz zur üblichen Landschaft in Island, die durch Weite und Ebenen gekennzeichnet ist, ragen hier einige Bergspitzen steil in die Luft und das Panorama ist alpin. Der Grund liegt im Tjaldanesvulkan, der hier vor vielen Millionen Jahren Lava spuckte. Die Reste seines Kegels sind heute noch in Bergen wie Tjaldanesfell oder Kaldbakur zu erkennen. Sie sind steil und zerklüftet und erinnern in ihrer rauen, harschen Struktur an die Gletscher der letzten Eiszeiten. Bergsteiger erklimmen die knapp 1000 Meter hohen Spitzen ab und an.**

## Selárdalur

Zwischen dem Tálknafjörður im Süden und dem Arnarfjörður im Norden ragt die Selárdalur-Halbinsel

Steht man vor den laut rauschenden Dynjandi-Wasserfällen, wird man sich unweigerlich sehr klein vorkommen.

Wie der Strand Rauðisandur (»roter Sand«) zu seinem Namen kam, ist kein Geheimnis.

rund 30 Kilometer ins nördliche Eismeer. Die einzigen Siedlungen sind die beiden winzigen Orte Bíldudalur, seit dem 16. Jahrhundert ein Fischerei- und Handelsplatz mit einigen schönen alten Häusern, und das moderne Tálknafjörður. Früher gab es auf der Halbinsel mehr als ein Dutzend Höfe, heute sind alle verlassen. Der letzte Bewohner des Hofes Neðribær starb 2010. Von Bíldudalur führt eine raue Schotterpiste zur Spitze der Halbinsel, die an schönen, menschenleeren Sandstränden vorbeiführt. Hier nahm die isländische Musikgruppe Sigur Rós eine Szene für ihren Film »Heima« auf.

## Rauðisandur

Wie aus einer anderen Welt wirkt dieser Strand mit seinem terrakottaroten Sand. Je nachdem, wie das Sonnenlicht einstrahlt, erhält er eine goldene, eine pink- oder eine orangefarbene Tönung. Der »rote Sand«, wie er auf Deutsch übersetzt heißt, erstreckt sich insgesamt zehn Kilometer von Látrabjarg bis nach Skorarhlíðar. Auch hierher führt eine unbefestigte Straße, die manche als die furchtbarste Straße der Westfjorde bezeichnen, doch der Weg lohnt sich. Vom Parkplatz aus führen Schilder zum Strand, dort wartet ein kleines Hindernis auf die Besucher, denn um an den roten Strand zu gelangen, müssen sie eine flache Lagune überqueren, mit oftmals eiskaltem Wasser. Doch die Farbenpracht am Ende ist einzigartig.

## Breiðafjörður

Der rund 120 Kilometer lange und etwa 50 Kilometer breite Breiðafjörður trennt die Halbinsel Snæfellsnes von den Westfjorden. Er ist übersät von geschätzten 2000 Inseln – wegen des starken Tidenhubs tauchen diese mal mehr und mal weniger aus dem Wasser auf. Die weite Gezeitenzone bietet einer großen biologischen Vielfalt ideale Lebensbedingungen. Im Wasser leben zahlreiche Fische und Krustentiere, aber auch Robben, Weißschnauzendelfine, Zwergwale und Orcas fühlen sich im Breiðafjörður wohl. Rund die Hälfte der in Island brütenden Vogelarten ist hier anzutreffen, darunter Eiderenten, Kormorane, Eissturmvögel, Seeadler und Brandgänse. Größter Ort am Breiðafjörður ist an seinem Südufer Stykkishólmur, das auf einer Halbinsel bis in die Schärenwelt des Fjords hineinragt. Seit über 400 Jahren ist der Ort vor allem wegen seines geschützten Hafens ein geschäftiger Handelsplatz.

# Italiens Big Five in den Abruzzen

Die Abruzzen gelten als das »Wilde Herz« der Apenninhalbinsel. Sie sind ein bedeutendes Rückzugsgebiet für Bären, Wölfe und Gämsen.

## REISE-INFOS

**Wo? Parco nazionale d'Abruzzo, Lazio e Molise, Provinz L'Aquila, im Herzen von Italien**
**Wie? Von Rom (145 km) per Auto in 2,5 Stunden, von Pescara (115 km) in zwei Stunden**
**Info: www.parcoabruzzo.it**

**Marsischer Braunbär** Dass Bären ein Problem sind, ist eine sehr moderne Vorstellung. Jahrtausendelang wurden sie verehrt und bewundert. Schon in den Höhlenmalereien des Paläolithikums sind Bären dargestellt. In der griechischen Mythologie spielen sie eine ebenso große Rolle wie in der nordischen und der angelsächsischen. Selbst in Vornamen wie Bernhard, Björn oder Ursula haben sie ihre Spuren hinterlassen. Heute finden Bären in Südeuropa kaum noch Regionen, in denen sie ungestört leben können. Eine große Ausnahme sind die Abruzzen: Rund 60 Tiere sollen durch den waldreichen Nationalpark Abruzzen, Latium und Molise streifen. In dem 507 Quadratkilometer großen Schutzgebiet finden sie gute Bedingungen vor. Benannt nach einer antiken Volksgruppe im Römischen Reich (den Marsern), gelten sie als Unterart des Eurasischen Braunbären. Eigentlich Allesfresser, bevorzugen sie jedoch vegane Kost wie Wurzeln, Knollen, Früchte und Beeren. Männliche Tiere können stattliche 1,80 Meter groß werden. Durch Abholzung und Zersiedelung hat sich ihr Bestand erheblich verringert.

Imposant anzusehen dank über zwei Meter Flügelspannweite ist der Steinadler.

**Abruzzen-Gämse** Die nahen Verwandten der Alpengämse zählen zu den tierischen Attraktionen der höheren Wiesen- und Felsregionen. Seit Gründung des Nationalparks im Jahr 1922 ist ihr dortiger Bestand von damals nur noch 50 auf heute rund 700 Tiere angewachsen. Insgesamt gibt es mehr als 3600 Abruzzen-Gämsen in Italien. Im Sommer ist ihr Fell kurz und rötlich, im Winter lang, dicht und dunkelbraun mit markanten weißen Nackenflecken. Die bis zu 30 Kilogramm schweren Pflanzenfresser begnügen sich mit dem, was da ist. Das können Kräuter und Gräser sein, im Winter reichen Moose und Flechten.

Die vierbeinigen Vertreter der »Big Five« in den Abruzzen wissen die Ursprünglichkeit der Region zu schätzen.

**Italienischer Wolf** Wer in Italien Wolfsgeheul lauschen möchte, sollte in die Abruzzen fahren. Sie haben im Majella-Nationalpark eines der wichtigsten Rückzugsgebiete Italiens gefunden. Hier hat sich die seltene Unterart des Italienischen Wolfes erhalten. Aktuell besiedelt der Italienische Wolf weite Teile des Apennin, aber auch Regionen der Westalpen. Selbst in der Schweiz haben Rudel dieser Unterart des Eurasischen Wolfes schon vorbei geschaut. Und wie überall macht ihn seine Schwäche für Kälber, Fohlen und Schafe nicht zum Bauernfreund. Da aber auch Rehe, Rothirsche und Wildschweine auf seiner Fressliste stehen, spielt der Wolf als natürlicher Regulator der Wildpopulation eine wichtige Rolle. Seit 1971 steht der *Canis lupus italicus* in Italien unter Schutz. Von damals weniger als 100 Exemplaren ist der landesweite Bestand auf geschätzte 3300 angestiegen.

**Rothirsche und Steinadler** Die Show der hormongesteuerten Alphamännchen beginnt im September, wenn die Rothirsche durch Röhren und Kämpfe um die Weibchen buhlen. Für viele Naturfreunde zählt dann ein Abruzzenbesuch zum Highlight. In den Lüften gehört der Ehrenplatz unter den gut 300 Vogelarten dem Steinadler. Gut zwei Dutzend Paare wurden gezählt, die mit einer Flügelspannweite von über zwei Metern bevorzugt in den Bergkämmen ihre Kreise ziehen. Auch hier zeigen die Männchen eine eindrucksvolle Show: Während der Brutzeit werben sie mit spektakulären Streif- und Spiralflügen um ihre Partnerin.

In frühlingshaftem Farbenrausch zeigt sich diese Blumenwiese im Nationalpark Gran Sasso und Monti della Laga. Über 140 000 Hektar umfasst das 1991 eingerichtete Schutzgebiet in den Abruzzen.

## + NICHT VERPASSEN! +

### Castiglione a Casauria

In den Abruzzen erweist sich das Mittelalter als goldene Zeit der Kirchen, Klöster und Burgen. Beispielhaft dafür ist die romanische Abtei San Clemente a Casauria im kleinen Dorf Castiglione a Casauria. Dank ihrer ausgesprochen harmonischen Gestaltung und ihres Skulpturenreichtums gilt sie als eines der bedeutendsten Bauwerke der Region. Lokale Bildhauerei und abruzzesische Romanik haben hier ihren Höhepunkt erreicht. Die Ausbreitung der Benediktiner gewann mit dem Beginn der Herrschaft der Franken an Bedeutung. Diese förderten die Entstehung von einheimischen Abteien, wie San Clemente. Die Spuren dieses politischen, religiösen und künstlerischen Eifers prägen noch heute das abruzzesische Gebiet, das bis in die entferntesten Winkel mit alten Klöstern übersät ist.

### Loreto Aprutino

**Das auf einer Anhöhe über dem Tal des Tavo gelegene alte römische Laurentum hat sein mittelalterliches Stadtbild bewahrt; im oberen Ortsteil bezeugen dies einige Gebäude aus dem 15. Jahrhundert. Unter ihnen ragt die Pfarrkirche San Pietro Apostolo heraus, die eine sehr ungewöhnliche offene Loggia mit dreibogigen romanischen Fenstern aufweist.**

### Pescara

Die Lage von Pescara, ihre geografische Scharnierfunktion als Verkehrsknotenpunkt zwischen Nord- und Süditalien, hat maßgeblich zu seiner wirtschaftlichen Entwicklung beigetragen. Im Zweiten Weltkrieg wurde die Stadt schwer zerstört, heute prägen vor allem moderne Gebäude ihr Erscheinungsbild. Im Museo Casa Natale di Gabriele D'Annunzio kann die Geburtsstätte des Dichters besichtigt werden. Bekannt ist die Stadt samt Umgebung jedoch vorwiegend für ihre Adriastrände.

### Chieti

Ungewöhnlich zahlreich sind die römischen Spuren in der Provinzhauptstadt, deren historisches Zentrum hoch über dem modernen Chieti auf einem Hügel thront. Die Ruinen dreier Tempel, ein römisches Theater, ein Amphitheater und Thermen haben Erdbeben und Überbauungen überdauert. Sensationell ist das System bestens erhaltener, unterirdischer Aquädukte und Zisternen. Die Altstadt darüber glänzt mit einer Reihe barocker Paläste, gleich zwei Theatern und einer Vielzahl zumeist barocker Kirchen. Vor allem aber mit unnachahmlich lässigem Flair, das man am besten bei einem Bummel über den Prachtboulevard Corso Marrucino auf sich wirken lässt.

### Lanciano

Die uralte Siedlung im Val Sangro, das von den Abruzzen überleitet zur Adria, soll von einem Gefährten des Aeneas nach dem Fall Trojas gegründet worden sein. Malerisch gruppieren sich ihre vier historischen Stadtteile über drei Hügelkuppen, ein jeder mit eigener Geschichte und eigenem Charakter.

Erweckung *Im katholischen Glaubenskosmos steht Lanciano für ein Eucharistisches Wunder, das sich hier um das 8. Jahrhundert ereignete: Ein an Christus zweifelnder Mönch erlebte während der Eucharistie, wie sich die Hostie in Fleisch und der Wein in Blut verwandelten. Die Reliquien – angeblich handelt es sich bei dem »Fleisch« um ein Stück Herzgewebe – werden im Santuario del Miracolo Eucaristico der Kirche San Francesco aufbewahrt.*

### Ortona

Auch Ortona, an der Küste gelegen, besitzt kostbare Reliquien. Kreuzfahrer überführten 1258 die Gebeine des heiligen Thomas wie auch seinen Grabstein von der Insel Chios an die süditalienische Küste, wo sie in der Krypta der Kathedrale San Tommaso ihre letzte Ruhestätte fanden. Heute ist Ortona nicht nur Wallfahrtsziel, sondern dank seiner Strände ein beliebter Ferien- und Badeort. An einigen Stellen der Küste sind noch die charakteristischen Fischerhütten, die

Loreto Aprutino (ganz oben), Chieti (oben links) und Ortona (oben rechts) besitzen alle ihren eigenen Reiz, doch gemeinsam ist ihnen die Kombination aus historischen Sehenswürdigkeiten und spektakulärem Bergpanorama.

Trabocchi, erhalten. Fischer errichten sie auf Pfählen über dem Meer.

## Nationalpark Maiella

Der 74 Hektar große Nationalpark ist nicht nur reich an wilder Natur, sondern auch an geschichtlichen, architektonischen und archäologischen Stätten. Bauern- und Klosterdörfer sowie Einsiedeleien gestalten diese karge Landschaft. Lange Zeit wurde das Gebiet der Maiella von Räubern beherrscht. Davon gibt es noch heute erkennbare Zeichen wie Gravierungen auf Felsen. Früher war die Armut hier unvorstellbar, ein Leben als Räuber der letzte Ausweg. »Chi non ruba, non ha roba.« (»Wer nicht raubt, hat nichts zum Anziehen.«), hieß es damals. Gleichwohl sind die Abruzzen ein jahrhundertealtes Kulturland. Im Nationalpark ist die kommerzielle Nutzung der natürlichen Ressourcen in bestimmten Grenzen erlaubt. Gefördert werden extensive Schafzucht, die Haltung seltener Nutztierrassen und biologische Landwirtschaft.

# Gejagt, verdrängt, ausgerottet

Irgendwann waren sie verschwunden. Manche, weil die Umwelt sich änderte, andere, weil invasive Arten sie verdrängten. Und immer häufiger war es der Mensch. Die Liste bedrohter Tiere wird immer länger – und jene der ausgestorbenen Arten auch. Hier einige Beispiele.

## Auerochse

Im Kreuzworträtsel hat er überlebt. Die Frage »Auerochse mit zwei Buchstaben = Ur« ist ein Klassiker. In der Natur gibt es den Urahn aller Rinder seit 400 Jahren nicht mehr. 1470 wurde im Neuburger Wald der letzte Auerochse Bayerns erlegt, 1627 ver-

Abbildungen wie diese aus dem 16. Jahrhundert führen uns heute vor Augen, wie der Auerochse ausgesehen hat. Nicht einmal 100 Jahre nach der Anfertigung dieses Holzschnitts wurde das letzte Exemplar erlegt.

endete die letzte Kuh im Wald von Jaktorów südwestlich von Warschau. Dem menschenscheuen Tier wurde das Schwinden der Wälder infolge des Siedlungsbaus zum Verhängnis. Das mächtige Rind – vor der letzten Eiszeit bis zu zwei Meter groß und eine Tonne schwer – bevölkerte seit Hunderttausenden von Jahren die Wälder Europas, Asiens und Nordafrikas. Auerochsen galten neben den Wisenten als die Herrscher unter den Landtieren und wurden bereits vor über 20 000 Jahren in den berühmten Höhlenmalereien von Lascaux verewigt. Sie wurden verehrt, aber noch mehr gejagt. Ihre bis zu 20 Zentimeter dicken Hörner galten unter den Adligen als beliebte Trinkgefäße.

**Teilerfolg** *Rückzüchtungen sollen sie wiederauferstehen lassen, denn viele Arten stammen vom Auerochsen ab. Zu den bekanntesten Versuchen gehören die sogenannten Heckrinder, die eine Folge von Kreuzungen unter Leitung des damaligen Direktors von Hellabrunn, Heinz Heck (1894–1982) aus den 1920er-Jahren sind. Zumindest optisch kommen die ihrem Urahn schon ziemlich nahe.*

## Bodensee-Kilch

Seinen Laich legte er in bis zu 60 Meter Tiefe ab und klaubte mit seinem nach unten zeigenden Mund Muscheln und Schnecken vom Bodenseegrund. Mit rund 30 Zentimeter Länge und olivgrünem oder braunem Rücken war die endemische Kilchart nur im Schwäbischen Meer zu Hause. Bis in die 1960er-Jahre landete der Kilch in den Netzen der Bodenseefischer und später zum Viertel Müller-Thurgau auf dem Teller. Doch das war nicht die Ursache für sein Verschwinden – sondern die Abwässer der damals 1,2 Millionen Seebewohner: »In fünf bis zehn Jahren wird der Bodensee ein totes Gewässer sein«, prophezeite der Experte Wilhelm Nümann aus Langenargen 1970 in einem SPIEGEL-Artikel. Soweit ist es nicht gekommen, der Bodensee lebt. Der Bodensee-Kilch leider nicht mehr. Ihm wurde der Sauerstoff zu knapp. Seit den 1970er-Jahren gilt die Art als ausgestorben.

## Pyrenäensteinbock

Celia war die Letzte. So nannten sie Mitarbeiter des Nationalparks Ordesa y Monte Perdido in den spanischen Pyrenäen. Mit einem Peilsender ausgestattet, konnten sie das Steinbockweibchen der Gattung *Capra pyrenaica pyrenaica* beobachten. Einige Monate des Jahres 1999 lang ging das gut. Dann fand man sie tot, von einem Baum erschlagen. Zwei Klonversuche in den Jahren 2000 und 2003 mithilfe entnommener Zellen scheiterten. Der Pyrenäensteinbock, von den Einheimischen »bucardo« genannt, gilt seitdem als ausgestorben. Trotz seines strengen Schutzes im Jahr 1918, als nur noch einige Exemplare im

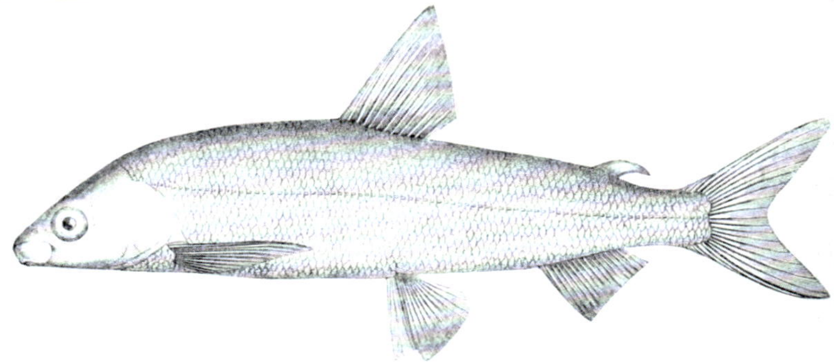

Teilweise existieren noch Fotografien oder Zeichnungen – wie hier von Pyrenäensteinbock und Bodensee-Kilch – doch lebend wird man sie nicht mehr antreffen können. Sie fielen der Menschheit zum Opfer.

**Sehnsuchtsvoll blickt der Riesenalk von Valahnúkamöl in Richtung der Vogelinsel Eldey – jedoch nur noch als Bronzeskulptur. Geschaffen wurde sie von Todd McGrain im Rahmen einer Filmdokumentation.**

Ordesa-Tal überlebten, hat sich der Bestand nie mehr erholt. Die bis zu 100 Kilogramm schwere Bergziegenart mit den sanft geschwungenen Hörnern und dem braunen Fell, die sich so gut an die harschen Bedingungen der Pyrenäen angepasst hatte und auch die dortigen rauen Winter überstand, war einmal mehr Opfer der jagdfreudigen Menschen geworden.

## Riesenalk

Die Insel Eldey, ein nackter Felsen, 77 Meter hoch, zwei Hektar groß, rund acht Seemeilen vor der Südwestküste Islands, war wohl das letzte Refugium des Riesenalks. Bis zum 3. Juni 1844. Dann wurde das letzte Brutpaar erschlagen. Die einzige Pinguinart der Nordhalbkugel war damit Geschichte. Und auch jene Zeit, als die flugunfähigen Tauchspezialisten mit

Spitzschnabel, weißem Bauch und schwarzem Federfrack die Küsten Neufundlands, Grönlands, Islands und Norwegens, aber auch der Nord- und Ostsee bevölkerten. Ihr Fleisch, ihre Eier und vor allem die kälteabweisende Fettschicht unter der Haut, die als Öl in Lampen endete, wurden ihnen zum Verhängnis. Ebenso die Federn, die als Daunen in den arktischen Gefilden heiß begehrt waren. Schon der Neufundland-Erkunder George Cartwright (1739/40 bis 1819) warnte in seinem berühmten, im Jahr 1792 erschienen Labrador-Journal angesichts des Massenschlachtens vor dem Aussterben des *Pinguinus impennis*. Er sollte Recht behalten. Riesenalke gibt es heute nur noch in ausgestopfter Form, auch in Deutschland – beispielsweise im Naturkundemuseum Leipzig.

## Tarpan

Die ausgestorbene Wildpferderasse war bis zu 1,30 Meter groß und eine Vierteltonne schwer, sie liebte die Freiheit, war wild und ungestüm. Zwar recht menschenscheu, konnten Tarpane auch ziemlich austeilen und schlugen mit ihren harten Hufen so manchen Wolf in die Flucht. Sie streiften bevorzugt in Herden von bis zu 100 Tieren durch Wald und Wiese. Bis ins 16. Jahrhundert waren sie in Waldgebieten Mitteleuropas und den Steppen Osteuropas und Russlands verbreitet, dann schrumpfte ihr Bestand infolge von Jagd auf die Region zwischen Deutschland und dem Ural. 1785 wurden sie erstmals wissenschaftlich beschrieben, davor machten Reiseberichte des Botanikers Samuel Gottlieb Gmelin (1745–1774) auf die Wildpferdrasse aufmerksam. Damals lebten noch einige Herden im Süden der heutigen Ukraine, dann verschwanden sie.

**Aussehen unklar** *Wie die kurzbeinigen Tarpane genau aussahen ist nicht ganz klar, da sie schon sehr früh mit anderen Rassen gekreuzt und domestiziert wurden. Ab Ende des 19. Jahrhunderts entstanden einige Rückzüchtungen, darunter die Koniks und Heckpferde. Letztere werden verwirrenderweise zuweilen auch Tarpane genannt.*

Nur noch auf historischen Zeichnungen erhalten sind Tarpan und Riesenalk.

# Elch-Tête-à-Tête im Smålandet von Markaryd

Sie gelten als Könige der schwedischen Tierwelt und sind mit rund 400 000 Exemplaren landesweit verbreitet. Ihre schaufelartigen Geweihe und comicreifen Nasen machen die Elche zu Publikumslieblingen. In Smålandet kommt man ihnen ganz nah.

## REISE-INFOS

**Wo? Smålandet bei Markaryd, Kronobergs län in Südschweden**
**Wie? Per Auto oder Zug von Malmö nach Markaryd (etwa 140 km)**
**Info: www.smalandet.se**

Alle Jahre wieder kommt in Schweden nicht nur der »Jultomte« zu Weihnachten, sondern auch die »Älgjakt«, die Elchjagd. Von Småland bis Norrbotten ist sie ein alljährlich stattfindendes Ritual – und das seit der Steinzeit. In Nordschweden startet die Jagdsaison Anfang September, in Süd- und Mittelschweden Anfang Oktober. Dazu benötigen Einheimische einen Jagdschein und Nichtschweden zusätzlich einen Elchtest (ein Pappelch muss in 80 Meter Entfernung getroffen werden). Bis zum Saisonende am 31. Januar haben die Jäger im Schnitt 100 000 Tiere erlegt, also über ein Viertel der Gesamtpopulation. Das beschert nicht nur leckeres Fleisch auf den Tellern, sondern den Wäldern auch Schutz. Bedroht ist die Spezies jedoch nicht.

Nicht jeder Elch scheint immer scheu zu sein.

## Schwer wie ein Kleinwagen

**Bis zu 800 Kilogramm kann ein Tier wiegen, eine Körperlänge von drei Metern und eine Schulterhöhe von knapp 2,30 Meter erreichen. Das markante Geweih misst bei ausgewachsenen Hirschen bis zu zwei Meter Spannweite. Bei einer Kollision mit einem Elch zieht da eher der Kleinwagen den Kürzeren. Von ihrer Gestalt sieht die größte unter den Hirscharten etwas unbeholfen aus. Da ihr Hals zu kurz ist, um den Boden zu erreichen, müssen sie sich zum Grasfressen hinsetzen. Elche ernähren sich hauptsächlich von jungen Kieferntrieben und Baumblättern, was die Tiere für Förster zur Plage macht. Angesichts ihres Gewichts sind Elche erstaunlich flinke Schwimmer und tauchen unter,**

Die schwedischen Wälder erkunden nicht nur Wanderer mit Vorliebe, sondern auch diese junge Elchfamilie.

**um sich auch von der Vegetation in Seen und Bächen zu ernähren.**

Wer die Paarhufer in freier Wildbahn beobachten will, braucht dennoch Geduld und Glück. Denn die perfekt getarnten Tiere sind an die Wälder angepasst, sehr scheu und zeigen sich meist nur in der Dämmerung. Die breiten Klauen an ihren Hufen ermöglichen ihnen ein leichtes Fortbewegen auf feuchtem, moosigem Grund sowie auf Schnee. Ihr Gang wirkt dabei beinahe wie ein lockeres Tänzeln. Mit Sicherheit bekommt man sie im 13 Hektar großen Elchgehege von Smålandet zu Gesicht. Dort kann man mit dem eigenen Auto auf Elchsafari gehen und darf die Tiere sogar füttern.

**Nationaltier und Blickschutz** *Der König der Tiere ist Schwedens Nationaltier und ziert einige Provinzwappen. Elchhufe als Amulette und Anhänger dienten früher zum Schutz vor bösen Blicken.*

Die Dämmerung ist die beste Zeit für eine Begegnung.

## + NICHT VERPASSEN! +

### Ljungby

Gräber, Runensteine und Streitäxte – Ljungby hat eine bewegte Vergangenheit, die beweist, dass dort schon vor 5000 Jahren Menschen siedelten. Der Ort hat eine strategisch wertvolle Position: Der Weg »Lagastigen« traf auf den, der am Bolmen-See entlangführte. Schon im 13. Jahrhundert errichtete man entlang der Strecke Unterkünfte für Reisende und trieb so die Entwicklung des kleinen Ortes voran. Heute leben rund 18 000 Einwohner in Ljungby, ein beliebter Treffpunkt seit langer Zeit ist der Platz Gamla Torg. Einst trafen sich Handelsreisende dort. 1953 zerstörte ein Brand große Teile der Stadt, die zum Teil in sehr modernem Stil wiedererrichteten Gebäude sind nicht jedermanns Geschmack. Für alle das Richtige ist aber sicher das Sagomuseum. Smålands Welt der Sagen ist darin beheimatet.

### Växjö

Växjö war schon zu Wikingerzeiten ein wichtiger Handelsplatz, heute ist es vor allem eine pulsierende Universitätsstadt. Die Burgruine Kronoberg fünf Kilometer nördlich von Växjö lockt vor allem Romantiker, die im Sommer den Ausblick vom ehemaligen Gefängnisturm genießen. Mitten in der Stadt dominiert seit dem 14. Jahrhundert der Dom mit seinem Doppelturm das Bild. Die mehr als 80 000 Einwohner können sich übrigens freuen: Sie leben in einer der grünsten Städte Europas, der Växjö-See ist ein beliebtes Ausflugsziel. Eine fünf Kilometer lange Strandpromenade führt um den See herum. Wer sich für traditionelle Handwerkskunst interessiert, ist hier ebenfalls richtig. Denn in Växjö ist die Glasbläserkunst zu Hause.

Heute nurmehr Ruine: Festung Kronoberg bei Växjö.

### Herrenhaus Huseby Bruk

**Rund 20 Kilometer südwestlich von Växjö, mitten im Herzen von Südschweden, liegt Huseby Bruk. Es ist ein herrschaftliches Anwesen aus dem 17. Jahrhundert mit allem, was man sich darunter nur vorstellen kann, einem eleganten Herrenhaus, einem Park, kostbaren Möbeln. Huseby Bruk ist aber weit mehr als das. In frühindustrieller Zeit entwickelte sich in Småland die Eisenherstellung. Auch um das Gut und seine landwirtschaftlichen Gebäude entstand eine Eisenhütte mit Schmelzwerk und Schmieden. Hinzu kommen Pumpen, Mühlen und Sägewerke. Es braucht Zeit, um das gesamte Areal zu erkunden, denn neben dem Eisenhüttenmuseum gibt es eine Ausstellung alter Fahrzeuge, ein Elektro- und ein Landarbeitermuseum.**

### Helsingborg

Die heute 92 000 Einwohner zählende Stadt war aufgrund ihrer strategisch wichtigen Lage an der schmalsten Stelle des Öresunds jahrhundertelang zwischen Dänen und Schweden heiß umkämpft. Im 17. und zu Beginn des 18. Jahrhunderts wurde sie mehrmals zerstört. In der Altstadt sind daher nur wenige frühneuzeitliche Bauten wie der Henckelsche Hof aus dem 17. Jahrhundert oder die Marienkirche aus dem 15. Jahrhundert erhalten. Das prächtige neogotische Rathaus am Stortorget wurde 1897 fertiggestellt. Am östlichen Ende des lang gestreckten Platzes ragt der 35 Meter hohe Kärnan auf, der einzig erhaltene Teil der mittelalterlichen Befestigungsanlage. Er kann bestiegen werden und dient als Aussichtsturm.

Von der seenreichen Landschaft bis hin zu architektonischen Highlights wie der Domkirche in Växjö (oben links) oder den Terrasstrapporna am Stora Torget in Helsingborg (oben rechts) hat die Region einiges zu bieten.

# Wilde Kühe und Pferde im Naturpark Engure-See

Das 1998 etablierte Schutzgebiet rund um den Engure-See ist Heimat von fast 200 Vogelarten und vieler Orchideen. Vor gut 20 Jahren wurden ausgewilderte Pferde und Kühe angesiedelt, um das Gras niedrig zu halten.

Rund um den drittgrößten See des Landes kann man sich dank der hier angesiedelter Kühe und Pferde das Rasenmähen weitestgehend sparen. Nur das Schilf muss hin und wieder gestutzt werden.

Nicht immer friedlich geht es am Ufer des Engure-Sees zu. Selbst die im Allgemeinen als ruhig und genügsam geltenden Koniks tragen von Zeit zu Zeit Kämpfe untereinander aus.

## REISE-INFOS

**Wo? Mērsrags, Talsi, Westlettland**
**Wie? Per Auto oder Zug von Riga (95 km) aus leicht erreichbar**
**Info: www.mersrags.lv**

Wildpferde am Ufer grasend und wilde Kühe durchs Wasser stapfend, Brutgebiet teils seltener Vögel und Heimat für zwei Dutzend Orchideenarten – Lettlands drittgrößter See ist samt seiner umliegenden Feuchtgebiete ein wunderbares Naturrefugium. Heute Teil des knapp 200 Quadratkilometer großen Naturparks Engure-See, beginnt seine Geschichte vor 6500 Jahren, als er zur Rigaer Bucht gehörte. Dann verlor das Gewässer durch Anschwemmung zunehmend die Verbindung zum Meer und entwickelte sich zu einem Salzwassersee, den die Livländer Engurės ežeras, »Aal-See«, nannten. Noch bis ins frühe 20. Jahrhundert wurden viele Aale gefangen, doch 1929 starben sie aus unbekanntem Grund fast aus. Durch Wasserspiegelabsenkung schrumpfte der See um mehr als die Hälfte auf heute 40 Quadratkilometer. Die Seeufer sind so stark mit Schilf bewachsen, dass man die eigentliche Wasserfläche nur von wenigen Stellen aus sehen kann. Gespeist von den Flüssen Dzedrupe, Dursupe und Jurģupe, ist er auf einer bis zu 2,5 Kilometer breiten Düne vom Meer getrennt.

Von mehreren Holztürmen kann man gut die Fauna betrachten, neben Wasservögeln auch die sogenannten Koniks (»Pferdchen«), eine in den 1920er-Jahren gezüchtete Pferdeart. Auch die rund 50 Heckrinder sind häufig anzutreffen. Sowohl die Koniks als auch die Heckrinder wurden 2002 am Engure-See ausgewildert, um die natürliche Graslandschaft zu erhalten.

**Heckrinder** *Benannt nach dem Berliner Zoologenbrüderpaar Heinz und Lutz Heck, sind die Rinder neugezüchtete Abkömmlinge des bereits im Jahr 1627 ausgestorbenen Auerochsen.*

# NICHT VERPASSEN!

## Ķemeri-Nationalpark

Nicht nur empfindliche Vögel wie der Schwarzstorch oder der Wachtelkönig schätzen die Feuchtgebiete des Baltikums. Auch empfindsame Menschen mit der einen oder anderen Malaise suchen in den Sümpfen Balsam für ihre Körper und Seelen. Und so entstand schon im 18. Jahrhundert in der lettischen Sumpflandschaft Ķemeri ein florierender Kurbetrieb. Die heilsamen Schlammbäder und das schwefelhaltige Wasser lockten die Aristokratie und das Großbürgertum des halben Baltikums an die Bucht von Riga. Muße für die Schönheiten der Natur werden die wenigsten Kurgäste gehabt haben – was ein Jammer ist, denn der 1997 gegründete Ķemeri-Nationalpark zählt dank seiner Lagunen, Moore, Seen und Kiefernwälder zu den großartigsten Feuchtgebieten der Ostsee. Seit zehn Jahren werden Flussbegradigungen und Moorentwässerungen wieder rückgängig gemacht.

## Talsi

»Stadt der neun Hügel« nennt sich die erstmals im 10. Jahrhundert erwähnte Siedlung zwischen Talsu-See und Vilkmuižas-See gerne selbst. Zur Zeit des Deutschordens siedelten sich um die Feste von Talsi (damals Talsen) auch zahlreiche deutsche Handwerker und Händler an; Eisengewinnung sorgte für bescheidenen Wohlstand. Bereits ab 1609 gab es eine gemauerte Kirche. Anfang des 19. Jahrhunderts lebte Beethovens Freund Carl Amenda als Pastor in Talsi. Ab Mitte der 1960er-Jahre brachte eine Eisenhütte wirtschaftlichen Aufschwung. Das in der ehemaligen Villa Hochheim, der Residenz von Baron Fircks, untergebrachte Museum auf dem Tigulu-Hügel veranschaulicht die lange Geschichte der Stadt.

**Schönes Grün** *Umgeben ist das klassizistische Gebäude von einem dendrologischen Park, in dem 250 Baumarten wachsen. Am schönsten sei es in Talsi, so sagen die Einheimischen, wenn die Kirsch- und Apfelbäume blühen.*

## Jūrmala

»Strand« bedeutet schlicht der Name der Stadt Jūrmala, denn sie entstand erst 1920 durch die Eingemeindung eines guten Dutzends von Küstenorten östlich der Mündung der Lielupe. Im Ortsteil Ķemeri lockten schon damals schwefelhaltige Quellen, Bulduri (Bilderlingshof) war vor 1914 bevorzugter Treffpunkt des Rigaer (Geld-)Adels und deutsch-baltischer Geistesgrößen. Anlässlich der Vermählung von Großfürstin Maria Alexandrowna mit Prinz Alfred von Großbritannien, Irland und Hannover 1874 wurde das Küstenstück zwischen Dzintari und Bulduri sogar

Herrlich die Zeit vergessen kann man in Jūrmala (links) ebenso wie im landeinwärts gelegenen Talsi (rechts).

Ein verschwommenes Leuchten geht von den Wollgräsern im Ķemeri-Nationalpark aus.

eine Zeit lang »Edinburgh« genannt. Spätestens durch die Eröffnung der Eisenbahnstrecke von Riga nach Tukums im Jahr 1877 wurde ein Ausflug an den herrlich weißen, von einem Waldstreifen gesäumten Strand attraktiver.

## Kap Kolka

**Zwei Meere, so heißt es, treffen sich an diesem nördlichsten Punkt der Halbinsel Kurland, denn die offene Ostsee (Großmeer) grenzt hier an die Rigaer Bucht (Kleinmeer). Wellengang und unvorhersehbare Strömungen machen das Schwimmen extrem gefährlich. Auch für Schiffe ist Kap Kolka eine Herausforderung, denn eine Untiefe verlängert es unter Wasser um gut fünf Kilometer. Und für den neuen Leuchtturm brauchte es eine künstliche Insel – von seinem Vorgänger blieb nur ein Haufen Steine übrig. Lettlands ausgeprägtestes Kap liegt im Nationalpark Slītere und ist vor allem im Frühling ein Paradies für Ornithologen, denn dann sammeln sich hier täglich bis zu 50 000 Zugvögel. Außerdem ist Kap Kolka der einzige Ort in Lettland, an dem man sowohl den Sonnenauf- als auch -untergang am Meer bestaunen kann. Schon die Wikinger kannten übrigens Kap Kolka: unter dem Namen »tumisnis« (Domäsnäs).**

Farbkontraste weiß der Mittlere Sonnentau zu setzen.

# Basstölpel im Hermaness National Nature Reserve

Meisterhafte Taucher, aber unbeholfene Landgänger, liebevolle Eltern, aber feindselige Nachbarn – Basstölpel sind voller Widersprüche. Sie fühlen sich vor allem an steil aufragenden Klippen wohl. Wie beispielsweise im Hermaness National Nature Reserve auf der Shetlandinsel Unst. Dort gibt es sie zu Tausenden.

Ihre leuchtend blaue Iris und die nach vorne gerichteten Augen geben den Basstölpeln einen stechenden Blick.

Ein landschaftlich reizvolles Zuhause besitzen die Seevögel mit dem Hermaness National Nature Reserve (links). Basstölpel sind Stoßtaucher, anatomische Anpassungen schützen sie vor der Wucht des Aufpralls (rechts).

## REISE-INFOS

**Wo? Unst, Shetland Islands, Schottland**
**Wie? Fähren von Aberdeen/Kirkwall nach Lerwick; weiter per Fähre von Toft über die Insel Yell nach Belmont**
**Info: www.nature.scot**

»Vögel der Gegensätze« ist noch eine der schmeichelhafteren Bezeichnungen. Sie stammt vom schottischen Naturforscher Kenny Taylor wegen ihrer Grazilität in der Luft, ihrer Schnelligkeit unter Wasser, aber Tollpatschigkeit an Land. »Bobo«, Tölpel, nannten sie die Portugiesen, denen sie oft auf ihren Schiffen landeten, um dann gleich als Braten zu enden. Auch ihre wissenschaftliche Bezeichnung *Morus bassanus* ist nicht freundlicher. »Morus« stammt vom altgriechischen »Moros« ab, dem Gott des Verhängnisses. Ihre Gutgläubigkeit Menschen gegenüber machte die gänsegroßen Tiere zur leichten Beute – und zum Spott. Aber die Menschen sind glücklicherweise meist weit weg auf der Shetlandinsel Unst. Keine 1000 Schotten leben auf dem 121 Quadratkilometer großen Eiland. Zudem wird ein Großteil der Insel von der Stiftung für Umwelt- und Denkmalschutz, dem National Trust for Scotland, verwaltet.

## »New York der Seevögel«

**Mit Blick auf Muckle Flugga, den nördlichsten Punkt Großbritanniens, erstreckt sich auf Unst das 965 Hektar große Hermaness National Nature Reserve. Es ist eine landschaftlich abwechslungsreiche Gegend mit Klippen, geschützten Buchten und Sandstränden, Heidekrauthügeln, Mooren und grauen Steinwüsten. Rund 100 000 Seevögel brüten hier, darunter Papageitaucher, Sterntaucher und Skuas – von dieser seltenen Raubmöwenart lebt auf den Klippen von Unst die zweitgrößte Kolonie weltweit. Als »New York der Seevögel« wird die gottverlassene Ecke daher etwas übertrieben gepriesen.**

Zwei Wanderwege durchziehen das Schutzgebiet, bei dem auch Botaniker auf ihre Kosten kommen: Das Eiland bietet Lebensraum für rund 400 verschiedene Pflanzen. Und vor allem nahe der Westseite des Naturparks riecht man den fischigen Gestank ihres Guanos und vernimmt eine gurgelnde Kakophonie, lange bevor man sie sieht: die Tausende von Basstölpel, wie sie sich auf den weiß gefleckten Klippen etwas unbeholfen bewegen. Und ganz freundlich zurückblicken.

Auf einer der nördlichsten Shetlandinseln, Unst, kann es durchaus voll werden, denn zahlreiche Basstölpel haben die Felsen dort als idealen Lebensraum für sich entdeckt. Von Menschen ist die Insel sehr spärlich besiedelt.

# + NICHT VERPASSEN! +

## Muness Castle

**In der kleinen Ortschaft Uyeasound an der Südküste von Unst wacht das Muness Castle seit dem 16. Jahrhundert über seine Bewohner, die, vom damaligen Erbauer unterworfen, reichlich Steuergelder zahlen mussten. Laurence Bruce, ein Nachfahre des Robert the Bruce, hatte die Burg zur Demonstration seiner Macht errichten lassen. Auch im weiteren Verlauf unter keinem guten Stern stehend, verfiel das Schloss ab 1750. Zwei Geschosse samt Turm können noch besichtigt werden.**

## Fetlar

Für Tierbeobachter und Pflanzenfreunde ist Fetlar ein wahres Paradies. Der nördliche Teil der Insel ist als Vogelschutzgebiet ausgewiesen, in dem seltene Schneeeulen, Schnepfen und auch Raubmöwen neben vielen weiteren Seevögeln beobachtet werden können. Südlich von Unst und östlich von Yell ist die viertgrößte der Shetlandinseln auch bekannt als »Garten der Shetlands«. Sie ist überzogen von sattgrünen Wiesen und Weiden. Bereits die Wikinger nannten sie wohl deshalb auch »Fettes Land«. Der kleine Ort Houbie bildet heute die größte Siedlung auf Fetlar, mehr als 25 Einwohner hat die ganze Insel dennoch nicht. Das 1820 errichtete Herrenhaus Brough Lodge ist eine Attraktion im Westen des Eilands, ebenso Reste von Brochs und eines Forts. Fähren gehen nach Yell und Unst.

## Mainland

Von den etwas mehr als 100 Shetlandinseln sind nur 16 bewohnt. Die Felsküsten dieser schmalen, rund 100 Kilometer langen Inselgruppe sind noch spektakulärer als die der Orkneyinseln – wie hier auf Mainland (die größte Shetlandinsel trägt den gleichen Namen wie die größte Orkneyinsel). Der lang gestreckte Inselsüden besteht hauptsächlich aus Moor und Ackerland, die meisten archäologischen Stätten befinden sich hier. Im Zentrum gibt es einige Waldgebiete; der Westen und Norden präsentieren sich wild, mit Mooren und zerrissenen Küstenkliffs.

**Lerwick** Die Hauptstadt der Shetlands auf Mainland kann schon mal überraschen, denn sie steht tatsächlich im großen Kontrast zum restlichen Archipel. Hier ist immer sehr viel los, schon deswegen, weil die meisten Touristen zuerst hier eintreffen. Gediegene Altstadtgassen und die Lage am Meer bieten auch für Kurzurlauber viel. Gegenüber der Siedlung bei Lerwick liegt die Insel Bressay, sodass die Bucht sehr geschützt ist. Die Heringsfischerei zu Zeiten Königin Victorias brachte im 19. Jahrhundert Wohlstand und Wachstum. Mit dem Ölboom ab 1970 expandierte Lerwick immer weiter.

## Jarlshof

**Die wichtigste archäologische Fundstätte der Shetlands ist der Jarlshof an der südlichen Spitze der Insel Mainland. Dieses vorgeschichtliche Siedlungskonglomerat vereint Rundhäuser der Bronze- und Eisenzeit bis hin zu den Langhäusern der Wikinger. Der älteste Siedlungsteil mit einigen kleinen, ovalen Häusern liegt am Ostrand des weiträumigen Komplexes. Hier gefundene Steinwerkzeuge lassen darauf schließen, dass die damaligen Siedler Seehunde und Wale fingen und verarbeiteten. Außerdem befinden sich auf dem Gelände auch eine bronzezeitliche Schmiede, ein eisenzeitlicher Broch – ein Wehrturm, der aus Bruchsteinen ohne Mörtel errichtet wurde –, ein aus derselben Zeit stammendes Dorf aus Rundhäusern und zwei »earth houses« oder »souterrains« – unterirdisch angelegte Wohn- oder Lagerräume.**

**Scousburgh Bay** Die Region im Südwesten von Mainland ist ein Dorado für Wanderer und Mountainbiker. Flaches Moor- und Ackerland überwiegt hier; den einen oder anderen Hügel gibt es allerdings auch. Ein perfekter Ausgangspunkt für eine Tour ist das Örtchen Scousburgh unweit der gleichnamigen Bucht. Von dort geht es bis auf gut 260 Meter hinauf

zur Spitze des Ward of Scousburgh. Die Anstrengung wird ganz sicher belohnt, denn die Ausblicke auf die Küste von Scousburgh sind fantastisch.

## Yell

Von Lerwick aus geht es mit der Fähre in 20 Minuten hinüber nach Ulsta auf die Insel Yell. Sie ist nach Mainland die zweitgrößte Insel der Shetlands. Die etwa 1000 Einwohner leben hauptsächlich von Fischerei und Landwirtschaft. Die Schieferinsel ist zu zwei Dritteln mit einer dicken Torfschicht bedeckt, auf deren Weideflächen sich jede Menge Schafe tummeln. Tierliebhaber gehen hier auf die Suche nach Ottern oder beobachten die Vogelwelt. Nur wenige Sehenswürdigkeiten wie ein Broch aus der Eisenzeit bei Burra Ness oder das White Wife of Queyon in Otterswick, die Galionsfigur eines deutschen Schiffswracks, lenken davon ab, was hier am meisten vorzufinden ist: Ruhe.

Natur (ganz oben: Scousburgh Bay), Architektur (oben: Lerwick) und Historie (kleines Bild: Jarlshof) locken.

# Polarfuchs-Safari im Härjedalen

Tausende Polarfüchse bevölkerten einst die arktischen Regionen Skandinaviens. Pelzjäger haben sie fast ausgerottet. Dank Wiederansiedlungsbemühungen sind sie vielerorts wieder heimisch, beispielsweise im Helagsfjäll in Härjedalen.

## REISE-INFOS

**Wo? STF Helags Mountain Station, Härjedalen, Mittelschweden**
**Wie? Mit dem Zug nach Östersund oder Åsarna, dort weiter per Bus nach Ljungdalen**
**Info: www.ljungdalsfjallen.se**

Im Winter ist er weiß wie Schnee, im Sommer braun wie die Tundra. Der Polarfuchs passt sich gut an die Verhältnisse an, auch kulinarisch ist er recht flexibel. Das können mal Mäuse und Vogeleier, mal Schneehühner oder Bachstelzen, zur Not auch Insekten und Kadaver sein. Dank reichlicher Fettreserven überste-

Orangefarbene Augen leuchten aus dem Lila des Wald-Storchschnabels hervor.

Nur noch wenige Exemplare des Polarfuchses leben heute in Schweden. Es ist der einzige Wildhund, der mit dem Wechsel der Jahreszeiten auch seine Pelzfarbe anpasst: Im Sommer tarnt er sich durch dunkleres Fell.

hen Polarfüchse in ihrer rund vierjährigen Lebenszeit auch mal längere Hungerperioden, Schneestürme und zweistellige Minusgrade. Absolute Lieblingsspeise sind jedoch Lemminge, weshalb die Polarfuchspopulation stark vom Vorkommen dieser Wühlmausart abhängt.

Verglichen mit dem Rotfuchs, seinem aufgrund der Erderwärmung zunehmend konkurrierenden Verwandten ist er kleiner, hat kürzere Ohren und stark behaarte Pfoten. Gehörte der »fjällräv« (Bergfuchs), wie er in Schweden genannt wird, mit seinem hellen Fell einst zum Landschaftsbild, muss man ihn in manchen Gegenden heute per Lupe suchen, denn Pelzjäger haben das flauschige Tier fast ausgerottet. Und obwohl die Jagd in Schweden bereits seit 1928 verboten ist, hat sich der Bestand nie mehr richtig erholt. Waren es im skandinavischen Raum einst weit über 15 000 Exemplare, sind es heute nur noch gut 300 Tiere.

## Auf Pirsch im Helagsfjäll

**In Schweden sind Polarfüchse vor allem im bergreichen Nordwesten verbreitet, insbesondere in den Provinzen Jämtland, Västerbotten und Norrbotten. Einer der Hotspots ist das Helags-Gebirge in Härjedalen, das zu Jämtland gehört. Und dort bietet die auf 1000 Meter gelegene STF Helags Mountain Station zwischen Juli und Mitte September zweimal wöchentlich Polarfuchs-Safaris an. Maximal acht Gäste dürfen dann zusammen mit einem Naturführer in genügend Distanz vor einem Fuchsbau auf der Lauer liegen. Ob sie das Tier zu Gesicht bekommen, ist natürlich nicht garantiert. Aber schon die einsame Bergwelt ist wunderschön.**

## + NICHT VERPASSEN! +

### Härjedalen

**Die Provinz Härjedalen gehörte bis ins Jahr 1645 zu Norwegen. Sie rühmt sich, die am höchsten gelegene Region Schwedens zu sein mit dem am höchsten gelegenen Dorf. Gleichzeitig ist sie, was die Fläche betrifft, eine der größten Provinzen. Nicht allerdings, was die Einwohnerzahl angeht. Nicht einmal ein Bewohner kommt hier auf einen Quadratkilometer, dafür gibt es jede Menge nahezu unberührte Natur. Und Schwedens einzige Gruppe Moschusochsen in freier Wildbahn, die aus Norwegen eingewandert sind. Die Landschaft ist geprägt von einer wunderbaren Bergwelt – immerhin rund 40 Eintausender hat Härjedalen vorzuweisen. Nicht minder prägend sind die unzähligen tiefblauen Seen, Flüsse und Wildbäche. Von gemütlichem Paddeln bis zu wildem Rafting ist alles möglich.**

**Übrigens:** *Bestsellerautor Henning Mankell wuchs in Härjedalen auf, ein sehenswertes Kulturzentrum in Sveg erinnert an ihn. Und sogar eine Brücke – Mankellbron – ist in dem Ort nach ihm benannt.*

### Storsjön

Mit seiner Fläche von rund 460 Quadratkilometern ist der Storsjön Schwedens fünftgrößter See. Zwar liegt an seinem Ufer auch die Stadt Östersund, doch sein Umland ist vor allem eins: einsam. Ferienhäuser mit fantastischen Ausblicken über das Gewässer liegen versteckt zwischen Kiefern. Der Uhu lebt hier noch wild, und Wölfe und Bären streifen durch die Gegend, werden sich von Menschen jedoch meist fernhalten. Auch das Ungeheuer Storsjöodjuret, das in dem bis zu 74 Meter tiefen See leben soll, seit es im 17. Jahrhundert von Trollen erschaffen wurde, hat sich noch nie blicken lassen. Trotzdem ist es 1986 ganz ernsthaft unter Artenschutz gestellt worden. Wirklich schützenswert ist die Artenvielfalt auf den Inseln Isön, Adersön und Skansholmen, die alle im Storsjön liegen. Isön ist per Brücke mit Skansholmen und darüber auch mit dem Festland verbunden.

### Östersund

Besucht man heute die quirlige Hauptstadt von Jämtland, kann man sich nur schwer vorstellen, dass sie erst Ende des 18. Jahrhunderts entstand, noch dazu am Reißbrett. 1810 wurde Östersund Residenzstadt der Provinz Jämtland – obwohl sie nur 200 Einwoh-

Obwohl sie die Residenzstadt der Provinz ist, zeigt sich Östersund mit viel Grün im Stadtgebiet. Über die Brücke hinweg gelangt man von hier auf die Insel Frösön, auf die sich ein Teil Östersunds ebenso erstreckt.

Berge und Wasser dominieren die Landschaft von Härjedalen im südlichen Zentrum Schwedens.

ner zählte. Die Holzindustrie sorgte schließlich für wirtschaftlichen Aufschwung und damit auch für eine Bevölkerungszunahme. Die wunderschöne Lage am Storsjön-See tat ihr Übriges, um irgendwann auch Gäste anzulocken. Diese flanieren gern über die Hauptstraße Storgatan, die mit ihren gut erhaltenen, sehr aufwendigen Fassaden aus dem ausgehenden 19. Jahrhundert und einem großen Marktplatz punktet. Im Sommer findet das große Storsjöyran statt, das älteste Stadtfest des Landes. Das ganze Jahr über lockt das Freilichtmuseum Jamtli Historieland, das den Alltag in Norrland wunderbar anschaulich zeigt.

## Insel Frösön

Von Östersund gelangt man über eine Brücke nach Frösön im See Storsjön. Es ist nicht nur der Wechsel vom Festland auf eine Insel, es ist viel mehr ein kurzer Weg von Trubel und Geschäftigkeit in eine ganz besondere Ruhe. Auf Frösön, der Name steht mit dem Fruchtbarkeitsgott Frö in Verbindung, scheint die Zeit langsamer zu verstreichen als anderswo. Das soll nicht heißen, dass es sich um ein verschlafenes unbedeutendes Eiland handelt. Ganz und gar nicht. Ausgrabungen zeigen, dass hier schon zur Bronzezeit Menschen siedelten. Ab dem 10. Jahrhundert sollen auf Frösön Gerichtsversammlungen abgehalten worden sein. Nur wenige Kilometer von der hübschen Kirche entfernt, steht die wohl berühmteste Sehenswürdigkeit der Insel, der Runenstein Frösöstein aus dem 11. Jahrhundert. Er wurde als Symbol der Christianisierung aufgestellt, und gilt als das nördlichste seiner Art in Schweden.

# Weiße Wildesel auf Asinara

Blendend weiß leuchtet sein Fell in der Sonne, himmelblau strahlen die Augen: Den Albino-Esel, der aussieht wie ein Fabeltier, gibt es nur auf der abgeschiedenen Insel Asinara und in den Wäldern Sardiniens.

## REISE-INFOS

**Wo? Asinara, Sardinien**
**Wie? Per Fähre von Porto Torres an der Nordwestseite Sardiniens (etwa 1¼ Stunden)**
**Info: www.parks.it/parco.nazionale.asinara**

Um seine Herkunft ranken sich verschiedene Theorien und Legenden. Die eine lautet, dass er von einem sardischen Adligen im 18. Jahrhundert als Hausesel aus Ägypten importiert wurde und später verwilderte. Die andere, etwas abenteuerlichere These, besagt, dass – ebenfalls im 18. Jahrhundert – ein Schiff mit ägyptischen Eseln vor der Küste Sardiniens kenterte und einzelne Tiere sich an Land retten konnten. Sicher ist nur, dass der Albino-Esel vom Afrikanischen Esel abstammt, der eine hochgradig gefährdete Art ist. Das Glück seiner Abkömmlinge auf der Isola Asinara ist letztendlich die Nutzung der Insel als Lazarett- und Strafkolonie, wodurch das restliche Areal von Menschenhand unberührt blieb und sie sich ungestört vermehren konnten. Knapp 120 wild lebende Exemplare gibt es heute auf dem Sardinien vorgelagerten Eiland, ein paar Dutzend Tiere finden sich auf Sardinien selbst. Sie leben im Gegensatz zu Wildpferden nicht in Herden. Die männlichen Tiere sind allein unterwegs, während die Weibchen mit ihren Fohlen zusammenbleiben. Mit einer Höhe von maximal 105 Zentimetern sind die »Asinos dell'Asinara« recht klein, viele unter ihnen sind Albinos, eine Folge der genetischen Isolation.

Äußerst klar zeigt sich das Wasser an der idyllischen Cala Giordano im Osten von Asinara.

Noch nicht lange ist Asinara ein beliebtes Ausflugsziel. Im Jahr 1885 wurde das Eiland offiziell zur Gefängnis- und Quarantäneinsel deklariert, während des Zweiten Weltkriegs als Kriegsgefangenenlager benutzt. Die Wächter brachten Nutztiere wie Pferde, Kühe, Ziegen und Mufflons mit, was zur Auslaugung der ohnehin kargen Böden führte. Malariamücken senkten die Überlebenschancen der Gefangenen, bis die Sümpfe trockengelegt wurden. Noch in den 1990er-Jahren saßen auf Asinara Mitglieder der Mafia ein. Seit 1999 ist sie wieder zugänglich und die weißen Esel sind eine Touristenattraktion.

**Komplett geschützt** *Die mit 52 Quadratkilometern zweitgrößte Insel Sardiniens ist seit 1997 komplett geschützt. Da weitgehend unbewohnt, ist sie ein wichtiges Habitat für Flora und Fauna. Ihre zerklüftete Küste birgt Rückzugsräume für Meeresschildkröten, für die es in Cala Reale eine Klinik gibt. Zu Lande ist eine endemische Erzschleichenart unterwegs, die bis zu 50 Zentimeter lang werden kann. Unter den gut 50 Vogelarten finden Seidenreiher, Felsenhühner, Tafelenten und Rohrweihen ideale Lebensräume. An den Küsten nisten Kormorane, Korallenmöwen und Falken.*

Während die meisten Pflanzen im Herbst welken, tun dies die Blätter der Baum-Wolfsmilch erst im Frühling und zeigen sich dann in roter Farbe (ganz oben). Ebenso besonders sind die auf Asinara zu findenden Albino-Esel.

## + NICHT VERPASSEN! +

### Porto Torres

Die Hafenstadt liegt am Golfo dell'Asinara; sehenswert sind hier die Reste der römischen Hafenanlage, diverse Thermen und Siedlungsreste sowie eine siebenbogige Römerbrücke. Die eindrucksvolle Basilica di San Gavino (11. Jahrhundert) ist die größte romanische Kirche auf Sardinien. Über die Krypta der Basilika besteht ein Zugang zu frühchristlichen Ruinen aus spätrömischer Zeit. Zwischen Porto Torres und Sassari liegt die pränuraghische Kultstätte Santuario di Monte d'Accoddi, ein Tempel aus der Zeit von 2450 bis 1850 v. Chr.

### Castelsardo

Die engen Altstadtgassen des kleinen Städtchens ziehen sich einen Felshang hinauf. Auf der Anhöhe ragt das Castello di Castelsardo 115 Meter hoch über dem Meer auf – der Blick reicht hinüber bis nach Korsika. Im Castello befindet sich das Museo dell'Intreccio, das die uralte Tradition der Korbflechterei präsentiert.

### Santa Teresa Gallura

**Nur etwa zwölf Kilometer trennen sie von Bonifacio, das bereits auf der Nachbarinsel Korsika liegt. Die Straßen verlaufen in einem rechtwinkligen Raster, in dessen Mittelpunkt die Kirche San Vittorio liegt. Auf einer Landzunge steht die Torre Longosardo, die im 16. Jahrhundert errichtet wurde. Bereits von den Römern für den Bau des Pantheons genutzte alte Granitsteinbrüche, aber auch heute in Betrieb befindliche Abbaustellen säumen den Weg zum Leuchtturm auf dem Capo Testa an der Nordspitze der Insel. Die Unterwasserlandschaft von Capo Testa zählt zu den aussichtsreichsten Tauchgründen der Welt.**

### Olbia

Die 200 Kilometer von Civitavecchia entfernt liegende Hafenstadt ist das Einfallstor nach Sardinien und zur Costa Smeralda – egal, ob man mit der Fähre oder mit dem Flugzeug kommt. Die Hafenstadt liegt am Ende einer geschützten Bucht im Nordosten der Insel. Zentrum ist die Piazza Margherita, entlang der Prachtstraße Corso Umberto reihen sich hübsche Stadthäuser und -paläste.

Im Nordosten Sardiniens warten zahlreiche malerische Strände auf Freunde klaren Wassers.

## Sassari

Zunächst erschrecken bei der Anfahrt die Industriegebiete und Wohnsilos, doch ist der historische Stadtkern mit seinen Plätzen, Gassen, Arkaden und Bauwerken ein lohnenswertes Ziel. Ein besonders schönes bauliches Ensemble bietet die Piazza d'Italia, die von klassizistischen Palästen wie dem Palazzo della Provincia und dem Palazzo Giordano umgeben ist. Hübsch ist der Renaissancebrunnen Fontana del Rosello. Flaniermeile ist der Corso Vittorio Emanuele. Am dritten Maisonntag ist Sassari Schauplatz der »Cavalcata Sarda« mit Folkloregruppen aus ganz Sardinien und waghalsigen Reiterspielen.

## Alghero

»Spanische Stadt« nennen die Sarden die 1102 von den Genuesern gegründete Stadt an der Westküste. 1353 geriet sie unter spanische Herrschaft, katalanische Siedler vertrieben anschließend die einheimische Bevölkerung. Bis auf den heutigen Tag hat sich der katalanisch gefärbte Dialekt der Einwohner erhalten, auch das weitgehend mittelalterlich geprägte Stadtbild und die Glockentürme der Kathedrale Santa Maria und der Kirche San Francesco können den spanischen Einfluss nicht verleugnen. Die rundum von schönen Bürgerhäusern eingerahmte Piazza Civica ist die Flaniermeile der Stadt und Schauplatz des abendlichen Korso. Im Aquarium bestaunt man die Unterwasserwelt des Mittelmeeres.

## Capo Caccia

Das steil abfallende Kap ist ein landschaftliches Highlight; auf den Simsen nisten Felsentauben, Wanderfalken und Silbermöwen. Die 100 Meter tiefer gelegene Grotta di Nettuno erreicht man über die 656 Stufen lange Escala del Cabirol. Der Weg entlang der Steilklippen ist atemberaubend und lohnt die Anstrengung. Nur ein Bruchteil der 1200 Meter langen Tropfsteinhöhle ist für die Öffentlichkeit zugänglich.

## Bosa

Das schöne Städtchen am Temo besitzt den einzigen Flusshafen Sardiniens. Der mittelalterliche Stadtkern zieht sich zum genuesischen Castello di Serravalle (auch Castello dei Malaspina genannt; 12. Jahrhundert) hinauf.

An der Westküste der Insel genießt man immer wieder romantische Sonnenuntergänge wie hier am Capo Caccia.

# Europas schleichende Schönheiten

Von den weltweit über 3000 Schlangenarten leben in Europa rund 50. Die meisten von ihnen schätzen wärmere Gefilde, doch selbst in Finnland fühlen sich drei Spezies wohl. Einige Giftzähne sind dabei, aber auch wahre Prachtexemplare. Hier eine Auswahl.

## Äskulapnatter

Mit bis zu zwei Meter Länge ist sie die größte Schlangenart Europas. Sie mag es eher warm und ist daher vorwiegend in mediterranen Gefilden unterwegs. Doch auch in Deutschland wurde die nicht giftige Natternart gesichtet, wo sie sich am ehesten in Laubwäldern mit Lichtungen und Felsen aufhält. Dank ihrer gekielten Bauchschuppen ist die Äskulapnatter eine gute Kletterin. Nach einem ausgiebigen Winterschlaf zwischen Oktober und März ist sie von Frühling bis Herbst am Tag unterwegs, um nach Mäusen, Vögeln und Eidechsen Ausschau zu halten. Zu ihren natürlichen Feinden zählen Raubvögel und Marder. Ihr Name erinnert an Asklepios, den griechischen Gott der Heilkünste. Das Farbspektrum der glatt glänzenden Haut reicht von hellbraun über olivgrün und graubraun bis grauschwarz.

## Europäische Hornotter

**Vor der auch Sandviper genannten Art haben selbst die Alteingesessenen Respekt, denn sie gilt als eine der giftigsten Schlangenarten Europas, auch wenn ein Biss aufgrund der geringen Giftmenge eher selten tödlich endet. Gebissen wird ohnehin nur, wenn sich die Schlange angegriffen fühlt. Bevorzugt in buschreichen Feldern und lichten Wäldern unterwegs, schleicht sie durch den europäischen Mittelmeerraum bis zu den Alpen. Markenzeichen der rund einen Meter langen Vipernart ist das Horn über ihrem Maul und das Zickzack- bzw. Rautenmuster auf ihrem gesamten Körper. Das Farbspektrum reich von hellbraun bis dunkelgrau. Kleintiere aller Art gehören zu ihrem Beuteschema, denen sie zuweilen auch durch Zweimetersprünge an den Kragen geht. Abhängig von den Wintern halten Europäische Hornottern einen bis zu halbjährigen Winterschlaf, meist in Gruppen.**

## Leopardnatter

Leider macht sich diese scheue Natternart ziemlich rar, denn sie gilt als die Schönste unter den europäischen Schlangen. Das liegt am »Leopardenmuster« mit ziegel- bis braunroten, schwarzumrandeten Flecken auf hellgrauem bis graublauem Grund. Respekteinflößend sind ihre roten Augen. Das Verbreitungsgebiet der ungiftigen Leopardnatter erstreckt sich von Süditalien über den Balkan bis in die Türkei. Sie hält sich bevorzugt am Boden in trockenem Buschwerk auf, kann aber hervorragend klettern. Kleine Nager aller Art sind ihre bevorzugten Opfer, denen sie mit einem festen Biss das Leben beendet. Die kalten Monate übersteht die streng geschützte Art durch eine bis zu sechs Monaten dauernden Winterstarre.

So furchteinflößend sie für manche sind, so faszinierend sind sie für andere – Schlangen wie Äskulapnatter (ganz oben), Europäische Hornotter (oben links) und Leopardnatter (oben rechts) wissen die Meinungen zu spalten.

# Eisbären aufspüren auf Spitzbergen

Er ist das Symbol des Lebens in der Arktis – der Eisbär. Doch auch ein deutliches Symbol für den Klimawandel, weil das Eis unter seinen Tatzen immer dünner wird.

## REISE-INFOS

**Wo? Longyearbyen (Spitsbergen), Svalbard**
**Wie? Direkte Flugverbindungen von Oslo und Tromsø, zu den anderen Inseln per Boot oder Schneemobil**
**Info: www.visitsvalbard.com**

Er ist der Posterboy der Arktis und gehört zu Spitzbergen wie das Känguru nach Australien: der *Ursus maritimus*, im Deutschen der Eis- oder Polarbär. Mit rund 2,50 Meter Größe und dem Gewicht von bis zu einer halben Tonne gehört er zu den größten Landraubtieren der Erde. Trotz ihrer XXL-Maße können die Schwergewichte bis zu 700 Kilometer schwimmen und rund neun Tage ohne Landgang in arktischen Gewässern verharren. Die meist als Einzelgänger lebenden Tiere haben sich mit ihrem schlanken Kopf, abgerundeten Ohren und hellem Fell optimal an das Leben am Polarmeer angepasst. Ihre breiten, behaarten Tatzen finden auch auf rutschiger Schneefläche Halt, und im Wasser nutzen sie sie dank Schwimmhäuten wie Paddel. Die feine Eisbärennase kann Robben selbst dann orten, wenn sie sich in Höhlen unter dem Eis befinden. Und dann die Au-

Die weiß bis eisblaue Landschaft Svalbards ist sein Zuhause – »dank« uns Menschen jedoch ein schrumpfendes.

Vom eisigen Meer umgeben wird Svalbards Hauptinsel Spitsbergen, und in zahlreichen Fjorden ragt es ins Land.

gen! Dank einer speziellen Nickhaut, die wie eine Schneebrille wirkt, sind sie vor starker UV-Strahlung geschützt. Ein Entkommen ist schwierig, denn die »Könige der Arktis« sind mit bis zu 40 Stundenkilometern wahre Eisschnellläufer.

Die einzigen nennenswerten Feinde der Eisbären waren jahrtausendelang die Menschen. Im 19. und 20. Jahrhundert verstärkte sich der Druck auf die Eisbären durch »Trophäenjäger«, die von Schiffen und Flugzeugen aus agierten und Selbstschussanlagen im Eis montierten. Das internationale Übereinkommen von Oslo verbot ab dem Jahr 1973 die Eisbärenjagd. Im norwegischen Spitzbergen sollen noch rund 3000 Tiere leben. Die etwa 1000 Kilometer vom Nordpol entfernte Inselgruppe heißt offiziell »Svalbard« (kühle Küste), ist im Deutschen jedoch vor allem unter dem Namen ihrer größten Insel bekannt. Bis weit ins 19. Jahrhundert hinein wagten sich nur Walfänger, Pelztierjäger und Polarforscher dorthin. Erst mit der Entdeckung reicher Kohlevorkommen um 1900 begann eine dauerhafte Besiedlung der Inseln. Heute leben rund 2600 Menschen auf Spitzbergen. Damit sich Menschen und Eisbär nicht zu nahe kommen, hat die Verwaltung folgenden Tipp: »Verlasse die Siedlungen nie ohne geeignete Waffe und das Wissen, wie sie funktioniert.«

## Beklagenswerte Symbolfiguren

**Eisbären sind auch zum Symbol für die Erderwärmung geworden, denn mit zunehmender Eisschmelze verlieren sie ihren Lebensraum. »Sie sind in hohem Maße auf das Meereis angewiesen, um sich fortzubewegen, zu jagen, sich zu paaren, sich auszuruhen und in einigen Gebieten auch um ihre Mutterhöhlen zu bauen«, so der WWF und warnt: »Der menschengemachte Klimawandel verändert das Ökosystem der Arktis rasant, das Eis geht seit Jahren immer schneller und immer weiter zurück und braucht länger, um im Winter wieder zu gefrieren. Den Eisbären bleibt keine Zeit, sich anzupassen.« In ein paar Jahrzehnten könnten die insgesamt über 20 000 Eisbären verschwunden sein.**

Einst waren einzelne Trophäenjäger für das Sterben der Eisbären verantwortlich, heute sind wir es alle. Denn der menschengemachte Klimawandel lässt das Eis schmelzen, das die weißen Bären zum Überleben brauchen.

## NICHT VERPASSEN!

### Longyearbyen

Die an der Westküste der Hauptinsel Spitsbergen gelegene Kapitale Svalbards bildet den Ausgangs- bzw. Endpunkt für Expeditionen durch den Archipel. Heute erinnern vor allen Dingen die Grubenseilbahnen auf den die Stadt umgebenden Hängen an die große Zeit des Kohleabbaus. Wie alle Bauten, die den 1943 erfolgten Angriff durch deutsche Zerstörer überstanden haben, stehen sie heute unter Denkmalschutz. Das Svalbardmuseum gewährt Einblicke in die 400-jährige Besiedlungsgeschichte der Inseln und lässt dabei die Zeiten der Walfänger, der Robben- und Pelztierjäger sowie des Bergbaus lebendig werden. Die naturkundliche Abteilung informiert über die Meeres- und Landfauna Svalbards. Das 2008 eröffne-

Zur über 13 000 Quadratkilometer großen Fläche des Nationalparks Sør-Spitsbergen gehört auch der Hornsundfjord (ganz oben). Weiter nördlich liegt der Ekmanfjord, hier fühlen sich auch Bartrobben wohl (oben).

te Airship Museum wartet mit einer sehenswerten Ausstellung zu den Luftschiffexpeditionen von Roald Amundsen und Umberto Nobile auf. In Longyearbyens Svalbard Kirke sind Besucher herzlich willkommen und werden mit heißen Getränken bewirtet.

## Nationalpark Nordvest-Spitsbergen

Die Naturwunder dieses Nationalparks im Nordwesten der Insel Spitzbergen sind recht leicht zugänglich und werden deshalb oft mit Schiffen angelaufen. Beliebt sind Ausflüge in die glitzernde Eiswelt des Magdalenefjords. Das über fünf Kilometer breite Gewässer wird von mehreren Gletschern gespeist und ist daher mit Eisschollen übersät. Am Südufer des Fjords kann ein Walfängerfriedhof aus dem 17. Jahrhundert besichtigt werden. Viele Cruiseliner ankern vor Ytre Norskøya, einem kleinen Eiland im äußersten Nordwesten Spitzbergens. Hier können die Überreste einer frühen Walfangstation besichtigt und Abertausende von Krabben- und Papageitauchern beobachtet werden. Am Liefdefjord an der Nordspitze Spitzbergens bietet der Monacogletscher, einer der größten Gletscher Europas, ein grandioses Naturschauspiel. Regelmäßig stürzen von seiner fünf Kilometer breiten und bis zu 40 Meter hohen Abbruchkante riesige Eisbrocken in den Fjord und treiben Richtung Meer. Die ebenfalls zum Nationalpark gehörende Insel Amsterdamøya wird häufig für Tierbeobachtungen angesteuert. Abertausende von Seevögeln und Walrosse sowie Eisbären und Rentiere leben hier.

## Ny-Ålesund

Ny-Ålesund ist eine Ansiedlung verschiedener Forschungsstationen im Nordwesten der Insel Spitsbergen. Auf fast 79° nördlicher Breite gelegen, ist Ny-Ålesund nur noch rund 1200 Kilometer vom Nordpol entfernt. Die Zahl der Einwohner ist stark schwankend. Im Sommer leben hier etwa 100–150 Wissenschaftler und technisches Hilfspersonal, doch nur wenige von ihnen bleiben auch im Winter hier. Ny-Ålesund liegt am südlichen Ufer des breiten Kongsfjords, der sich 26 Kilometer nach Osten bis zum Kongsvegen-Gletscher erstreckt. In den 1920er-Jahren wurde Ny-Ålesund bekannt als »Sprungbrett« zum Nordpol: Hier legten Polarforscher wie Richard E. Byrd, Roald Amundsen und Umberto Nobile einen letzten Zwischenstopp ein, um auf dem Luftweg den nördlichsten Punkt der Erde zu erreichen.

Auf Svalbard lassen sich einige Vertreter der östlichen Populationen des Atlantischen Walrosses finden.

## Nationalpark Sør-Spitsbergen

**Die Südspitze der Hauptinsel beherbergt den größten Nationalpark des Archipels, den Süd-Spitzbergen-Nationalpark. Von seinen mehr als 13 000 Quadratmetern Fläche macht weniger als die Hälfte Festland aus. Weite Teile sind von großen Gletschersystemen oder Eiskappen bedeckt, doch auch spitze Felsformationen gelten als charakteristisch für die Landschaft. Entlang der Meeresküste ist die Vogelwelt in Reservaten gut aufgehoben. Im Osten des Parks liegt eine der größten Seevogelkolonien von ganz Spitzbergen. Der Hornsundfjord hingegen, der sich von Westen ins Land schiebt, ist »Eisbären-Land«. Hier ziehen die großen Bären zwischen Storfjord und Vest-Spitzbergen entlang. Die Chancen, die großen Jäger beobachten zu können, stehen in dieser Gegend sehr gut.**

# Zugvögel in Andalusien

Der Nationalpark Doñana an der Costa de la Luz in Andalusien ist Spaniens wichtigstes Feuchtgebiet. Vor allem die »Marismas« (zeitweise überschwemmte Gebiete) und die Wanderdünen des Parks dienen vielen Vögeln als Brut- und Rastplatz sowie als Winterquartier. Die beeindruckenden Vogelwanderungen, die sich im Frühling und Herbst beobachten lassen, rauben Naturliebhabern den Atem.

## REISE-INFOS

**Wo? Parque Nacional de Doñana, Huelva und Sevilla, Andalusien**
**Wie? Per Auto von Huelva (30 km) oder Sevilla (35 km)**
**Info: www.donanawings.com**

Eine grandiose Ödnis, die jede Sehnsucht nach Einsamkeit stillt: Im Doñana-Nationalpark an der andalusischen Atlantikküste muss man sie sich allerdings mit Heerscharen von Gefiederten teilen. Denn die Fernreise ist keine Erfindung des Menschen. In der Natur macht man das schon seit Jahrtausenden, und bis heute ist der Vogelflug eines der erstaunlichsten Phänomene der Tierwelt – eine Meisterleistung an Organisation, Orientierung und Krafteinteilung, die Millionen Zugvögel Jahr für Jahr vollbringen.

Ihr wichtigster »Großflughafen« im westlichen Europa ist der Doñana-Nationalpark im Mündungsdelta des Guadalquivir, des größten Flusses in Andalusien. Das riesige Feuchtgebiet voller Dünen und Strandhafer, Schirmkiefern und Wacholder ist einer der bedeutendsten Brutplätze der Welt und zugleich Heimat, Winterdomizil und Rastplatz für Zugvögel auf ihrer Reise zwischen Europa und Afrika. Heimlicher König unter den 400 in Doñana gezählten Vogelarten ist der

Essenszeit heißt es für die beiden jungen Weißbart-Seeschwalben (ganz oben) im Nationalpark Doñana.

Zu den farblich auffälligsten Gästen im Nationalpark gehört der Bienenfresser.

Iberienadler, ein endemischer Artverwandter des Kaiseradlers. Von der selten gewordenen Marmelente, deren Gefieder wie brauner Marmor strukturiert ist, und der hübschen Weißkopfruderente finden sich nur noch ein paar Dutzend Paare im Park.

**Reiche Flora** *Typisch für den bereits 1969 etablierten und 1994 zum UNESCO-Weltnaturerbe erhobenen Nationalpark ist seine abwechslungsreiche Landschaft. In der mehr als 544 Quadratkilometer großen Kern- und der 742 Quadratkilometer großen Pufferzone gibt es neben weitem Marschland mit Lagunen und Sumpfgebieten auch sehr trockene Heide- und Savannenlandschaften. Dort gehen die bis zu 40 Meter hohen Sanddünen in eine mediterrane Buschvegetation mit seltenen Pflanzenarten wie dem Weißen Thymian über. Hier finden sich auch noch Korkeichen-, Schirmkiefern- und Pinienwälder, in denen bevorzugt des Nächtens eine Raubkatze herumstreift: der Pardelluchs, ganz einsam.*

## Iberisches Juwel: der Pardelluchs

**Der Pardelluchs (auch Iberischer Luchs genannt) ist in Portugal und Spanien unterwegs, aber ein äußerst rarer Genosse. In sein Beuteschema passen Kaninchen und Feldhasen, es können aber auch mal Vögel und Frischlinge sein. Vor 20 Jahren wäre er fast ausgestorben, keine 100 Exemplare schlichen durch die iberischen Strauchlandschaften. Heute hat sich der Bestand auf mindestens 1100 Tiere erholt. Durch die Schaffung von Korridoren und Durchlässen soll der Aktionsradius (und damit der Genpool) des nachtaktiven Wildtieres erheblich ausgeweitet werden. Wäre ja auch zu schade um das »iberische Juwel». Die intensiv gefleckte Raubkatze mit dem kurzen Schwanz und den goldenen Augen sieht äußerst anmutig aus.**

Neben dem seltenen Pardelluchs (linke Seite) fühlen sich im Nationalpark Löffler, Blaukehlchen und Kiebitz (linke Spalte, von oben) sowie Bienenfresser, Wiedehopf und Purpurhuhn (rechte Spalte, von oben) wohl.

## + NICHT VERPASSEN! +

### Costa de la Luz

**Weißer, feiner Sandstrand, der sich oft zu Dünen angesammelt hat, und viel Sonne sind die Kennzeichen der »Küste des Lichts«. Der Atlantik, dem oft die ruhige Stimmung des Mittelmeers fehlt, und die Wildheit dieser Küste haben diesen Landstrich vom großen Tourismus bis jetzt verschont. Die kleinen Häfen sind noch die Domäne der lokalen Fischer. Bei Huelva im Kloster La Rabidá haben einst gastfreundliche Mönche Kolumbus aufgenommen, nachdem er aus Portugal arm und gescheitert zurückgekehrt war. Sie halfen ihm, am spanischen Königshof Gehör zu finden.**

### Sanlucar de Barrameda

Von hier aus starteten die Seefahrer Kolumbus und Magellán einst ihre großen Entdeckungsreisen: an der Flussmündung des Guadalquivir hinaus in den Atlantik. Quer durch Andalusien ist er geflossen, bevor er sich in Sanlúcar de Barrameda mit dem Meer vereint. Die Strandpromenade entlang der Mündung hat zwar nicht den schönsten Badestrand zu bieten, dafür aber einen tollen Blick auf das gegenüberliegende Ufer mit Kiefern und Sand: zum Nationalpark Coto de Doñana. Eine Sonderausstellung in der ehemaligen Eisfabrik gibt Einblick in seine Natur. Doch das ist nicht das einzige Sehenswerte in dem kleinen Fischerdorf, in dem vor allem reiche Sevillaner ihren Sommerurlaub verbringen. Ein großes Ereignis ist das älteste Pferderennen Spaniens am Strand von Sanlúcar, das jedes Jahr im August über eine zwei Kilometer lange Strecke ausgetragen wird.

### Jerez de la Frontera

Bei dem Wort Jerez de la Frontera denken die einen an das Jahr 711, als der arabische Feldherr Tarik die Westgoten schlug, die anderen an den Sherry, das prominenteste Produkt der Stadt, und die Dritten an Pferde. Die Schlacht war eines der entscheidenden Ereignisse der Geschichte, denn der Sieg der arabischen Heere öffnete Spanien im Mittelalter dem Islam und seiner Hochkultur. Weltruhm erlangte Jerez als Herkunftsort des Sherry, wie ihn die Engländer nannten. Seine Trauben gedeihen auf den kalkhaltigen Böden der Umgebung. Unter Pferdeliebhabern haben die in Jerez gezüchteten Rassepferde, die in der Königlichen Reitschule präsentiert werden, einen ausgezeichneten Ruf.

### Cádiz

Cádiz wurde von den Phöniziern als wichtiger Handelshafen westlich der Straße von Gibraltar gegründet und gilt als eine der ältesten Städte Europas. Es liegt

Ruhe findet man Naturpark La Breña und im Monasterio de Santa María de La Rábida (von oben).

auf einer vom Atlantik umgebenen Landzunge. Wer Cádiz von seiner schönsten Seite kennenlernen will, sollte sich der Stadt mit dem Boot vom Meer her nähern. So lassen sich am besten seine bezaubernde Uferpromenade bewundern sowie der klassizistische Monumentalbau der 1722 begonnenen Neuen Kathedrale mit der mächtigen gelben Vierungskuppel. Daneben fällt die bescheidenere, 1262 errichtete Alte Kathedrale fast etwas ab.

## Sevilla

Wer Spanien begreifen will, muss Sevilla, die Hauptstadt Andalusiens, einfach gesehen haben. Sevilla gehört zu den reizvollsten Städten des Landes. Seine Blütezeit erlebte Sevilla nach der Entdeckung Amerikas als Flusshafen am Guadalquivir und als bedeutende Handelsstadt, von der aus die Waren aus den spanischen Überseekolonien abgeladen wurden. Das brachte sehr viel Reichtum und die frische Luft der Neuen Welt in die alte Stadt. Besonders sehenswert sind die Kathedrale Santa María (15. Jahrhundert) mit ihren aufwendig gestalteten Portalen sowie dem Patio de los Naranjos, dem einstigen Moscheenhof mit dem Glockenturm Giralda und der Reales Alcázares, ab 1248 christlicher Königspalast, der bis ins 16. Jahrhundert ausgebaut wurde.

Abends werden Kathedrale und Giralda stimmungsvoll beleuchtet – in Sevilla lohnt es sich also, auch nach Sonnenuntergang noch einmal durch die historische Altstadt zu flanieren.

# Biber im Nationalpark Matsalu

In der Bucht von Matsalu erstreckt sich eines der größten Feuchtgebiete Estlands. Es ist nicht nur die Heimat von 280 Vogelarten, Elchen und Schakalen. Auch Biber finden in den Gewässern perfekte Bedingungen vor.

## REISE-INFOS

**Wo? Lihula, Pärnu, Estland**
**Wie? Das Schutzgebiet liegt gut 110 km südwestlich von Tallinn.**
**Info: www.visitmatsalu.ee**

Es ist eine Landschaft ganz nach ihrem Geschmack: Seen, die in Sumpflandschaften übergehen, Feuchtwiesen und Wasserläufe zwischen dichten Auwäldern. Gräser und Kräuter, wohin man blickt, im Wasser verrottende Baumstämme. Der Nationalpark Matsalu im Westen Estlands ist ein wahres Biberparadies. Die Bedingungen könnten nicht besser sein. Bereits seit 1957 ist das Gebiet von der namensgebenden Meeresbucht bis zu den Auen des Kasari-Flusses dank des estnischen Biologen und Umweltpioniers Eerik Kumari (1912–1984) geschützt. 2004 wurde es zum Nationalpark erhoben. Mit seiner Fläche von 486 Quadratki-

Die feuchte Landschaft des Nationalparks Matsalu wissen Doppelschnepfe (links) und Biber (rechts) zu schätzen.

Ob sich dieser Biber über seinen grünen Fellschmuck freut, lässt sich nur spekulieren. Da sich seine Spezies gemeinhin jedoch sehr regelmäßig und gründlich putzt, wird das pflanzliche Kleid nicht von langer Dauer sein.

lometern Land und Küste ist das Schutzgebiet zudem eines der ersten Adressen für Vogelbeobachtungen. Über 280 Arten wurden hier bereits gesichtet.

**Die Bucht ist der wichtigste Ort an der Küste Estlands, wo sich im Frühjahr und Herbst die Zugvögel sammeln. Mehr als zwei Millionen Wasservögel ziehen jährlich durch den Nationalpark, vor allem Enten, Schwäne, Gänse und Kraniche.**

Unter den Säugetieren trifft man am häufigsten auf Rotwild und Elche, mit Glück auch auf Luchse und Goldschakale. Und seit 1957 sind auch die »Kobras« wieder zurück. So heißen die Biber auf Estnisch, die seit Mitte des 19. Jahrhunderts nahezu ausgerottet waren. Ihnen kommt man am besten bei Boots- und Kajaktouren auf die Spur. Vor allem in der Dämmerung, wenn alles still ist – und die Biber durchs Wasser gleiten, als wären sie die wahren Herren von Matsalu.

**Bibergeil** *Nicht nur des wertvollen Pelzes wegen wurden die Tierchen gejagt, sondern auch um das sogenannte Bibergeil zu gewinnen. Das sind Duftstoffe aus dem Biberhintern, die das Tier zur Ortsmarkierung verwendet und denen heilende Wirkung bei Kopfschmerzen und Fieber nachgesagt wird.*

# + NICHT VERPASSEN! +

## Haapsalu

Das »echte Bullerbü«, so heißt es oft über Haapsalu. Tatsächlich wuchs die Illustratorin von Astrid Lindgrens Kinderbuchreihe, Ilon Wiklan (geb. 1930), in dem schon im 18. Jahrhundert beim russischen Adel beliebten Kurstädtchen auf. Das Ilon Wikland Museum (in dem auch das Zimmer von »Karlsson vom Dach« nachgestellt wurde) erinnert an sie. Hauptattraktion Haapsalus ist jedoch sein mittelalterlicher Kern mit der Bischofsburg und der Burgkirche. Über die Promenade des kleinen »Venedigs der Ostsee«, wie Haapsalu auch genannt wird, geht es dann zu den Jugendstilvillen und reich mit Schnitzereien verzierten Holzhäusern des Kurviertels am Ende der Promenade – sogar der Zar logierte hier.

**Bischofsburg von Haapsalu** *Im späten 13. Jahrhundert als eines der Zentren des Bistums Saare-Lääne (Ösel-Wiek) auf einer künstlichen Anhöhe erbaut und später immer weiter verstärkt, wurde Haapsalus Burg- und Domkomplex nach Feuerschäden im 19. Jahrhundert in eine romantische Parkanlage umgewandelt. Seit Kurzem birgt die Hauptburg ein Mittelaltermuseum – und im Wallgraben lockt schon länger ein Kinderpark mit mittelalterlich inspirierten Attraktionen. Innerhalb der Wehranlage befindet sich die noch gut erhaltene Domkirche.*

Sagenumwoben ist die Bischofsburg von Haapsalu.

*Sie ist mit ihren 425 Quadratmetern die größte einschiffige Hallenkirche Nordeuropas. Besonders beeindruckend ist das imposante Gewölbe. Um den Bau rankt sich die Legende von der Weißen Dame: In August-Vollmondnächten soll der Schatten einer jungen Frau auf dem Gemäuer erscheinen. Haapsalu feiert diese »Zeit der Weißen Dame« ausgelassen – unter anderem mit Musik und Freilichtaufführungen.*

**Bahnhof** Bereits 1870 wurde vom damaligen Hafen Baltischport (heute: Paldiski) eine erste Eisenbahnstrecke über Tallinn bis nach St. Petersburg eröffnet. Das Streckennetz wuchs rasch und in Erwartung des Zarenbesuchs baute man im Kurort Haapsalu 1907 sogar einen wahrhaft herrschaftlichen Bahnhof. Sein 216 Meter langer Bahnsteig galt damals als der längste überdachte Bahnsteig in ganz Europa. 1995 wurde der Streckenabschnitt Riisipere – Haapsalu allerdings für den Personenverkehr geschlossen. Auf den im Bahnhofsareal verbliebenen Gleisen stehen heute historische Lokomotiven und Waggons.

## Hiiumaa

Der Legende nach lebte hier einst der Riese Leiger mit seiner Frau Tiiu. Daher stammt wohl auch der Name dieser Insel: Hiiumaa. »Hiid« ist das estnische Wort für Riese, »maa« bedeutet Land. Das Land der Riesen. Findlinge aus der letzten Eiszeit liegen überall verstreut, schmelzende Gletscher haben sie zum Vorschein gebracht. Ein gewaltiger Knall hatte das Eiland überhaupt erst entstehen lassen – als ein Meteorit einschlug. Das ist etwa 500 Millionen Jahre her, heute steht die Hauptstadt Kärdla an seinem Kraterrand. Weniger als 4000 Einwohner zählt der Ort, der mit seinen kleinen Holzhäusern und Gärten ziemlich verschlafen wirkt. Die Küste ist felsig, einsam und still. Möwen kreischen, und auch Schwäne, Kraniche und Enten können Gäste hier beobachten.

## Pärnu

Von seiner Ausdehnung fast so groß wie Berlin, gesegnet mit mildem Meeresklima, Heilschlamm und

Über 3000 Hektar Landschaft sind auf der Insel Hiiumaa als Naturreservat Kõpu unter Schutz gestellt. Nicht nur Fauna und Flora, sondern auch die geologische Diversität führten zu der Ernennung des Schutzgebietes.

kilometerlangem Sandstrand, gilt Pärnu seit dem 19. Jahrhundert als die Sommerhauptstadt Estlands schlechthin. Ortsgründer war 1251 der Deutsche Orden; später gehörte Pärnu – als wichtiger eisfreier Hafen – zur Hanse und war gut ein Jahrzehnt (bis 1710) sogar Sitz von Estlands ältester Universität. Die erste Badeanstalt eröffnete 1838. Auf dem Gelände des einstigen Festungsrings entstanden bald erste Grünzonen und Pärnu entwickelte sich mit der Zeit zum beliebten Heil- und Seebad.

# Vögel entdecken auf Texel

Die Westfriesische Insel ist nicht nur wegen ihres 30 Kilometer langen Sandstrandes und der hübschen Dünenlandschaft bekannt, sondern auch wegen ihrer Vogelvielfalt. Viele Gefiederte nutzen Texel als Zwischenstopp.

## REISE-INFOS

**Wo? Texel, Noord-Holland**

**Wie? Per Zug und Wagen von Amsterdam nach Den Helder (80 km); von dort per Fähre in 20 Minuten**

**Info: www.npduinenvantexel.nl**

Die mit 162 Quadratkilometern größte der fünf Westfriesischen Inseln wird auch als »Holland im Kleinformat« bezeichnet, denn alle Landschaftsformen des Königreiches sind auch hier zu finden: weitläufige Dünenlandschaften und dichte Heideflächen, kilometerlange Strände, Marschgebiete und Priele, die sich wie Adern durchs Watt ziehen. Auch Vögel schätzen diese Vielfalt, die an den Seen zwischen den Sandbergen sowie im Watt perfekte Bedingungen vorfinden. Mehr als 370 Arten sind bislang bekannt. Zu ihrem Schutz wurde 2002 entlang der Westküste der Nationalpark Duinen van Texel etabliert, der mit 43 Quadratkilometern gut ein Viertel der gesamten Inselfläche einnimmt. Wanderwege laden nicht nur zum Schnuppern der Meeresluft ein, sondern auch zur Vogelbeobach-

Wie glühende Lava breitet sich die Abendsonne am Himmel über Texel aus.

Graureiher, Säbelschnäbler und Fasan (linke Spalte, von oben) sowie Lachmöwe, Löffler und Uferschnepfe (rechte Spalte, von oben) lassen sich – zumindest zeitweise – auf der Insel Texel beobachten.

tung. Vor allem im Frühjahr und Herbst ist ziemlich was los, wenn viele Gefiederte auf Texel einen Stopover einlegen. So lassen sich hier Löffelreiher ebenso beobachten wie Säbelschnäbler und Stelzenläufer.

## Zwischenstopp für Zugvögel

**Für Zugvögel ist die Insellage perfekt. Da viele Tiere nicht gern übers offene Meer fliegen, folgen sie während ihres jährlichen Vogelzugs der Küstenlinie Nordwesteuropas. Und da liegt Texel gerade richtig und bietet mit dem nahe gelegenen Watt zudem ein gewaltiges Nahrungsangebot.**

**Insektenvielfalt und Blumenmeere** *Auf Texel gibt es übrigens auch das einzige Insektenreservat der Niederlande. Es liegt in Zandkuil, einer alten Sandausgrabung neben De Hoge Berg im Südosten der 24 Kilometer langen Insel. Mehr als 20 verschiedene Bienen- und Wespenarten sind dort zu finden, die dort kleine Höhlen in den Sand graben. Und eines sollte man ebenfalls nicht verpassen: Zweimal im Jahr wird die Insel in ein einmaliges Farbenspiel getaucht. Im Frühling, wenn überall die lilafarbenen Blüten des Strandflieders die Dünen schmücken, und im Spätsommer, wenn die Heide purpur blüht.*

# + NICHT VERPASSEN! +

## Texel

**Zwischen Paal 9 und Paal 12 lebt sie, die kleine Wildpferdherde von Texel. Die Strandpfähle dienten einst der Beobachtung des Verhältnisses von Land und Meer, also wo wurde etwas weggespült, wo wuchs die Küste. Heute helfen sie vor allem bei der touristischen Orientierung – beispielsweise zur Unterscheidung der schönsten Strandpavillons oder eben um die »Bollekammer« auf Texel zu finden. Dies bezeichnet ein sanft gewelltes Heide- und Dünengebiet, in dem Schottische Hochlandrinder traulich grasen und eine kleine frei lebende Herde Exmoor-Ponys sich des Lebens freut. Ansonsten steht Texel eher für Schafe. Es gibt sogar ausgeschilderte Lämmer-Routen, um Besuchern zur Maienzeit die maximale Menge des niedlichen Schafnachwuchses vor Augen zu führen. Auf der größten der Nordsee-Inseln Hollands verläuft das Leben von Besuchern und Einwohnern so gemächlich, wie die vielen Texel-Schafe es tagtäglich vormachen.**

**Den Burg** Knapp die Hälfte der Einwohner Texels lebt hier, aber das entspricht nicht einmal einem Viertel der auf der Insel lebenden Schafe im Sommer. Die zahlreichen Touristen sind nicht mitgezählt, die vor allem zur Hochsaison die circa 7000 Einwohner von Den Burg heimsuchen oder beglücken, je nach Perspektive. Auf jeden Fall florieren die Geschäfte und Restaurants in Den Burg, das Vergnügungs- und Verwaltungszentrum der Insel ist. Montags findet ein üppiger Wochenmarkt statt. An vielen Ständen lassen sich regionale Produkte erwerben – echte Texel-Schafwolle zum Beispiel oder leckerer Schafskäse des traditionellen Schafsbetriebes »De Waddel«. Der Bauernhof liegt am Fuße des Hoge Berges zwischen Den Burg und Oudeschild.

**De Koog** Wer will im Urlaub nicht gern direkt am Meer wohnen? Zum Beispiel in De Koog, das nur wenige Meter und eine kleine Dünenkette vom Meer trennen. Außerhalb der Saison verwandelt sich De Koog in einen verschlafenen Ausgangspunkt für Ausflüge in die nahen Naturschutzgebiete der Insel. Das Interessanteste unter diesen ist De Slufter. Denn hier dringt Meerwasser hinter die Deiche direkt ins Land, sorgt für eine salzliebende Flora und einen reich gedeckten Tisch für Schilfrohrsänger, Kormorane oder Säbelschnäbler. Eine beliebte Anlaufstelle für Familien ist das Ecomare, eine Auffangstation nebst Naturkundemuseum, spezialisiert auf Seehunde und Schweinswale.

**Oudeschild** Hier liegt der Inselhafen. Keine Schiffe der Ostindien-Kompanie (VOC) legen mehr an, um das Wasser des weiter im Inselinneren gelegenen Landgutes Brakestein aufzuladen, dem nachgesagt wurde, es halte sich bis zum Kap der Guten Hoffnung an der Südspitze Südafrikas. Kein Admiral wie Michiel de Ruyter, der niederländische Nationalheld, muss mehr gegen die Engländer kämpfen in den Gewässern vor Texel. Aber noch immer liegt in Oudeschild eine beachtliche Fang-Flotte vor Anker. Da werden Kutter im Hafen repariert, Netze am Kai geflickt – entsprechend frisch ist der Fisch in den Hafenrestaurants. Das vermutlich vielseitigste Museum der Insel befindet sich ebenfalls in Oudeschild, das Kaap Skil. Zu sehen ist hier ein wildes Strandgut-Sammelsurium, ein Freilichtbereich mit Windmühle und Fischermuseum, ein gigantisches Hafenmodell mit 160 nachgebauten Handels- und Kriegsschiffen aus dem goldenen Zeitalter.

**De Cocksdorp** In den Norden von Texel zu radeln gehört schon wegen des weithin sichtbaren Leuchtturms Eierland zum Pflichtprogramm für Touristen. Es ist schwer vorstellbar, dass die gesamte Region um De Cocksdorp, das sogenannte Eierland, noch bis ins 13. Jahrhundert hinein zu Vlieland gehörte, später vom Meer in eine Insel verwandelt wurde, bis seine Eindeichung im 19. Jahrhundert dazu führte, dass das ganze Gebiet Texel zuwuchs. Im Sommer wohnen mittlerweile viele Besucher der Insel in und um De

Feuerrot ist der Leuchtturm von Texel schon von Weitem zu erkennen (ganz oben). In Oudeschild hingegen ist es der bläuliche Turm der Zeemanskerk, der alles überragt (Mitte). Der Hafen dort ist noch immer wichtig (oben).

Cocksdorp. Schwimmen ist aufgrund der gefährlichen Strömungen um die Nordspitze der Insel herum allerdings verboten. Dafür laden die feinsandigen weiten Strände zum Spazieren ein. Wer es etwas rasanter mag, geht Buggykiting – Strandsegeln per Kitebuggy. An den endlosen Stränden sind die Bedingungen hierfür ideal. In der Nähe von De Cocksdorp liegt auch das Luftfahrt- und Kriegsmuseum der Insel. Hier erfährt man mehr zum blutig niedergeschlagenen Aufstand der von der deutschen Wehrmacht zwangsrekrutierten Georgier. Auf Texel dauerte der Zweite Weltkrieg nicht bis zum 8., sondern bis zum 20. Mai 1945.

# Europas krabbelnde Wunderkreationen

Sie schillern in allen Farben und nehmen die kuriosesten Formen an, sie sind klitzeklein oder handflächengroß. Insekten machen fast Dreiviertel aller Tierarten aus und sind unersetzlich. Ohne sie würde auf der Welt gar nichts gehen. Hier ein paar ganz besonders eindrucksvolle Gestalten.

Nicht zuletzt aufgrund ihres Namens berühmt ist die Europäische Gottesanbeterin.

## Europäische Gottesanbeterin

Sie mag zwar mit ihren gefalteten Fangarmen fromm aussehen und deshalb *Mantis religiosa*, Gottesanbeterin, heißen, aber als Europas einzige Fangschreckenart lebt sie nur nach dem Motto: Was sich bewegt, wird gefressen. Und dazu kann das bis zu 7,5 Zentimeter große Insekt (Männchen etwas kleiner) lange Zeit reglos ausharren. Bevorzugte Orte sind sonnige Plätzchen in Gärten und Böschungen, also dort, wo ihre potenziellen Opfer sich auch gern aufhalten. Auf ihrem Speiseplan stehen Heuschrecken, Grillen und Waldschaben, aber es geht auch kleiner. Dank ihrer giftgrünen Tarnfarbe ist sie an den Pflanzen schlecht zu erkennen. Und auch in Europa sind die Weibchen »Sexualkannibalinnen«, das heißt, die schwächlicheren Männer werden bei der Begattung gelegentlich verspeist – laut Forschung etwa jeder Dritte. Das soll sich auf die Zahl der gelegten Eier (rund 300) auswirken.

**Anpassungsfähig** *Die Europäische Gottesanbeterin ist eine Gewinnerin der menschengemachten Erderwärmung. Ursprünglich im Süden Europas verbreitet, ist sie nun auch in Norddeutschland präsent.*

## Große Sägeschrecke

Unter den Laubheuschrecken ist sie Europas größte und seltenste. Bevorzugt in warmen und trockenen Gefilden heimisch, lebt die Große Sägeschrecke meist in Trockenwiesen Südeuropas und den südlichen Alpenregionen. Zusammen mit ihrem Markenzeichen, einem schwanzartigen Legebohrer, kann sie bis zu neun Zentimeter lang werden. Sie kann weder fliegen noch weit springen. Deshalb lauert sie ihren Opfern, vor allem Heuschrecken und Grillen, in Ruhestellung

auf. Aufgrund schwindenden Lebensraumes gilt sie als stark bedrohte Insektenart. Lange ging man davon aus, dass sie nur in weiblicher Variante verbreitet ist, doch mittlerweile wurden auch Männchen gesichtet. Die werden aber zur Fortpflanzung nicht gebraucht. Unter den Großen Sägeschrecken ist die Jungfrauengeburt (Parthenogenese) weit verbreitet: Die Nachkommenschaft entsteht aus einzelnen unbefruchteten Eizellen. Dabei kommt die Legeröhre zum Einsatz. Mit ihnen werden die einzelnen Eier tief ins Erdreich befördert.

Zu den Großen unter Europas Insekten gehören auch Sägeschrecke (ganz oben) und Hirschkäfer (oben).

## Hirschkäfer

Als Erwachsene leben sie nur einen Sommer, als Larve rund drei Jahre. Ein toter oder morscher Stamm ist die meiste Zeit das Zuhause des Giganten der europäischen Insektenwelt. In dem weichen Gehölz legt das Weibchen im Schnitt 20 Eier ab. Und dort verbringt die Hirschkäferlarve rund drei Jahre. Mit bis zu zehn Zentimeter Länge ist sie sogar zeitweise größer als die erwachsenen Tiere (bis zu acht Zentimeter bei den Männchen). Dafür durchlaufen die engerlingartigen Larven mehrere Häutungen, um nach der Verpuppung im letzten Winter als Männchen ein gewaltiges geweihartiges Mundwerkzeug, die sogenannten Mandibeln, zu entwickeln. Das wird vor allem gebraucht, um im Kampf mit Rivalen zu bestehen und sie ringermäßig auf den Rücken zu werfen oder vom Ast zu stoßen. Was für ein Aufwand, um das begehrte Weibchen zu gewinnen! Das ist wesentlich kleiner, mit schmalem Kopf und deutlich kleineren Zangen. Doch die Zweisamkeit währt nur kurz. Nach der Paarung sterben die Männchen, nach der Eiablage die Weibchen. Ausgewachsene Hirschkäfer leben nur vier bis acht Wochen lang. Und vielleicht irgendwann gar nicht mehr: Wegen schwindender Lebensräume gelten sie als stark gefährdet.

## Goldwespe

Ihr Körper schimmert golden und metallic, weshalb sie als Goldwespen oder im Englischen als »Emerald wasps« (Smaragdwespen) bekannt sind. Mehr als 4000 Arten gibt es weltweit, auf dem alten Kontinent rund 120. In Mittel- und Nordeuropa ist beispielsweise die Spezies *Chrysis ruddii* verbreitet, vor allem an Waldrändern, auf Trockenwiesen und an sonnigen Felswänden von Mittelgebirgen. Markenzeichen sind ihre intensive grüne oder bläuliche Färbung am Körper, bei den Weibchen manchmal auch goldene Farbtupfer. Da diese Spezies ihre Eier in Fremdnester legt, ist sie auch als »Kuckuckswespe« bekannt. Im Falle der *Chrysis ruddii* sind es besonders die Lehmnester von Töpferwespen. Dort frisst die frisch geschlüpfte Wespe die Larven der rechtmäßigen Nestbewohner samt Nahrungsvorräte.

**Dem Gegner keine Chance** *Beim Angriff durch Bienen oder Wespen rollen sich die Goldwespen zu einer schwer gepanzerten Kugel zusammen, die wie ein Juwel in allen Farben schimmert.*

## Taubenschwänzchen

Auf den ersten Blick meint man, es würde ein Kolibri die Blüten umschwirren. Dabei handelt es sich um Taubenschwänzchen, die von Blütenkelch zu Blütenkelch flattern. Sie sind blitzschnell, denn innerhalb von wenigen Minuten können sie Dutzende Blüten besuchen. Infolge der Erderwärmung sind die sonnenliebenden Taubenschwänzchen zunehmend auch in Mitteleuropa anzutreffen – zur Freude der Gartenbesitzerinnen und -besitzer. Selbst auf alpinen Hochalmwiesen wurden sie schon gesichtet. Ihr angestammtes Verbreitungsgebiet erstreckt sich vom Mittelmeerraum über den Orient bis nach Süd- und Ostasien, weitet sich aber infolge des Klimawandels in die gemäßigten Zonen aus. Zur Überwinterung in

Oben: Ein Kolibri in Mitteleuropa? Nein, was hier um die Blüten schwirrt, ist zwar fast genauso hübsch anzusehen wie die kleinen Vögel, es handelt sich aber um ein Insekt, das Taubenschwänzchen. Rechts: In fast allen Farben des Regenbogens schillert die Goldwespe.

Strandkrabbe, Herzmuschel und Wattschnecke sind wichtige Bestandteile des Ökosystems Wattenmeer.

wärmeren Gegenden können sie innerhalb von zwei Wochen bis zu 3000 Kilometer zurücklegen. Obwohl Taubenschwänzchen zu den nachtaktiven Schwärmern gehören, sind sie bevorzugt tagsüber unterwegs, wo ihr drei Zentimeter langer Saugrüssel gegenüber anderen Insekten bei tiefen Blütenkelchen von großem Vorteil ist. Und noch etwas ist erstaunlich: In ihrem rund viermonatigen Falterleben entwickeln sie ein besonders gutes Erinnerungsvermögen. Sie können sich die ergiebigsten Futterquellen genauso gut merken wie die schönsten Schlafplätze.

## Small Five im Wattenmeer

**Das Wattenmeer ist Rastplatz für mehr als zwei Millionen Zugvögel und Brutplatz für rund 100 000 brütende Brandgänse, Eiderenten, Möwen und Schwalben. Außerdem ist das Watt Kinderstube für Heringe, Seezungen und Schollen sowie Lebensraum für Kegelrobben, Seehunde und Schweinswale: Die geschützten Zonen im Watt bieten über 10 000 verschiedenen Tier- und Pflanzenarten paradiesische Zustände. Zu verdanken ist diese Vielfalt auch seinen kleinsten Bewohnern, den »Small Five« des Wattenmeers. Denn so grau und leblos, wie sich das Watt den Besuchern auch darstellen mag – es ist ein perfektes und besonders nahrungsreiches Ökosystem. Zu den bekanntesten dieser Kleinstlebewesen zählt der Wattwurm, der sich vom Sand ernährt und die charakteristischen Haufen hinterlässt. Ebenfalls für die Schlickbeschaffenheit verantwortlich ist die Wattschnecke, die wie ein Staubsauger die Oberfläche »abgrast«. Bis zu 20 000 von ihnen leben pro Quadratmeter Watt! Wesentlich schneller als im Schneckentempo unterwegs ist die Strandkrabbe, die eine elementare Rolle in der Nahrungskette des Wattenmeers spielt. Vor allem für die menschliche Nahrung von wichtiger Bedeutung ist die Nordseegarnele, etwa 25 000 Tonnen von ihnen werden jährlich in der Nordsee gefangen. Sie ist aber auch selbst ein geschickter Räuber. Ebenfalls zu den Small Five im Wattenmeer, den Schlüsseltieren für das Ökosystem, gehört die Herzmuschel, die einen wichtigen Beitrag für die Filtrierung des Wassers leistet: Eine kleine Herzmuschel befreit stündlich 2,5 Liter Wasser vom Plankton!**

# Flamingos und Wildpferde in der Camargue

Weiße Wildpferde und schwarze Kampfstiere, rosarote Flamingos und regenbogenfarbige Frösche, flache Seen in glitzerndem Blaugrau und ein himmelhoher Horizont in den flimmernden Hitzefarben des mediterranen Südens: Die Camargue ist Frankreichs Urbild wilder Romantik.

## REISE-INFOS

**Wo? Arles, Basse-Provence, Südfrankreich**
**Wie? Über Arles per Auto oder TGV gut erschlossen**
**Info: www.arlestourisme.com**

Als wild und zart besaitet wird die Camargue gern beschrieben, jene endlose Ebene zwischen Marseille und Montpellier, wo Mittelmeer und Rhône aufeinander treffen. Im Norden dieses größten Feuchtgebietes Frankreichs durchzieht ein dichtes Netz aus Wasserkanälen die Ebene, um die Reisfelder zu speisen. In den südöstlich gelegenen Regionen breiten sich Salinen zur Salzgewinnung aus, während im Süden ein einzigartiges Naturparadies mit Sümpfen und Teichen, Lagunen und Kanälen, Steppen, Dünen und Graslandschaften liegt.

Seit 1977 ist ein 1930 Quadratkilometer großes Gebiet UNESCO-Biosphärenreservat, um rund um das Rhône-Delta die vielfältige Flora und Fauna zu schützen. Mehr als 350 Vogelarten sind hier zu finden, darunter viele Wasser- und Sumpfvögel auf Zwischenstation. Smartphone-Stars sind mit Abstand die rund 40 000 Flamingos, die in Großgruppen die Sümpfe und Lagunen besiedeln. Besonders fotogen bevölkern sie den Strandsee Étang de Vaccarès. Die Camargue ist die einzige Region Frankreichs, in der diese Vögel nisten.

**Rosa durch Krebse** *Das rosafarbene Gefieder der Flamingos ist eine Folge ihrer bevorzugten Speisen: Krebse und Algen. Beide enthalten Carotinoide, fettlösliche Pigmente, die für die Farben vieler Gemüsearten verantwortlich sind (etwa den Karotten). Dieses Pigment führt zur Rosafärbung der Flamingofedern. Wie intensiv die Färbung ausfällt, hängt vom Nährstoffangebot ab.*

Und was wären die üppigen Graswiesen des Deltas ohne die grau bis schneeweißen Camargue-Pferde, die vor Jahrtausenden schon in den prähistorischen Höhlenmalereien von Solutré verewigt wurden? Äußere Kennzeichen sind ihr gedrungener Körperbau, der eckige Kopf und die dichte Mähne. Erst ab dem fünften Lebensjahr bekommen die Tiere ihr weißes Fell. Werden die Wildpferde schon als Jungtiere an Sattel und Zaumzeug gewöhnt, sind sie ausdauernde Reittiere, die den Hirten bei der Überwachung der Rinderherden gute Dienste leisten und Touristen zu schönen Ausflügen verhelfen. Aber auch die pechschwarzen Camargue-Stiere sind berühmt. Nie richtig zähmbar, werden die stolzen Tiere leider immer noch bei Stierkämpfen eingesetzt.

Ganz oben: Salzige Seen sind ihre Heimat – Flamingos lieben es alkalisch. Oben: Die Pferde der Camargue sind eine halbwilde Rasse, die sich schon in den Höhlenmalereien von Solutré findet.

Eine einzigartige Pferderasse: Nirgendwo sonst auf der Welt gibt es Camargue-Pferde. Sie leben in freier Wildbahn in dieser urwüchsigen Landschaft bei Arles, doch sie sind gar keine echten Wildpferde.

## NICHT VERPASSEN!

### Saintes-Maries-de-la-Mer

Saintes-Maries-de-la-Mer ist der am meisten besuchte Ort der Camargue. Trutzig wie eine kleine Burg liegt die Kirche am Hafen, befestigt von starken Mauern. Im Inneren birgt sie eine der wichtigsten Heiligenfiguren der Sinti und Roma: Die Schwarze Sara wird jedes Jahr in einem berühmten Fest verehrt. Wer in der Stadt bleibt, der findet viele kleine Cafés und Restaurants, in denen er sich nach Spaziergängen oder Wanderungen durch das Rhônedelta deftig stärken kann. Übrigens ist auch diese Stadt von van Gogh verewigt worden, sein Fischerboote-Gemälde entstand am Strand der Stadt.

Die Hafenorte Cassis und Saintes-Maries-de-la-Mer (von oben) besitzen immer noch viel Charme.

### Arles

In Arles wird man unweigerlich an Vincent van Gogh erinnert: das »Gelbe Haus«, die Kopfsteinpflasterstraßen und Gärten. In über 300 Bildern hat der Maler 1888/89 Stadt und Umgebung porträtiert. Wo er seine Staffelei damals aufstellte, verrät heute der markierte Van-Gogh-Weg durch das Rhône-Städtchen. Zu seinen Motiven gehörte auch die römische Arena. Bereits im 1. Jahrhundert v. Chr. hatten die Römer dort in der Nähe einer einstigen griechischen Siedlung die Kolonie Arelate gegründet – Reste des antiken Theaters, des Forums samt Kryptoportikus sowie des Konstantin-Palasts sind noch heute erhalten.

### Montpellier

In der Kapitale des Département Hérault befindet sich u. a. der älteste botanische Garten Frankreichs. Der Mittelpunkt der Stadt ist die Place de la Comédie mit einem Opernhaus aus dem 19. Jahrhundert. Zu den wichtigsten Sehenswürdigkeiten zählen die Patrizierhäuser aus dem 17. Jahrhundert.

### Aigues-Mortes

Die Stadt beeindruckt mit ihren noch völlig intakten Befestigungsmauern. Der »Ort der toten Wasser« wurde von König Louis XI im 13. Jahrhundert zur Festigung seiner Macht am Mittelmeer errichtet. Ein Teil der Stadtmauer ist begehbar, den schönsten Blick über Stadt und die Camargue bietet die Tour de Constance.

### Marseille

Die zweitgrößte Stadt Frankreichs und wichtigste Hafenstadt kann auf eine 2500 Jahre alte Geschichte zurückblicken. Den ersten großen Aufschwung erlebte Marseille im 12. Jahrhundert, als sich die Kreuzritter von hier aus nach Jerusalem einschifften. In den folgenden Jahrhunderten war Marseille der wichtigste Hafen am Mittelmeer. Das Herz der Stadt schlägt bis heute am Hafen, in dessen Verlängerung die Canebière als Hauptachse die Stadt erschließt. Die Einfahrt zum Alten Hafen flankieren auf der Nordseite das Fort St.-Jean, auf der Südseite das Fort St.-Nicolas.

Vom Plateau de la Croix hat man den besten Blick über die Stadt.

## Parc National des Calanques

**Direkt neben der Hafenstadt Marseille liegt der beinahe exotisch wirkende Nationalpark Calanques. Das türkisblaue Wasser des Mittelmeers brandet hier an hohe, üppig von grünen Pflanzen bewachsene Felsen. Neben knapp 90 Quadratkilometern an Land umfasst der Naturpark auch etwa 430 Quadratkilometer Meeresfläche. Die schroffen Kalksteinfelsen, die nur wenigem Erdreich Platz bieten, aber in direkter Nähe zum Meer liegen, schaffen eine einzigartige Flora und Fauna. Neben seltenen Blumen und Kräutern leben hier auch geschützte Tierarten wie Korallen, Fledermäuse und sogar Delfine.**

## Cassis

Es wirkt wie die kleine, verträumte Schwester des schnell gewachsenen Saint-Tropez. Farbenfrohe Häuser liegen direkt am schönen Hafenbecken und es gibt eine Promenade, auf der immer irgendetwas los ist: Tatsächlich schätzen viele Besucher die Atmosphäre von Cassis, weil es sie an das frühe Saint-Tropez erinnert. Eine Atmosphäre, die schon die britische Schriftstellerin Virginia Woolf begeisterte. Im Hafenviertel von Cassis lässt es sich gemütlich an den vielen Cafés und Restaurants entlangschlendern, es geht unaufgeregt und lässig zu. Die Felsen, die den Ort wie ein Schutzwall umschließen, strahlen Wärme auch in den Wintermonaten ab. Schließlich ist Cassis einer der Orte mit den meisten Sonnenstunden des Landes.

Die wildromantische Steilküste der Calanques: Westlich von Cassis steigen die weißen Kalkwände senkrecht aus dem klaren Wasser. Bootsfahrten zu den Wänden werden ab Cassis angeboten.

# Unterwegs auf dem Luchs-Erlebnispfad im Schwarzwald

Seit den 1980er-Jahren ist der Luchs wieder im Schwarzwald zurück. Ein Erlebnispfad bei Baden-Baden informiert über die menschenscheue Raubkatze. Zu Gesicht bekommt man sie eher selten.

## REISE-INFOS

**Wo? Plättig, Bühler Höhe bei Baden-Baden**
**Wie? Über die Schwarzwaldhochstraße (B 500)**
**Info: www.nationalpark-schwarzwald.de**

Sein Ende war tragisch. Vor fast 180 Jahren machten ihm Jäger und Landwirte mit Giftköder, Schlagstöcken und Schießgewehren den Garaus – um ihm ans Fell zu gehen und als »Jagdkonkurrent« auszuschalten.

Im späten Frühjahr wirft die Luchsin zwei bis vier Junge, die sie in Felshöhlen oder unter den Wurzeln eines umgestürzten Baumes großzieht.

1846 wurde der letzte Luchs auf der Schwäbischen Alb zur Strecke gebracht. Seit den 1980ern ist »Pinselöhrle« in Baden-Württemberg wieder zurück, auf leisen Pfoten und äußerst menschenscheu. Man muss viel Glück haben, um ihm zu begegnen. Am ehesten ist er im Nationalpark Schwarzwald anzutreffen.

**Nur wo noch wirklich ursprüngliche Regionen verblieben sind, haben Luchse überlebt oder wurden wieder erfolgreich angesiedelt. Als Fernwanderer und Jäger benötigen sie ausgedehnte Streifgebiete, also großflächige, zusammenhängende Naturräume mit viel Forst. Und die sind eben rar geworden.**

Wo in Europa noch wilde Regionen verblieben sind, haben Luchse überlebt oder wurden angesiedelt.

Artenreich *In Europa ist die westliche Gruppe des Eurasischen Luchses verbreitet, dessen Vorkommen über den Kaukasus und die mittelasiatischen Gebirge bis Kamtschatka reicht. In Spanien kommt ein naher Verwandter vor, der intensiv gefleckte Pardelluchs. Hingegen sind die skandinavischen Artgenossen fast einfarbig, während in den Karpaten die Luchse eine stärkere Fleckenzeichnung tragen. Doch eines ist bei allen gleich: die langen Ohrpinsel, der Backenbart und der hochbeinige Gang. Mit einer Körperlänge von rund einem Meter und einer Schulterhöher bis zu 75 Zentimetern sind Luchse recht stattliche Tiere.*

In Deutschland sind sie wieder in vielen Gebieten angesiedelt, vom Harz bis zum Bayerischen Wald. Und eben auch im Schwarzwald, wo sie allerdings noch eine Rarität sind. Ein spezieller Luchspfad auf der Bühler Höhe im Stadtwald Baden-Baden lädt zur Erkundung der raren Raubkatzen ein, auch wenn man sie wohl nicht zu Gesicht bekommt. Doch mit besonders viel Glück entdeckt man auf der drei- bis vierstündigen Tour ein Wildtier. Auf jeden Fall lernen die Wanderinnen und Wanderer jede Menge über die nacht- und dämmerungsaktiven Vierbeiner. Die beliebtesten Attraktionen der 24 Erkundungsstationen sind Fernrohre mit Blick auf mögliche Beutetiere, ein Schleichparcours, eine Hörstation mit Tierstimmen sowie eine Weit- und Hochsprunganlage. Am Schluss gibt es für Kinder ein »Luchsdiplom«, denn sie haben doch eine ganze Menge erfahren. Beispielsweise über den Speiseplan eines ausgewachsenen Tieres, das pro Tag durchschnittlich ein bis 2,5 Kilogramm Frischfleisch verschlingt. Dazu zählen Rehe und Gämsen genauso wie Feldhasen, Rothirschkälber, junge Wildschweine und Füchse. Auch Dachse, Marder und Vögel sind vor Luchsen nicht sicher. Im Gegensatz zu Menschen, die müssen von der Raubkatze nichts befürchten.

## Schwarzwälder Tierleben

**Der 100 Quadratkilometer große Nationalpark Schwarzwald ist zweigeteilt und erstreckt sich zwischen Offenburg, Freudenstadt und Baden-Baden. 2014 etabliert, will man dort »Natur Natur sein lassen« – zumindest in der Kernzone, wo jeglicher Eingriff unterbleibt. Zu den tierischen Bewohnern zählen die giftige Kreuzotter, der im Sturzflug bis zu 360 Stundenkilometer schnelle Wanderfalke und der Sperlingskauz, mit 20 Zentimetern Europas kleinste Eulenart. Auf den Bergkiefer-Heiden ist auch das Auerhuhn unterwegs.**

## NICHT VERPASSEN!

### Nationalpark Schwarzwald

Der Naturpark Schwarzwald Nord/Mitte umfasst insgesamt eine Fläche von 3750 Quadratmetern und bildet damit das größte Naturparkgebiet Deutschlands. Am 3. Mai 2014 wurde im Gebiet des Naturparks der Nationalpark Schwarzwald eröffnet, der vor allem den Nordschwarzwald umfasst. Sein Erscheinungsbild prägen dichte Mischwälder mit den charakteristischen Weißtannen. Typisch für den Schwarzwald ist ein Nebeneinander von naturbelassener Landschaft und landwirtschaftlich genutzten Flächen. Allen Eingriffen zum Trotz zählt der Schwarzwald zu einem der am wenigsten zerstückelten Waldgebiete Deutschlands. Bannwälder und Karseen aus der Eiszeit prägen das naturbelassene Areal. Eine Besonderheit dieser Region ist außerdem seine klimatische Vielseitigkeit, die Heideflächen oder fast skandinavisch wirkende Gebirgsgegenden hervorbringt.

### Hohlohmoor

Der historische Hohlohturm ragt wie ein stiller Wächter auf dem nördlichen Gipfel des Berges Hohloh, blickt über die Regenmoore und Moorseen und lädt seine Besucher zum Mitstaunen und Erkunden ein. Der Turm wurde 1897 mit einer Höhe von damals 22,20 Metern erbaut. Aufgrund des hohen Baumwuchses wurde er im Jahr 1968 um 6,40 Meter erhöht, sodass er heute 28,60 Meter in den Himmel ragt. Bei besonders guten Sichtverhältnissen kann man von hier aus sogar die Gipfel der Schweizer Alpen erkennen. Über Holzbohlenwege ist das feuchte Gebiet des großen Hohlohsees erschlossen. Wegen der massiven Eingriffe durch die Holzwirtschaft in den letzten Jahrhunderten musste beim Auslauf des Sees ein Damm gebaut werden.

Die Nadelbäume rund um den Mummelsee sparen das Ufer des Sees nur an einer Stelle aus und machen hier einen flachen Einstieg zugänglich.

## Eyachtal

Keine wirklich atemberaubenden Attraktionen, sondern vielmehr stille, verborgene Schönheiten entdeckt man im Nördlichen und Mittleren Schwarzwald. Tagelang kann man hier durch dichte Wälder wandern und kommt dabei immer wieder an rauschenden Bächen voller Forellen vorbei. Das Herzstück des im Landkreis Calw gelegenen Eyachtals ist die Eyach. Dieser nur 18,5 Kilometer lange Fluss entspringt den Hochmooren bei Kaltenbronn. Das Wasser der Eyach ist besonders klar und daher für die Beobachtung der vielen verschiedenen Fischarten ideal. Besonders häufig entdeckt man Forellen, Saiblinge und Karpfen, die man in den nahe gelegenen Fischzuchtstationen auch kaufen und anschließend zubereiten kann.

## Hornisgrinde

Die Hornisgrinde ist mit 1163 Metern der höchste Berg des Nordschwarzwalds. Namensgeber ist vermutlich der lateinische Begriff »mons grinto«, was so viel wie »sumpfiger Kopf« bedeutet und einen Hinweis auf das große Hochmoor der Region verbirgt. Das bis zu fünf Meter tiefe Moorgebiet bedeckt den südöstlichen Teil des Gipfels und wird auf ein Alter von 6000 Jahren geschätzt. Die umliegende Feuchtheide entstand dagegen erst im 15. Jahrhundert durch Rodung der Waldgebiete. Eingegraben in den Südhang der Hornisgrinde und umsäumt von einem Heer stolzer Nadelbäume, präsentiert sich eine der urigsten Naturlandschaften des Schwarzwalds.

## Bühlertal

Es ist ein blühendes, idyllisches Kleinod, das sich zwischen den Sandsteinhochwänden der rauen Keuperberge auftut und dem Besucher ein buntes Mosaik aus Äckern, Weiden, Wiesen und Streuobstflächen darbietet. Das Bühlertal ist ein breiter Talraum aus weichem Keupergestein und für viele Naturfreunde im besten Sinne ein Ort zum Aufatmen. Das Bühlertal trägt nämlich das Prädikat »staatlich anerkannter Luftkurort«. Im gesamten Bühlertal kommen selten gewordene Biotoparten vor, die unter Naturschutz stehen. Eine ganz besondere Stimmung geht von den urigen Auenwäldern mit Erlen, Eschen und Weiden aus.

## Baden-Baden

**Um etwa 70 n. Chr. gründeten die Römer eine Stadt, die sie einfach Aquae, »Wasser«, später Aquae Aureliae nannten. Erst im 19. Jahrhundert entwickelte sie sich zum Weltbad und zur Sommerhauptstadt Europas. Die Badekuren, das Glücksspiel, die Pferderennen, die Landschaft zogen nicht nur den Blut- und Geldadel, sondern auch Künstler aus ganz Europa an. Gustave Courbet und Anselm Feuerbach zeichneten und malten hier. Clara Schumann, Johannes Brahms und Franz Liszt waren zu Gast und gaben Konzerte. Fjodor Dostojewski erlag hier 1863 dem Reiz des Glücksspiels und beschrieb seine Spielsucht im Roman »Der Spieler«. Iwan Turgenjew lebte sieben Jahre in der Kurstadt. Und auch heute noch gibt sich hier die Prominenz gern ein Stelldichein.**

Baden-Baden glänzt mit dem Neuen Schloss und der prunkvollen Wandelhalle der Trinkhalle (von oben).

Die raue Natur hinterließ ihre Spuren im Fell der Ungarischen Steppenrinder, die hier friedlich grasen, während das noch andersfarbige Kälbchen neugierig die Umgebung beobachtet.

# Steppenrinder in der Puszta

Wegen seiner Zähigkeit und vielfältigen Nutzbarkeit galt das Steppenrind jahrhundertelang als Ungarns »Exportschlager auf vier Beinen«. Von tierischen Konkurrenten komplett verdrängt, ist es in der Puszta heute eine Touristenattraktion.

## REISE-INFOS

**Wo? Hortobágy, Nordosten von Ungarn**
**Wie? Vom 185 km westlich gelegenen Budapest per Auto und Zug erreichbar**
**Info: www.hnp.hu**

Sie zogen schwere Karren und ackerten im Feld, sie lieferten Milch für den Käse und Fleisch für das leckere Puszta-Gulasch. Ihr dichtes graues Fell wappnete sie gegen Wind und Wetter, auch bei der Futterwahl waren sie ziemlich anspruchslos. Und als Langstreckenläufer konnten sie weite Wege zurücklegen, ohne abzunehmen. Genützt hat es den Ungarischen Steppenrindern nichts. Innerhalb weniger Jahrzehnte schmolz ihr weltweiter Bestand von 1,3 Millionen Exemplaren im Jahr 1895 auf gerade mal 200 in den 1960er-Jahren. Wurden im 17. Jahrhundert auf den berühmten Viehmärkten von Nürnberg alljährlich 70 000 Steppenrinder verkauft, waren sie nun zum Ladenhüter geworden. Der Grund: Das aus der Sowjetunion importierte Fleckvieh war milchmäßig wesentlich ergiebiger und als Arbeitstier wurden sie nicht mehr gebraucht. Nur dem Tourismus ist es zu verdanken, dass diese uralte Langhornrasse in der Puszta, ihrer alten Heimat, überlebt hat. Die mit ihren stattlichen Hörnern recht furchteinflößenden Tiere ziehen heute vorwiegend Touristenkutschen durch die Gegend. Menschen gegenüber äußerst freundlich, sind die Schwergewichte (bis zu einer Tonne) für ihre Zähigkeit bekannt. Und die benötigten sie auch in der Puszta, dem mit rund 50 000 Quadratkilometern größten zusammenhängenden Steppengebiet Mitteleuropas zwischen dem Osten Ungarns und Slowenien bis zum österreichischen Burgenland.

**»Es ist zäh wie der Steppenwolf, anspruchslos wie Gras auf salzigem Boden und du kannst es noch so viel mästen, das Fleisch bleibt so mager und muskulös wie beim Wildhasen.« János Kiss, Rinderhirte aus Hortobágy**

Der Name Puszta (vom altslawischen »pust« für »öde«, »leer«), kommt nicht von ungefähr, denn die weite, recht baumlose Ebene umfasst Salzsteppen und -seen sowie Feuchtwälder und Süßwassersümpfe entlang der alten Flussläufe. Dort sind übrigens auch rund 300 Przewalski-Pferde unterwegs, deren Urahnen aus Zentralasien stammen. Ende der 1990er-Jahre wieder ausgewildert, sind sie an ihrem sandfarbenen Fell, ihrem gedrungenen Körperbau und der Irokesenmähne erkennbar – und wie die Steppenrinder ausdauernd und genügsam.

## NICHT VERPASSEN!

### Nationalpark Hortobágy

Mit 820 Quadratkilometern etwa so groß wie das Land Berlin, ist der 1973 etablierte Nationalpark Hortobágy Ungarns erstes und größtes zusammenhängendes Schutzgebiet. 1999 wurde er als ein »herausragendes Beispiel für das harmonische Zusammenspiel von Mensch und Natur« zum UNESCO-Weltnaturerbe geadelt. Reisende nehmen die Grassteppe zwischen dem Tisza-Fluss und Debrecen kaum mehr als flaches, monotones Land wahr. Aber die hat es in sich: Rund ein Viertel der Fläche ist als Heimstatt für Vögel von enormer Bedeutung. Darunter befinden sich beispielsweise Trappen, Rotfußfalken, verschiedene Reiherarten, Kormorane, Moorenten, Brachschwalben, Seeadler und Kraniche. Insgesamt wurden rund 340 Arten gezählt. Zum Landschaftsbild gehören zudem Zackelschafe mit ihren korkenzieherartig gedrehten Hörnern, die zotteligen Wollschweine und natürlich die Steppenrinder. Architektonischer Eyecatcher ist die Steinbogenbrücke über den Hortobágy-Fluss. 176 Meter lang, dient sie schon seit 1833 dem Straßenverkehr.

**Pechschwarze Nacht** *Ebenso interessant ist die Tatsache, dass Hortobágy im Jahr 2011 von der International Dark Sky Association als Lichtschutzgebiet anerkannt wurde – da hier kaum Menschen wohnen, bleibt der Himmel nachts dunkel.*

### Debrecen

Schon mal was von Debrecziner gehört, jener leicht geräucherten Wurst aus Rind- und Schweinefleisch mit edelsüßer Gewürzpaprika? Wenn nicht, dann unbedingt probieren! Sie stammt ursprünglich aus der

Traditionell war das Zackelschaf fest verbunden mit dem typischen Bild eines Schäfers im ungarischen Tiefland (ganz oben). Schwarzstorch und Mittelspecht haben in der Hortobágy ebenso ihre Lebensräume.

namensgebenden Stadt Debrecen im tiefen Osten Ungarns, nur 30 Kilometer von der Grenze zu Rumänien entfernt. Die mit rund 200 000 Einwohnern zweitgrößte Stadt des Landes ist mit ihrer Universität ein wichtiges Bildungszentrum und war aufgrund ihrer religiösen und kulturellen Offenheit ein Anziehungspunkt reformierter Christen im ansonsten katholischen Ungarn. Deren Stolz ist noch heute die Große Reformierte Kirche im klassizistischen Stil aus dem 19. Jahrhundert und das Reformierte Kollegium mit einer umfassenden Bibliothek. Prächtige Handelshäuser im Stadtzentrum erinnern an den Reichtum von Debrecen während der k. u. k. Ära. Architektonische Highlights sind zudem das neobarocke Déri-Museum und das Csokonai-Theater, während Naturfreunde im Botanischen Garten an der Universität auf ihre Kosten kommen.

## Tisza-tó

**Der Tisza- bzw. Theiß-See entstand ab 1973 durch die Aufstauung des gleichnamigen Flusses und zieht sich über 27 Kilometer von Nord nach Süd. Mit 127 Quadratkilometer Fläche doppelt so groß wie der Starnberger See, entwickelte er sich über die Jahrzehnte zu einem Refugium für Süßwasserfische und Vögel, darunter Reiher, Kormorane und Eisvögel. Zudem ist Ungarns zweitgrößtes Gewässer ein populäres Naherholungsgebiet. Im Ökozentrum von Poroszló bietet das Riesenaquarium einen Blick in die Unterwasserwelt, während der sieben Hektar große Wasserspielplatz ein Magnet für Familien ist. Radtouren und Wanderungen sind ebenso beliebt wie Kajakfahren und Bootsafaris. Dank Angellizenz ist auch für Fischfreunde was dabei, die den Fang an sommerlichen Abenden gern auf den Campinggrill legen.**

Ganz oben: Auf dem Hauptplatz von Debrecen steht die gigantische Reformierte Großkirche, die über eine Grundfläche von 1500 Quadratmetern verfügt. Oben: Viel Schilf umsteht den künstlich angelegten Theiß-See.

# Steinböcke im Mürzer Oberland

Der Alpensteinbock zählt zu den imposantesten Tieren der Berge. Doch im frühen 19. Jahrhundert war er nahezu ausgerottet. Dank eines italienischen Königs und diebischer Schweizer ist er wieder gut vertreten, auch in der Steiermark.

## REISE-INFOS

**Wo? Neuberg an der Mürz, Steiermark**
**Wie? Per Zug und Auto von Graz (100 km) bzw. Wien (125 km)**
**Info: www.muerzeroberland.at**

Als »Apotheke der Alpen« waren Steinböcke seit Jahrhunderten ein viel gejagtes Tier. Das »Herzkreuzerl«, zwei kreuzförmige Knochen im Herzen, diente als Potenzmittel und Talisman, aber auch Fell, Milz und Blut waren als Heilmittel gefragt. Und sogar der Mageninhalt war nicht sicher. Er wurde nach sogenannten Bezoaren untersucht. Damit sind Verklumpungen aus Unverdautem wie Haare gemeint, die schmerzlindernde Wirkung haben sollen. Steinbockfleisch kam auf den Tisch, die eindrucksvollen Hörner als Trophäe an die Wand – mit fatalen Folgen.

**Bereits Anfang des 19. Jahrhunderts waren Steinböcke aus den österreichischen und Schweizer Bergen verschwunden.**

Nur im italienischen Hochgebirge Gran Paradiso, zwischen Aostatal und Piemont gelegen, hatte eine Gruppe überlebt. Sie wurde 1856 vom italienischen König Vittorio Emanuele II unter Schutz gestellt. Da Italien

Der Blick in die Lüfte und auf den Boden offenbart die hier heimischen Steinadler und Schlüsselblume.

sie nicht herausrücken wollte, stahlen Schweizer Anfang des 20. Jahrhunderts in mehreren Aktionen Steinbockkitze und siedelten sie bei sich an. Von dort kamen die ersten Exemplare 1924 auch nach Österreich.

Heute sollen wieder über 40 000 Steinböcke durch die Alpen springen, auch im Naturpark Mürzer Oberland, einem grandiosen Stück Mittelgebirge im äußersten Nordosten der Steiermark. Das Gebiet hat vielerorts schon alpine Züge, vor allem rund um die bis zu 2007 Meter hohen Gebirgsmassive Rax, Schneealpe und Hoher Veitsch. Der 226 Quadratkilometer große Naturpark ist auch Heimat von Steinadlern, Gämsen und Rothirschen. Und auch Wölfe und Luchse werden vereinzelt gesichtet. Je höher man kommt, desto wahrscheinlicher ist es, dass man auf ihn trifft: den Steinbock in all seiner Pracht, der dank seiner rutschsicheren Hufe ein meisterhafter Felskletterer ist.

**Wachsende Hörner** *Die wie zwei Säbel nach hinten gebogenen Hörner wachsen bei männlichen Tieren bis zu sechs Zentimeter im Jahr und können eine Gesamtlänge von rund einem Meter erreichen. Zur Altersbestimmung muss man die schmalen Horneinschnitte zählen, die am besten seitlich oder von hinten zu erkennen sind.*

Die Steinbockpopulation ist der ganze Stolz des Naturparks Mürzer Oberland. Sie wurden erfolgreich nach einigen Nacht-und-Nebel-Aktionen inklusive Jungtierdiebstahl aus der Schweiz wiederangesiedelt

# + NICHT VERPASSEN! +

## Bruck an der Mur

Die Handelsstadt, die König Ottokar II. Przemysl vor 850 Jahren als Stapelplatz an der Mündung der Mürz in die Mur planmäßig anlegen ließ, besitzt mehrere gotische Gotteshäuser, als sehenswerteste die Stadtpfarr- und die Minoritenkirche. Auch einige alte Bürgerhäuser verdienen Beachtung. Mehr haben die vielen schlimmen Stadtbrände kaum übrig gelassen. Mit einer Ausnahme: Das Kornmesserhaus, um 1500 am Hauptplatz entstanden, gilt als einer der kostbarsten Profanbauten der Gotik in ganz Österreich. Mit seinem zierlichen Laubengang und der rankenverzierten Loggia im ersten Stock passt es ebenso gut an Venedigs Canal Grande.

## Reichenau

Die Gemeinde Reichenau, im Höllental zwischen Rax und Schneeberg gelegen, blickt auf eine lange Vergangenheit als Bergbauzentrum zurück. Doch während kurz vor 1900 die letzten Erzminen und Eisenhütten stillgelegt wurden, startete der Ort zu einer zweiten Karriere – als Ausflugsziel für romantisch gestimmte Städter. Bereits im Biedermeier waren scharenweise Erholungsuchende aus Wien herbeigeströmt. Und nachdem etliche Mitglieder der Kaiserfamilie als Jäger und Kurgäste die Region beehrten, mutierte sie um 1900 zum Sommerfrischerevier der Ringstraßengesellschaft. Etliche der damals entstandenen mondänen Anwesen, vom Rothschild-Schloss Hinterleiten und der Villa Wartholz, in der Otto von Habsburg geboren wurde, bis zum Thalhof, wo Größen wie Schnitzler, Freud oder Musil nächtigten, stehen bis heute und verleihen Reichenau und Umgebung einen Rest von k. u. k. Flair.

## Rax

Sie ist für die nach Höhenluft und Fernsicht süchtigen Wiener neben dem Schneeberg, ihrem ungleichen Zwilling, das alpinistische Ausflugsziel schlechthin – jener mächtige, gut zehn Kilometer lange, im Süden vom Oberen Mürztal, im Norden durch das von der Schwarza durchflossene schluchtartige Höllental begrenzte Gebirgsstock aus Kalk.

**Raxalpe** *Populär ist die Raxalpe, die in der auf steirischer Seite gelegenen Heukuppe (2007 Meter) ihre größte Höhe erreicht, bei Familienausflüglern und kühnen Kletterern in gleichem Maße, ist sie doch von einem Netz aus mehr als 800 Wegen, Steigen und Kletterrouten aller erdenklichen Längen und Schwierigkeitsgrade überzogen. Auf ihrem weitläufigen Hochplateau bieten diverse Hütten Rast, Stärkung und Unterschlupf. Am bequemsten erreicht man es mit der historischen Raxseilbahn in einer nur achtminütigen Schwebefahrt vom Talort Hirschwang aus.*

## Wiener Neustadt

Sie steht nach den verheerenden Bombardements und Flächenbränden, die sie in den Jahren 1943–1945 als bedeutsamer Industriestandort erleiden musste, im Ruf einer Stadt von nur mäßigem touristischen Reiz. Übersehen wird leicht, dass die einstige Wehrsiedlung auf eine extrem reiche Geschichte zurückblickt. Immerhin diente die Nova Civitas den Kaisern Friedrich III. und Maximilian I. als Residenz. Ihr Werdegang findet sich im Stadtmuseum im ehemaligen Kloster St. Peter an der Sperr didaktisch sehr gelungen dokumentiert.

## Semmering

**Wie zu Füßen von Schneeberg und Rax hielten nach Eröffnung der Südbahnstrecke Mitte des 19. Jahrhunderts auch auf jenem 985 Meter hohen Pass, der das steirische Mürztal vom Wiener Becken trennt, Geburts-, Geld- und Geistesadel aus allen Ecken der Monarchie Einzug. Der Semmering wurde »entdeckt« und zu einem der formidablen Höhen- und Luftkurorte der Alpen, der mit Schwimmbädern, Golf- und Tennisplätzen sowie einem dichten Netz von Promenaden dem Werbeslogan vom »gesunden Lungenflügel Wiens« alle Ehre machte. Binnen**

**Kurzem entstand eine Kolonie von Hotels und Villen, die größtenteils bis heute erhalten sind. In jüngerer Zeit erweitert wurde das Angebot durch den Ausbau des Hausberges Hirschenkogel zum Skigebiet mit Weltcup-Alpinrennen und Mega-Flutlichtpisten.**

## Schneeberg

Nicht nur, weil er mit seinen 2076 Metern der höchste Gipfel des Landes ist, ragt der Schneeberg aus der Menge der niederösterreichischen Charaktergipfel hervor. Seine Sonderstellung wurzelt auch in der beherrschenden Art, mit der er über dem Talkessel von Puchberg thront. Weithin sichtbar mit seinem bis in den Mai hinein weißen Dach ist er ein beliebter Ausflugsberg und wird an Sommerwochenenden von Wienern gestürmt. Und gern unterschätzt: Denn Kälte, Wolken und Wind sorgen selbst im Sommer oft für hochalpine Verhältnisse. Die mit Abstand beliebteste Methode des Gipfelsturms ist denn auch jene an Bord der Zahnradbahn. Über 120 Jahre hat sie schon auf dem Buckel. Entsprechend nostalgisch ist die Fahrt, gezogen von historischen Dampflokomotiven, zum Bahnhof Hochschneeberg.

Von oben: »20-Schilling-Blick« am Semmering, Wiener Neustadt und Kornmesserhaus in Bruck.

Dass auch das Leben unter der Wasseroberfläche äußerst bunt sein kann, beweisen Langschnauzen-Seepferdchen (links), Meerpfau und Großer Roter Drachenkopf (rechts, von oben).

# Bunte Unterwasserwelt im Nationalpark Kornati

Ein atemberaubender Archipel aus 89 teils winzigen Inseln in der Adria. Die abfallenden Steilküsten der Kornaten-Inseln sind durch tektonische Bewegungen entstanden und durch Wind und Brandung zu bizarren Klippen und Buchten erodiert.

## REISE-INFOS

**Wo? Kornaten, kroatische Adria**
**Wie? Nur mit eigenem Boot oder im Rahmen organisierter Touren erreichbar**
**Info: www.np-kornati.hr**

Winzige bunte Fischchen verharren beinahe reglos im Wasser, nur Sekunden später schießen sie blitzschnell zur Seite, wo sie das Meer zu verschlucken scheint. Andere kommen in großen Schwärmen, bewegen sich ständig synchron, glitzern, wenn sie nahe der Oberfläche das Sonnenlicht trifft. Es geht weiter hinab – auf Tauchstation an der kroatischen Adriaküste. Seichtere Stellen des Meeres geben die Farbenvielfalt schon beim Schnorcheln preis, für die wahren Unterwasserschätze müssen Urlauber jedoch tiefer hinabtauchen. Der Meeresgrund ist oft steinig, Korallenriffe zeichnen bizarre Muster und verteidigen sich ganz passiv, aber erfolgreich mit scharfen Kanten. Gelb und rot gefärbt, klammern sie sich an Felsen und bieten Seesternen und Kleinstlebewesen einen geschützten Lebensraum. Wer genau hinschaut, entdeckt Schnecken oder scheucht einen Oktopus auf, der in grazilen Bewegungen davonschwebt. So vielfältig, wie die Landschaft der Inseln und des Festlands über der Meeresoberfläche ist, zeigt sich auch die Unterwasserwelt Dalmatiens. Nicht zuletzt wegen der zahlreichen Schiffswracks, in denen Meeresbewohner eine gut geschützte Heimat finden und die insbesondere für Taucher ein Paradies für Entdeckungstouren sind.

**»Am letzten Schöpfungstag wollte Gott sein Werk krönen, und so schuf er aus Tränen, Sternen und Atem die Kornaten.«
George Bernard Shaw**

Touristen, die shoppen, feiern oder Handyempfang haben wollen, sollten die Kornaten, die auch als »Robinson-Inseln« bekannt sind, meiden. Der Kornati-Nationalpark mit seinen rund 90 nahezu unbewohnten Inseln, Inselchen, Klippen und Riffen südöstlich von Dugi Otok ist ein Paradies für Naturliebhaber, Taucher und Wassersportler. Im glasklaren Wasser flitzen quietschbunte Fische, tummeln sich Tintenfische, Muränen und kleine Haie zum Greifen nah. Wie eine bizarre Mondlandschaft glänzen die felsigen, nackten Eilande in der Sonne. Das war nicht immer so: Einst bedeckten Wälder die Kornaten, doch dann kamen die Römer und holzten alles ab, um ihre Flotte zu bauen. Der Boden erholte sich teilweise nie mehr und verkarstete, sodass Versuche der Bauern, Obst und Oliven anzubauen, oft erfolglos blieben.

# NICHT VERPASSEN!

## Murter

Der Nationalpark der Kornaten zählt zu den schönsten Segelrevieren der Adria. Standort und Ausgangspunkt für Bootstouren ist die dem Festland direkt vorgelagerte Insel Murter. Das hat Tradition, denn früher besaßen die Einwohner der Insel bzw. des gleichnamigen Hauptortes Felder und Weideland auf den Kornaten und dementsprechend auch jeder ein Boot, mit dem man zur Feldarbeit übersetzte. Viele traditionelle Steinhäuser sind folglich zum Meer hin gebaut und verfügen über eine private Anlegestelle. Besiedelt war das Eiland bereits in der Bronzezeit, Ruinen auf dem Hügel Gradina gehören zu einer illyrischen Siedlung. Von oben eröffnet sich ein tolles Panorama auf die mit Felseilanden gesprenkelte See. Auch wenn die Landwirtschaft zugunsten des Tourismus zurückgegangen ist, pflegen die Leute von Murter nach wie vor ihre Olivenhaine auf den Inseln oder bringen die Schafe dorthin zur Sommerweide. Viele der alten Inselhäuschen werden heute an Touristen vermietet.

## Dugi Otok

**Wie ein Aal liegt Dugi Otok, die »lange Insel«, am Rand des Archipels von Zadar. Der Name passt, den Dugi Otok ist die längste der kroatischen Inseln. Wer hier Nachtclub-Unterhaltung und schicke Shops sucht, ist fehl am Platz. Dafür ist die 43 Kilometer lange und maximal fünf Kilometer breite Insel ein Dorado für Taucher. Das Wasser leuchtet mal blau, golden oder smaragdgrün, die Licht- und Schattenspiele in den unterirdischen Kaminen, Höhlen und Grotten haben ihre eigene Dramaturgie. Seepferdchen, Leopardenschnecken und Oktopusse verfolgen die eleganten Bewegungen der Taucher. Dugi Otok gilt als Geheimtipp unter Wassersportlern. Sehr beliebt, aber auch etwas gruselig sind Tauchgänge in die alten U-Boot-Stollen im Norden der Insel. Wieder aus dem Wasser aufgetaucht, kann man in kleinen Fischerdörfern die lokalen Spezialitäten genießen.**

## Pašman

Die beiden Inseln Pašman und Ugljan liegen wie ein Riegel vor der Riviera von Zadar und schützen die Küste vor Wellen und Strömungen aus der offenen See. Das ursprünglich zusammenhängende, lang gezogene Eiland wurde 1883 mittels Durchstich geteilt, um den Schiffsverkehr von und nach Zadar zu erleichtern. Eine Brücke über diesen Kanal verbindet die beiden Schwestern. Pašman ist die ruhigere, auch dünner besiedelte der beiden. Waldreiche Abschnitte wechseln sich mit karger Karstlandschaft ab; viele Buchten sind nur zu Fuß oder per Boot zu erreichen. Oberhalb des Hafenortes Tkon thront das Benediktinerkloster der Heiligen Cosmas und Damian, das im 12. Jahrhundert anstelle eines frühchristlichen Gotteshauses erbaut wurde. Im Örtchen Kraj, das zwei sehr schöne Strände besitzt, haben sich im Laufe des 14. Jahrhunderts Franziskaner niedergelassen. Viel mehr als entspannen, sonnenbaden oder schwimmen gibt es auf dem gemächlichen Pašman nicht zu tun.

## Naturpark Telašćica

Der südöstliche Teil der Insel Dugi Otok ist als Naturpark unter Schutz gestellt. Hier bietet sich ein einzigartiges Landschaftsbild aus steilen Klippen und Felsküsten. Der Park besteht aus sechs kleinen Inseln und der umliegenden Küstenlandschaft und bietet versteckte Buchten, üppige Wälder sowie Olivenhaine und weite Wiesen. Kleine, unbewohnte Inseln liegen im blauen Meer wie hingetupft. Olivenbäume wiegen ihre Zweige im Wind, und im Hintergrund bildet eine zerklüftete Steilküste eine grandiose Kulisse. Wie eine riesige Skulptur ragt das Kliff Grpašćak an der Westküste 146 Meter aus den Wellen. Etwa acht Kilometer zerteilt die namensgebende Bucht Luka Telašćica den Südosten der Insel und bildet den bestgeschützten Naturhafen der Adria.

**Salzsee** *Etwas ganz Besonderes ist der Salzsee Mir im Südwesten. Nur ein schmaler Grat trennt das smaragdgrüne Gewässer vom Meer, sodass Salzwasser unterirdisch zufließen kann.*

Ganz oben: Murter ist der Hauptort der gleichnamigen Insel und idealer Ausgangspunkt, um den Nationalpark zu erkunden. Oben: Der südöstliche Teil von Dugi Otok umfasst den Telašcica-Naturpark.

# Über den Himmel staunen

»Die Sterne, die begehrt man nicht, / Man freut sich ihrer Pracht, / Und mit Entzücken blickt man auf / In jeder heitern Nacht«, heißt es in dem gefühlvollen, von Franz Schubert vertonten Goethe-Gedicht »Trost in Tränen«. Das mag auch so manch poetischem Betrachter in den Sinn kommen, der in einem Sternenpark in den nächtlichen Himmel blickt und das faszinierende Lichterspiel beobachtet. Sternenparks sind gewissermaßen Schutzgebiete für den Nachthimmel, um eine Region so weit wie möglich von menschlich erzeugtem Streulicht zu verschonen. Und das ist auch nötig, denn die Welt leidet zunehmend an Lichtverschmutzung. Dem wirkt die 1988 gegründete International Dark-Sky Association (IDA) entgegen und vergibt Lizenzen für »Dark Sky Parks«. Mittlerweile gibt es fast 200 solcher Sternenschutzgebiete weltweit. Mit steigender Tendenz, denn viele Naturfreunde sehnen sich nach dem unverfälschten Blick in den Nachthimmel.

Wie faszinierend ist es auch, im hohen Norden die Polarlichter zu beobachten, oder im Sommer die weißen Nächte zu erleben? Und die unvergesslichen Sonnenuntergänge in aller Welt? Was bleibt sind Ehrfurcht und Staunen über all diese Naturwunder. Und der Wunsch, dass die Eindrücke nie vergehen.

# Sternenpark Tomintoul and Glenlivet in den Cairngorms

Die Cairngorms im schottischen Hochland sind Teil des größten Schutzgebietes von Großbritannien. Hier liegen die höchsten Gipfel der Region. Zusammen mit den Mooren, Seen und Wäldern bilden sie einen einzigartigen Naturraum – und eröffnen ungestörte Blicke in den Nachthimmel.

Bis dicht ans Wasser des Loch Mallachie wagen sich die Bäume; auch eine kleine Insel ist bewaldet. In goldenes Licht wird diese Szenerie im nördlichen Teil des Cairngorms-Nationalpark von der Abendsonne getaucht.

## REISE-INFOS

**Wo? Tomintoul und Glenlivet, Moray, Schottland**
**Wie? Die nächsten Flughäfen befinden sich in Inverness und Aberdeen. Direktzüge verkehren zwischen London's Kings Cross und Inverness mit Halt in Kingussie oder Aviemore.**
**Übernachtung: siehe www.tomintoulandglenlivet.com**
**Info: www.visitcairngorms.com**

Es liegt nicht am Besuch in der Glenlivet-Whiskydestillerie, wenn einem der Nachthimmel in grünen, gelben oder sogar rötlichen Farben erscheint. Dann hat man einfach nur Glück gehabt und eines der selten auftretenden Nordlichter gesehen. Aber auch sonst ist der Sternenhimmel über den Cairngorms in klaren Nächten atemberaubend schön. Der Bergzug im schottischen Hochland – seit 2003 Teil des mit 4528 Quadratkilometern größten Nationalparks von Großbritannien – ist weitgehend frei von Lichtverschmutzung und daher perfekt für einen Sternenpark, der hier 2018 zwischen den Orten Tomintoul und Glenlivet ausgewiesen wurde.

Und wofür kräftig Werbung gemacht wird: Über www.cairngormsdarkskypark.org lassen sich die besten Standorte für die nächtliche Himmelsschau finden. So eröffnet The Carrachs, ein Weiler in den Braes of Glenlivet den perfekten Blick auf den nördlichen und östlichen Sternenhimmel. Zwischen September und März ist zudem die Chance groß, Polarlichter über offener Landschaft zu sehen. Ein »Lighting Management Plan« soll im 270 Quadratkilometer großen Sternenpark helfen, die Lichtverschmutzung, Energieverschwendung und die schädlichen Auswirkungen übermäßiger nächtlicher Beleuchtung auf Mensch und Tier zu reduzieren.

### Rothirsch und Auerhahn

**Aber auch tagsüber sind die Cairngorms ein Highlight eines jeden Hochland-Besuches. Zahlreiche Wanderrouten durchqueren die hügelreiche Seen-, Moor- und Flusslandschaft. Und sie führen zu einigen der höchsten Gipfel Großbritanniens, darunter der 1309 Meter hohe Ben Macdui. Zudem beeindruckt die artenreiche Tierwelt: Rothirsche pirschen durch die Wälder, Steinadler ziehen ihre Kreise, während die lang gejagten Auerhühner heute keine Angst mehr vor Wilderer haben müssen. Wer es lieber feuchtfröhlicher mag, kann auf dem »Malt Whisky Trail« wandeln – oder wanken, nach dem Whisky Tasting in einer der Brennereien.**

In den Cairngorms fühlen sich Buntspechte und Eichhörnchen zu Hause – und auch die einzige wild lebende Population von Rentieren in Großbritannien.

# + NICHT VERPASSEN! +

## Braemar und Braemar Castle

Obwohl der kleine Ort am Ufer des Flusses Dee zu den kältesten Schottlands gehört, ist er ein beliebtes Ziel zahlreicher Feriengäste. Die Lage ist für die manchmal unwirtlichen Temperaturen, aber eben auch für die Beliebtheit verantwortlich. Das Tal bringt eine reiche Natur hervor, die umliegenden Berge wie der Morrone oder der Carn na Drochaide beeindrucken mit über 800 Meter Höhe, ohne den Betrachter zu erdrücken. Ein Muss ist der Besuch von Braemar Castle. Zugegeben: Schottland verfügt über eine schier unüberschaubare Anzahl von Schlössern, und Braemar ist nicht gerade eines der schönsten von ihnen. Dafür aber eines für Freunde von Gruselgeschichten: Ein Kind wurde in seinen Mauern getötet. Sein Jammern soll seither immer wieder zu hören sein. Auch eine Frau, die nach der Hochzeitsnacht Selbstmord beging, gehört zu den Geistern.

## Aberdeen

Gut 100 Kilometer von den Cairngorms entfernt erstreckt sich die Hafenstadt an der Ostküste zwischen den Flussmündungen des Dee und Don. Mit mehr als 225 000 Einwohnern ist Aberdeen die drittgrößte Metropole Schottlands und dank ihrer vielen Sehenswürdigkeiten ein beliebtes Reiseziel. Ihren Ruf als »Silver City« verdankt sie dem grauen Granitstein, der die Häuserfassaden dominiert und bei Sonnenlicht silbrig schimmert. Europas Ölhauptstadt wirkt dank des Stadttheaters, der Music Hall, des Marischal- und King's College ziemlich mondän. »Old Aberdeen« wiederum, mit den verwinkelten Gassen, beschaulichen Parks und belebten Plätzen, ist herrlich schön aus der Zeit gefallen.

## Balmoral Castle

Prinz Albert von Sachsen-Coburg und Gotha höchstpersönlich hatte an den Plänen mitgezeichnet, als er einen standesgemäßen Landsitz für sich und seine Gattin im schottischen Aberdeenshire wollte. Schließ-

Als »Scottish Baronial« bezeichnet man den auffälligen Architekturstil des Balmoral Castle.

Aberdeen mit der Kirk of St Nicholas (links) und Inverness mit der Inverness Cathedral (oben) lohnen einen Besuch – nicht nur ihrer schönen Gotteshäuser wegen.

lich war seine Angetraute keine geringere als Queen Victoria, Herrscherin über ein weltumspannendes Empire. Ob das 1856 fertiggestellte Schloss mit seinen granitgrauen Fassaden, unzähligen Türmchen und Erkern eine architektonische Schönheit ist, mag jede und jeder unterschiedlich sehen. Aber schon das weitläufige Gelände des Anwesens beeindruckt. Es erstreckt sich über 200 Quadratkilometer in einem Knie des River Dee mit dichten Wäldern, Seen und Wasserläufen.

**Königlich nächtigen** *Obwohl noch im Privatbesitz der Königsfamilie, können auch Normalsterbliche auf dem Gelände wohnen. Dort verteilt sich eine Reihe von Cottages für Selbstversorger. Und sie können neben Golfspielen auch Wanderungen unternehmen – etwa zur »Albertpyramide«, die 1862, ein Jahr nach dem Tod des Prinzen, auf dem Gipfel des Craig Lurachain errichtet wurde.*

## Charlestown of Aberlour

Gefühlt gibt es rund um den alten Marktort, eine knappe Fahrstunde nördlich der Cairngorms, mehr Whiskydestillerien als Einwohner. Darunter sind große Namen wie Glenfiddich, einer der größten Single-Malt-Produzenten Schottlands. Aberlour, wie die Stadt meist genannt wird, liegt in der Whisky-Region Speyside, einem Tal entlang des namensgebenden River Spey. Im Ort selbst befindet sich seit 1879 die Aberlour Distillery und etwas außerhalb die Speyside Cooperage zur Herstellung der Whiskyfässer aus Eichenholz. Wer nüchtern bleiben will, kann entlang des Speyside Way wandern, der parallel zum River Spey durch Wälder und Moore bis zur Mündung verläuft.

## Inverness

Die Stadt an der Mündung des River Ness liegt westlich der Cairngorms und hat alles, was Schottlandfans begeistert: finstere Herrenhäuser und Burgen, darunter das Inverness Castle, mittelalterliche Kirchen, hübsche Stadthäuser, Parks und einstige Schlachtfelder. In der Bucht von Moray Firth kann man Delfine beobachten, und einen Katzensprung entfernt erstreckt sich das sagenumwobene Loch Ness. Nessie lässt sich vermutlich nicht blicken, dafür tolle Landschaften entlang des dortigen 360° Trail, der auf 130 Kilometern rund um den See führt.

# Die Mitternachtssonne über Tromsø genießen

Nur in Nordnorwegen scheint eine Sonne, die es nirgends sonst in Norwegen gibt: die Mitternachtssonne. Auch im Süden des Landes ist es im Hochsommer um 23 Uhr noch hell und die Sonne geht um 3 Uhr schon wieder auf – dass die Sonne zur Mitternachtszeit noch strahlt und nicht untergeht, das gibt es nur nördlich des Polarkreises.

## REISE-INFOS

**Wo? Tromsø, Troms og Finnmark, Norwegen**

**Wie? Keine Zugverbindung, aber per Flugzeug (Tromsø lufthavn), Auto (E8) oder Schiff (Hurtigruten) erreichbar**

**Übernachtung & Info: siehe www.visittromso.no**

Kaum ein Ort besticht mit so viel Charme und Flair wie das norwegische Tromsø. Nur ein paar Hundert Kilometer vom Polarkreis entfernt, liegt die traumhafte Stadt weit oben im Norden des Landes. Bekannt ist sie vor allem für ihre reizvollen bunten Holzhäuser, ihre tiefen Fjorde, die scheinbar unberührte Natur

Die nordnorwegische Stadt mit ihrer berühmten Ishavskatedralen (rechts) verteilt sich über mehrere Inseln.

Ein warmes Leuchten schickt die Mitternachtssonne über Tromsø, hier vom Storsteinen aus betrachtet.

und die von Ende Mai bis Ende Juli andauernde Mitternachtssonne. In dieser Zeit, in der die Sonne den ganzen Tag bis weit nach Mitternacht am Himmel steht, genießen Einheimische wie Besucher beschwingt die langen Sonnenstunden. Atemberaubend ist der Blick vom Berg Storsteinen aus, wenn die Sonne die Stadt am späten Abend in ein goldenes Licht taucht. Die Bergstation des Storsteinen lässt sich bequem in wenigen Minuten vom Stadtteil Hungeren aus mit der Luftseilbahn Fjellheisen erreichen. Wer über etwas mehr Zeit und die nötige Kondition verfügt, legt den teils recht steilen und rutschigen Weg zu Fuß zurück (festes Schuhwerk nicht vergessen!). Mehrere Wanderrouten führen in etwa zwei Stunden bei gemütlichem Tempo nach oben. Oben angekommen, erlebt man in über 400 Meter Höhe einen herrlichen Blick auf die Stadt mit der eindrucksvollen Bergkette im Hintergrund. Im weichen Licht der Mitternachtssonne wirkt das Panorama wie in einem Traum. Entlang der verlassenen Trampelpfade abseits der Bergstation finden Hobbyfotografen ideale Plätze für menschenleere Fotomotive wie aus dem Bilderbuch. Als unvergessliches Bild prägt sich dieser Anblick für immer ins Gedächtnis ein..

**Eismeerkathedrale** *Auf dem Weg zur Seilbahn sollte man der nahe gelegenen Eismeerkathedrale einen Besuch abstatten. Sie wurde 1965 errichtet und gilt als Wahrzeichen der Stadt. Zwar ist sie nur eine Pfarr- und Seemannskirche, mit ihrer imposanten Erscheinung macht sie ihrem Namen jedoch alle Ehre. Mit ihrer außergewöhnlichen Form erinnert sie an aufgeschichtete, spitz zulaufende Eisplatten. Besonders stimmungsvoll sind die hier regelmäßig stattfindenden Mitternachtskonzerte.*

Über den Ersfjord hinweg geht der Blick auf die untergehende Septembersonne (ganz oben). Etwas weiter südwestlich liegt Sommarøy – auch hier zeigt sich die Dämmerung gern farbintensiv (oben).

# NICHT VERPASSEN!

## Polarmuseet

Unmittelbar in Hafennähe ist das Polarmuseum in mehreren denkmalgeschützten ehemaligen Zollhäusern untergebracht. Vor allem im Seebrückenhaus informiert es über die Geschichte der Polarforschung, die Nordwestpassage und das Jagen in der Arktis. Fridtjof Nansen und Roald Amundsen, Norwegens größte Polarforscher, stehen im Mittelpunkt der Dokumentation. Doch auch die Lebensweise von Trappern wird präsentiert, darunter Henry Rudi, der »Eisbärkönig«, und Wanny Wolstad, die erste Eisbärenjägerin auf Spitzbergen.

**Denkwürdig** *Das Museum eröffnete am 18. Juni 1978. Das war exakt 50 Jahre, nachdem Amundsen in Tromsø zum Flug in die Arktis gestartet war – und nicht zurückkam. Diese letzte Reise war nicht etwa eine neue Expedition, sondern der Versuch, den unweit der Insel Foynøya verunglückten Umberto Nobile zu retten.*

## Polaria

»Polaria – ein arktisches Erlebnis« – mit diesem Slogan wirbt das in der Nähe des Stadtzentrums gelegene Polarium um seine Besucher. Schon die Architektur kann dieses Versprechen unterstützen: Das auffällige Gebäude ist ineinandergeschobenen Eisschollen nachempfunden. Im Inneren wird auf unterhaltsame Weise über die Ökosysteme der Polarregion informiert. Aber nicht nur die Theorie findet in dem Museum Platz: Zum Museum gehören mehrere Aquarien, in denen sich Fische, Schalentiere und mehr tummeln. Die Stars von Polaria sind aber vermutlich die vier Robben.

## Mack-Brauerei

Eine Stippvisite in der Mack-Brauerei südlich des Stadtzentrums ist ein Muss: Bis zur Gründung der Nordkap Mikrobryggeri in Honningsvåg 2000 durfte sich das Unternehmen rühmen, die nördlichste Bierbrauerei Europas zu sein. Das Arctic Beer kann im hauseigenen Ausschank verkostet werden.

## Kvaløya

Der Stadt Tromsø gegenüber liegt die Insel Kvaløya (»Walinsel«). Ihre schroffen Felsen bieten der Stadt einen guten Schutz gegen die Unbill des Atlantiks. Die höchste Erhebung ist der 1044 Meter hohe Store Blåmann. Seine 365 Meter hohe Nordwand ist eine der steilsten Felswände der Welt und eine wahre Herausforderung für Sportkletterer. Kvaløya ist die fünftgrößte Insel Norwegens und über eine Brücke mit der Tromsøya verbunden. Doch neben dem Felsgebirge wartet an der Südküste eine liebliche Landschaft mit alten Bauernhöfen und einer engen Fjordwelt.

**Ersfjorden und Ersfjordbotn** An der Westseite der Kvaløya, wo Sessøyfjord und Håjafjord aufeinandertreffen, ragt der gut zwölf Kilometer lange Ersfjord ins Land hinein. Hohe Felswände an beiden Seiten halten arktische Winde fern und verwandeln ihn in einen windgeschützten Ort mit spektakulär schöner Natur. Die einen erfreuen sich an ihr auf dem Wasser und haben dabei nicht selten Angelruten im Gepäck – vor allem dann, wenn sie auf der Jagd nach Steinbeißern sind. Andere nutzen den bei Ersfjordbotn in Richtung Tromvik gelegenen Aussichtspunkt, um den Blick über den Fjord bis hin zum Nordmeer schweifen zu lassen. In der Berglandschaft rundherum lassen sich Rentiere oder Lemminge beobachten.

## Sommarøy

Auf 522 Metern führt die Sommarøybrücke von Norwegens fünftgrößter Insel Kvaløya hinüber auf die »Sommer-Insel«. Ihrem Namen macht sie vor allem an strahlenden Sommertagen alle Ehre, denn weiße Sandstrände und ein intensiv türkisfarben leuchtendes Meer entführen gedanklich sofort in karibische Gefilde – zumindest so lange, bis die Zehen das arktisch kalte Meerwasser berühren. Klein geriebene Korallen lassen die Strände auf der nicht einmal einen Quadratkilometer kleinen Insel Sommarøy so hell erstrahlen.

# Sternenpark Albanyà

Das katalanische Albanyà liegt idyllisch im Kreis Alt Empordà unweit der französischen Grenze. Von dichten Wäldern und felsreichen Bergen umgeben, ist der altertümliche Ort am Muga-Fluss ein beliebtes Ferienziel – und Spaniens erster Sternenpark.

## REISE-INFOS

**Wo? Albanyà, Comarca Alt Empordà, Katalonien, Spanien**
**Wie? Nahverkehrszüge nach Figueres, von dort mit dem Hochgeschwindigkeitszug nach Frankreich oder Barcelona**
**Übernachtung: Campingplatz Bassegoda Park**
**Info: www.bassegodapark.com**

Kinder toben vergnügt herum, Erwachsene bauen Zelte auf oder ab und Jugendliche grillen unter viel Lachen und Gesprächen Würstchen am Lagerfeuer – der Bassegoda Park außerhalb des Örtchens Albanyà unterscheidet sich auf den ersten Blick kaum von anderen Campingplätzen Spaniens. Gute zwei Fahrstunden von Barcelona entfernt, bietet er vor allem für Familien mit Kindern und Jugendgruppen aus

Nicht nur Sterne schauen kann man in der Region – tagsüber locken Wälder zum Wandern und Durchatmen.

der Region hervorragende Outdoor-Möglichkeiten. Von Wandern über Mountainbiken und Angeln bis Canyoning – was man eben in so einer Wald-und Wiesenlandschaft macht.

**»Weniger als zwei Stunden von Barcelona entfernt befindet sich eine Naturoase, in der Sie die Milchstraße sehen können.« Pere Guerra, Astronom**

Aber da ist auch noch in klaren Nächten ein fantastischer Sternenhimmel. Kaum ein Streulicht, das stören würde, denn die Region ist dünn besiedelt. Keine 160 Menschen leben im Ort. »Albanyà ist von einem Wald umgeben, der wie ein Schutzwall gegen die Lichtverschmutzung wirkt«, so Pere Guerra, Astronom und Gründer des 2017 eröffneten »Observatori Astronòmic Albanyà«. Dank seiner Bemühungen ist ein 94 Quadratkilometer großes Gebiet seit 2017 von der International Dark-Sky Association (IDA) als Sternenpark anerkannt.

## Spaniens erstes Starlight Camp

**Der Campingplatz Bassegoda wirbt nun als Spaniens erstes »Starlight Camp«. Was wie eine Reality-Show klingt, ist ernst gemeint: Für Jugendfreizeiten und Schulgruppen ist der Besuch in der Sternenwarte von Albanyà fester Bestandteil des Programms, es gibt sogar mehrtägige Kursangebote in Astronomie. Das Betreuungsteam ist in Sachen Himmelsphänomene gut geschult. Um den nächtlichen Himmel nicht zu stören, verfügt der Bassegoda Park über ein Beleuchtungssystem, das die Lichtverschmutzung des Campingplatzes minimiert. Das hat sich herumgesprochen. Albanyà ist heute ein Pilgerort für Astronomiefans geworden. Denn was gibt es Schöneres, als in einer lauen Sommernacht das glitzernde Firmament zu bewundern, die Planeten und Sternbilder zu suchen und bei dem Anblick eines Kometen sich etwas zu wünschen?**

Viel Flair besitzt die ländliche Gemeinde Albanyà (ganz oben), am Ufer der Muga (oben) gelegen.

## + NICHT VERPASSEN! +

### Albanyà und Umgebung

Der beschauliche Marktflecken hat einiges zu bieten: Mauerreste aus dem 12. Jahrhundert, die Kirche Sant Pere d'Albanyà im romanischen Stil, enge Gassen und altertümliche Häuser, umgeben von dem bewaldeten Hochtal entlang des Pyrenäenfluss Muga mit endlosen Wandermöglichkeiten. Historische Stätten wie die Brücke Pont del Bertran oder die verfallenen Gotteshäuser Sant Feliu de Carbonils und Sant Jordi zeugen davon, dass das bergreiche Gebiet vor Jahrhunderten Zwischenstation für Händler und Pilger war.

### Figueres

Über viele Jahrhunderte war Figueres eher eine recht bescheidene Stadt, blickt aber auf eine lange Geschichte zurück. Die industrielle Revolution brachte dem Ort eine günstige Position als wichtiger Verkehrsknotenpunkt nahe der französischen Grenze. Heute ist Figueres das Zentrum der Region Alto Ampurdán, Handel und Tourismus spielen eine große Rolle. Die mit Abstand bedeutendste Attraktion ist das Dalí-Museum, nach dem Prado in Madrid das meistbesuchte Museum in ganz Spanien. Sehenswert sind daneben das Museo l'Emprodà mit einer archäologischen und historischen Sammlung sowie das originelle Spielzeugmuseum im alten Hotel de París an der Rambla, der äußerst belebten Hauptstraße des Ortes. Außerhalb der Mauern liegt die imposante Burg Castell de Sant Ferrán, die noch überraschend neu wirkt (18. Jahrhundert) und sich noch heute in einem ausgezeichneten Zustand befindet.

**Teatre-Museu Dalí** An der Plaça Gala-Salvador Dalí in Figueres, steht das größte surrealistische Objekt der Welt: das 1974 gegründete Dalí-Theater-Museum. Das Dach schmückte er mit riesigen Eiern, ein Lieblingssymbol Dalís für Hoffnung und Liebe. Heute beherbergt die Fundació Gala-Salvador Dalí verschiedene Sammlungen sowie mehrere Tausend Objekte aus allen Schaffensperioden seines Lebens: Zeichnungen, Malereien, Objekte, Skulpturen, Installationen, Fotografien und vieles mehr.

### Girona

Girona bezaubert durch sein mittelalterliches Gassengewirr, eine imposante Kathedrale sowie einige beachtenswerte Museen. Seit dem 5. Jahrhundert als römisches Gerunda besiedelt, später von den Mauren zerstört, erlebte das Städtchen seine Hochblüte im Mit-

Kataloniens Architektur bietet etwas für jeden Geschmack: Vom Surrealismus Dalís in Figueres, der hier sein eigenes Museum baute (links) bis zum romanischen Kreuzgang der Klosterkirche Santa Maria de Ripoll (rechts).

Dicht reihen sich die Häuser Gironas entlang des Flusses Onyar auf, überragt von der Kathedrale Santa María.

telalter. In dieser Zeit entstand hier eine bedeutende sephardische Judengemeinde, die eine europaweit beachtete kabbalistische Schule hervorbrachte. Ihr Ende kam, als 1492 durch das Alhambra-Edikt alle spanischen Juden des Landes verwiesen wurden. Das jüdische Viertel El Call blieb jedoch unzerstört, sodass man in Girona eines der besterhaltenen jüdischen Viertel Europas besichtigen kann. Ferner bestehen noch Teile der römischen Grundmauern und der mittelalterlichen Stadtbefestigung sowie die sogenannten »Arabischen Bäder«. Bei den Baños Árabes handelt es sich um einen romanischen Komplex (12. Jahrhundert) mit drei großen Sälen für Thermalbäder in verschiedenen Temperaturen; errichtet wurden sie im klassischen Thermenstil. Die Stadt liegt zu beiden Seiten des Onyar, den man mühelos überqueren kann, denn es gibt fast ein Dutzend Brücken. Am linken Flussufer erstreckt sich die sehr lebendige »Neustadt«, zum großen Teil auch aus dem 19. Jahrhundert, mit ihrem ebenso riesigen wie ruhigen Parc de la Devesa. Er gilt als weitläufigster städtischer Park in ganz Katalonien.

**Kathedrale Santa María** Unter den Sakralbauten Gironas ist an erster Stelle die Kathedrale zu nennen, eine der schönsten in ganz Spanien, weil sie verschiedene Baustile sehr harmonisch miteinander vereint: Von der Romanik über die Gotik und die Renaissance bis hin zum Barock ist alles vertreten. Eine barocke Freitreppe mit eindrucksvoller Balustrade führt in 90 Stufen aus grauen und blauen Steinen vom Carrer de la Força zur Kathedrale Santa Maria hinauf, die an der Stelle thront, an der sich in römischer Zeit das Forum erhob. Von dem romanischen Vorgängerbau ist heute lediglich der Kreuzgang erhalten. Im 11. Jahrhundert wurde mit dem Bau der Kathedrale begonnen, die ursprünglich als dreischiffige Basilika konzipiert wurde.

**Gekonnt gebaut** *Der Entschluss, den Kirchenraum als einschiffige Anlage zu errichten, bedeutete in damaliger Zeit eine große architektonische Herausforderung. Mit 23 Metern besitzt die Kathedrale von Girona das breiteste gotische Kirchenschiff der Welt.*

Für seine gute Fernsicht über die Rhön ist der zwischen Poppenhausen und Gersfeld gelegene Berg Wachtküppel bekannt (ganz oben). Weiter nordöstlich, bei Ehrenberg, lockt auch der Schafstein Wanderer an (oben).

# Sternenpark Rhön

Als »Land der weiten Fernen« ist die Rhön wegen ihrer waldreichen Niederungen und sanften Kuppen bekannt. Dank dünner Besiedlung bleibt auch der Himmelsblick vor Lichtverschmutzung verschont. Perfekte Bedingungen für einen Sternenpark.

## REISE-INFOS

**Wo? Im Dreiländereck Bayern, Hessen und Thüringen**
**Anreise: Gute Anbindung dank zentraler Lage; nächster ICE-Bahnhof ist Fulda.**
**Info: www.sternenparkrhoen.de, www.rhoen.de, www.biosphaerenreservat-rhoen.de**

Es tut der Natur ganz gut, wenn der Mensch nicht immer auf ihr herumtrampelt. Und das ist definitiv im UNESCO-Biosphärenreservat Rhön der Fall. Gewaltige 2433 Quadratkilometer ist es groß und erstreckt sich im Dreiländereck Bayern, Hessen und Thüringen. Das entspricht fast der Fläche vom Saarland. Und mit rund 87 Einwohnern pro Quadratkilometer ist das Gebiet dünn besiedelt. Bereits seit 1962 existiert hier der 720 Quadratkilometer große Naturpark Hessische Rhön, um die ursprünglichen Buchenwälder vor der Verdrängung durch Fichten-Monokulturen zu schützen. Nach der Wiedervereinigung wurde das Schutzgebiet über die Ländergrenzen ausgeweitet, um durch gezielte Aufforstungen mit Edellaubhölzern die Artenvielfalt zu verbessern. 1991 kam die UNESCO-Auszeichnung als Biosphärenreservat dazu. Mit Erfolg: Im Frühjahr bilden Märzenbecher und Lerchensporn großflächige Blütenteppiche, 43 Orchideenarten finden perfekte Biotope vor. Unter den Tieren tummeln sich so rare Arten wie Wildkatzen, Birkhühner und Schwarzstörche. Über 210 Vogelarten sind verbreitet.

Die Rhön ist aber nicht nur das »Land der weiten Fernen«, sondern auch des offenen Himmels, denn dank ihrer Hügellandschaft eröffnet sich von den Anhöhen ein herrlicher Panoramablick auch in die Höhe. Ungestört von Lichtstreuungen zeigt sich daher in klaren Nächten vor allem in den Kerngebieten des Biosphärenreservats, der Hohen Geba im Nordosten, der Langen Rhön in der Mitte und der Schwarzen Berge im Süden, eine gewaltige Sternenschau. Sieben ausgewiesene »Himmelschauplätze« unterstützen die Astro-Fans dabei, etwa durch Polarsternfinder und Fernrohraufsetzer. Informationstafeln geben zudem viele Hinweise. Und vielleicht trifft man auch auf sie: die äußerst seltene Mopsfledermaus, wie sie an den Waldrändern entlang der Baumkronen jagt. Auch sie profitiert von dem Biosphärenreservat, das seit 2014 zudem Heimstatt des Sternenpark Rhön ist. Dabei sind ihr Orion, Skorpion und Großer Bär vermutlich schnuppe. Sie interessiert sich eher für Falter, Motten und andere Nachtschwärmer.

## Die Milseburg

**Nicht ohne Grund hat der 835 Meter hohe Berg den Beinamen »Perle der Rhön« – wegen seiner einzigartigen Natur und dem herrlichen Ausblick von seinem Gipfel. Zwischen den Bäumen der Hangschuttwälder wachsen Kostbarkeiten, darunter Pfingstnelke, Bleiches Habichtskraut, Nelken-Leimkraut, Rote Fetthenne, Sandthymian und – als seltenste Farnpflanze Europas – der Wimpernfarn.**

## + NICHT VERPASSEN! +

### Rotes Moor

Die ausgedehntesten Karpaten-Birkenwälder Mitteleuropas gibt es im Roten Moor zu bestaunen. Das Moor liegt zwischen Wasserkuppe und Heidelstein. Es ist das zweitgrößte Hochmoor der Rhön und eines der ältesten Naturschutzgebiete Hessens. Seit 1979 wird es renaturiert.

**Trockenen Fußes durchs Moor** *Ein drei Kilometer langer Rundweg, der Moorlehrpfad, führt auf Bohlen den Moorweiher entlang und durch den Birkenwald. Vom Weg und von einem Aussichtsturm aus lassen sich Bekassinen und Wiesenpieper beobachten. Der Lehrpfad ist auch für Rollstuhlfahrer und Kinderwagen geeignet.*

### Wasserkuppe

Vom höchsten Punkt Hessens, der 950 Meter hohen Wasserkuppe, hat man einen wunderbaren Ausblick. Ihn kann man von einer Plattform genießen, die rund um das Radom, die letzte verbliebene Radarkuppel auf dem Berg, verläuft. Die Wasserkuppe ist ein bei Sportfreunden sehr beliebtes Ziel. Hier treffen sich im Sommer Wanderer, Mountainbiker, Segel- und Modellflieger. Im Winter kommen Ski- und Snowboarder, Snowkiter und Rodler auf den Berg.

### Der Hochrhöner

**Dieser Wanderweg ist insgesamt 180 Kilometer lang und verläuft von Bad Kissingen bis Bad Salzungen. Im Gebiet der Hessischen Rhön führt er am Roten Moor, der Wasserkuppe und der Milseburg vorbei. Die Strecke ist in verschiedene Etappen unterteilt, zu denen es beschriebene Verläufe sowie Entfernungsangaben gibt. Sie können unter www.rhoen.de heruntergeladen werden. Eine weitere schöne Wanderung führt rund um den malerischen Gukaisee und startet an der Wasserkuppe. Der Weg ist knapp über 20 Kilometer lang und in rund sieben Stunden Laufzeit zu bewältigen.**

### Haunetal

Die Haune, ein Nebenfluss der Fulda, entspringt im Naturpark Hessische Rhön. Ihre Quelle bei Dietershausen am Giebelrain ist mit einer Tafel gekennzeichnet. Der Fluss mündet bei Bad Hersfeld in die Fulda. Da die Haune immer mal wieder über die Ufer trat, wurde eine Talsperre errichtet. Sie ging 1989 in Betrieb. Der so entstandene Stausee und die Flussauen sind ein beliebtes Naherholungsgebiet. Neben dem Fluss verläuft der Haune-Radweg.

### Burg Hauneck

Die Burg im Tal der Haune entstand wahrscheinlich im 14. Jahrhundert. Sie befindet sich auf der Kuppe des Stoppelsbergs. Erhalten sind heute noch Teile der Ringmauer mit Torbögen und des Bergfrieds. Auch Überreste des Palas, von einem Saalbau sowie des Küchentraktes sind zu sehen.

### Wildpark Gersfeld

Im Wildpark leben etwa 150 Tiere, darunter die Hochwildarten wie Rot- und Damwild, Rehe, Mufflons, Gämsen und Steinböcke. Wildschweine, Waschbären und Rotfüchse gibt es hier ebenso wie Fasane, Pfauen und Rebhühner. Die Gehege sind weitläufig, und Besucher dürfen den Tieren Futter geben, das es im Park zu kaufen gibt.

### Bad Hersfeld

Sommerliche Festspiele erfüllen seit gut einem halben Jahrhundert Europas größte romanische Stiftsruine mit Leben. Das imposante Gemäuer – im 40 Meter hohen Turm hängt Deutschlands älteste Glocke – war einst das Herz eines mächtigen Benediktinerklosters.

### Rotenburg

Mauerumgürtet liegt der historische Kern des Städtchens an der engsten Stelle des Fuldatals. Sehenswert sind vor allem das landgräfliche Renaissanceschloss samt Garten und das Rathaus. Vom Rodenberg aus (historische Burgruine und moderne Klinikanlagen) bietet sich ein schöner Blick auf die Stadt.

Nicht weit vom höchsten Berg der Rhön, der Wasserkuppe, entfernt liegt die Abtsrodaer Kuppe (unten). Wer nicht nur die Landschaft erkunden möchte, kann sich von der Fachwerkarchitektur in Bad Hersfeld (links) oder Rotenburg (oben) faszinieren lassen.

# Glühendes Abendrot am Ätna

Siziliens Bilderbuchvulkan ist nicht nur für feuerspeiende Lichtershows bekannt, sondern auch für spektakuläre Sonnenuntergänge. Einfach magisch, wenn sich rund um die rauchende Kraterlandschaft der Himmel rot verfärbt.

Ein Farbspektakel, das man nicht so schnell vergisst.

## REISE-INFOS

**Wo? Catania, Sizilien**
**Wie? Der klassische Besuch des Ätna erfolgt mit der Seilbahn. Die Talstation liegt in Rifugio Sapienza auf der Südseite.**
**Übernachtung: Einige Bauernhöfe und Weingüter (Agriturismo) am Abhang des Ätna bieten Gästezimmer und Verköstigung.**
**Info: www.parks.it/parco.etna**

Der Ätna auf Sizilien ist mit 3323 Metern der höchste aktive Vulkan auf dem europäischen Kontinent und einer der aktivsten Schichtvulkane der Erde. Er entstand vor rund 600 000 Jahren an einer weit ins Land reichenden Meeresbucht. Sein Zentralkegel ist 300 Meter hoch, daneben existieren vier Gipfelkrater sowie mehr als 300 Nebenkrater. Der Gebirgsstock des Ätna nimmt eine gewaltige Fläche ein (rund 1250 Quadratkilometer), sein Umfang beträgt etwa 250 Kilometer. Aus geologischer Sicht lässt er sich in zwei Regionen unterteilen: Die unterste Stufe bis in rund 1100 Meter Höhe besteht nur aus ausgeflossener Lava, darüber liegt die Hochgebirgsstufe. Auf der Oberfläche dominieren nicht feste Laven, sondern ausgeworfene Aschen (Pyroklastika) unterschiedlicher Korngröße, angefangen von Sanden bis zu großen Bomben.

Schwarz-weiß zeichnet sich der verschneite Ätna vor dem orangeroten Sonnenuntergang ab.

Nahezu jedes Jahr kommt es am Ätna zu größeren Eruptionen. Unter den aktiven Vulkanen der Welt steht er bezüglich der Zahl seiner historisch belegten Ausbrüche an erster Stelle. Der Lavaausstoß erfolgt meist nicht über die Gipfelkrater, sondern an den Flanken der Nebenkrater des Berges.

Zur Bergstation Montagnola auf etwa 2500 Metern gelangt man von Rifugio Sapienza Sud aus mit der Seilbahn oder zu Fuß auf einem parallel verlaufenden Weg. Mit Geländebus und Bergführer kommt man bis knapp unter den Kraterrand. Die Lavaerde hat im Umland eine fruchtbare Gegend mit einer einzigartigen Tier- und Pflanzenwelt geschaffen und die Vulkanhänge laden zu Wanderungen ein. Am Fuß des Vulkans lassen sich bei angenehmem Wetter stimmungsvolle Sonnenuntergänge erleben.

## Kraterwanderungen

**Wer auf Sizilien weilt, sollte sie einmal machen: die Tour zum Vulkan. Ob Ätna oder Stromboli, das obliegt der Wahl des Reisenden. Sicher aber ist: Es ist keine leichte Tour, denn der Wanderer muss Steigungen und je nach Jahreszeit sengende Sonne bewältigen. Dafür aber erwartet ihn oben ein phänomenales Ereignis: der rumpelnde Vulkan. Aber Achtung: Die Touren sollten keinesfalls auf eigene Faust unternommen werden, also immer in Begleitung eines Bergführers, denn der Vulkan ist jeden Tag anders. Auf jeden Fall sollten sich Besucher vor der Tour bei den örtlichen Touristenbüros informieren. Eine entspannte, kostspielige, aber lohnenswerte Alternative ist übrigens ein Flug im Helikopter über den Krater.**

## NICHT VERPASSEN!

### Catania

Siziliens zweitgrößte Stadt liegt keine 30 Kilometer Luftlinie vom Hauptgipfel des Ätna entfernt und hatte unter dieser Nachbarschaft oft zu leiden. Im Verlauf ihrer fast 3000-jährigen Geschichte haben Lavaströme und Erdbeben sie wiederholt zerstört. Ende des 17. Jahrhunderts wurde sie nach einem verheerenden Beben streng nach Plan aus dunklem Lavagestein in spätbarockem Stil wiederaufgebaut. Aus der Vielzahl pompöser Paläste und Kirchen ragt der Dom heraus. Ebenso sehenswert sind das Städtische Museum im Castello Ursino, das Römische Theater, Bellinis Geburtshaus, das nach ihm benannte Teatro und die Barockkirche San Nicolò.

### Enna

Enna und das nahe Caltanissetta zeichnen ein gänzlich anderes Bild von Sizilien als die bunten Prospekte mit blauem Meer und malerischen Küstenstädtchen. So grau der Stein der Mauern hier ist, so zurückhaltend geben sich die Bewohner dahinter. Enna ist eine richtige Bergstadt auf 1000 Meter Höhe mit frostigen Wintern und kühlen Sommerabenden. Auch der Barock hat hier nie so richtig Einzug gehalten. Man lebte am Nabel Siziliens in seiner geografischen Mitte und kontrollierte die Handelswege von der Nordküste in den Süden. Kein Wunder also, dass in Enna eine der größten Burgen Siziliens entstand: das heute noch gut erhaltene Castello di Lombardia. Wie auch der unweit platzierte Torre Federico II – ein Wohnturm des Staufkaisers – geht es auf die Normannen zurück. Bis 1923 nutzte man das Kastell als Gefängnis.

Catanias Kathedrale bietet Meerblick (links). Sehenswert ist auch das Teatro Antico di Taormina (rechts).

## Taormina

Traumhaft ist die Lage Taorminas hoch über dem Meer und unterhalb des Ätnas. Das dachten auch die alten Griechen und errichteten ihr Theater im 3. Jahrhundert v. Chr. so, dass der beeindruckende Vulkankegel über dem Golf von Giardini Naxos den Bühnenhintergrund abgab. Die Römer vergrößerten es im 2. Jahrhundert und bewahrten die fantastische Lage. Allerdings führten sie keine Singspiele mehr auf, sondern nutzten das Theater für männlichere, der Schmiede des Gottes Vulcanus angemessenere Betätigungen: Nach dem Umbau traten Gladiatoren gegeneinander an. Bereits Ende des 19. Jahrhunderts arrivierte die Stadt zu einem bevorzugten Ziel für die Schönen und Reichen.

## Siracusa (Syrakus)

Beim ersten Blick auf Syrakus mag man kaum glauben, dass diese Provinzhauptstadt vor 2300 Jahren eine Million Einwohner zählte und dass sie einst die mächtigste der griechischen Städte in Süditalien war, ein Brennpunkt des Handels, aber auch der Philosophie und Wissenschaft. Doch ein Gang durch die malerische Altstadt öffnet die Augen. Denn jene Insel namens Ortigia, auf der von der Gründung durch die Korinther (um 740 v. Chr.) bis heute das historische Herz von Syrakus schlägt, hat etliche Relikte der frühen Blüte vorzuweisen: den Apollotempel etwa, die Arethusaquelle und einen dorischen Tempel, den man im 7. Jahrhundert zum heutigen Dom ausgebaut hat.

**Gut erhalten** *Von der antiken Neapolis auf dem Festland ist ebenfalls einiges erhalten geblieben. Der archäologische Park dort umfasst ein römisches und ein griechisches Theater, eine Vielzahl von Katakomben, den riesigen, aus dem weichen Kalkstein gemeißelten Altar Hierons II. und eine Grotte, genannt »Ohr des Dionysios«.*

## Noto

Das Städtchen gilt als schönstes urbanes Gesamtkunstwerk im Stil des sizilianischen »Nachbeben-Barock«. Die Hauptachse des rechtwinkeligen Straßenrasters, das, in Terrassen abgestuft, den Hang überzieht, bildet der Corso Vittorio Emanuele. Franziskanerkirche, Kapuzinerkonvent, Dom San Nicolò, Rathaus, Erzbischöfliches Palais: Die reich stuckierten Fassadenfronten schaffen hier im Verbund mit Freitreppen, Parks und Plätzen eine Kulisse von kaum überbietbarer Theatralik. Und von reizvoller Morbidität: Denn die ganze vornehm goldgelb getönte Pracht ist akut vom Verfall bedroht, Sandstein und Gips sind mürbe, zerbröseln. Die Denkmalschützer kommen mit dem Restaurieren heute kaum mehr hinterher.

Eine imposante Freitreppe führt zur nicht minder eindrucksvollen Barockfassade von San Nicolò hinauf.

# Sark, die erste Dark-Sky-Insel

Gerade mal 5,5 Quadratkilometer ist die Kanalinsel klein. Kein Auto, keine Straßenlaterne stören das gemächliche Leben der gut 500 Insulaner. Beste Voraussetzungen, um ein paar Tage zu entschleunigen. Und in den funkelnden Nachthimmel zu schauen: Sark ist Europas erste Sternengemeinde.

## REISE-INFOS

**Wo? Sark, Guernsey (Kanalinseln)**
**Wie? Schnellboote nach Jersey und Guernsey, von dort Fährverbindungen zu den britischen Häfen Poole und Portsmouth sowie nach Saint Malo in der französischen Bretagne**
**Übernachtung: Hübsche Gästehäuser und Boutiquehotels rund um die Insel**
**Info: www.sark.co.uk**

Mit »Isle of Sark, a world apart« lockt die Kanalinsel Besucher an. Und in der Tat ist das fünf mal drei Kilometer kleine Sark eine Welt für sich: Auf gut 100 Meter Höhe thront das einem Tintenklecks gleichende Felsplateau über dem Wasser, nur 35 Kilometer von der französischen Küste entfernt. Autos sind verboten, und so schaukeln Besucher wie Bewohner in Pferdekutschen über die Insel. Das altertümliche Fortbewegungsmittel passt hierher, denn Sark ist ein Feudalstaat, in dem der »Seigneur of Sark« das Sagen hat. Sark ist wie die anderen Kanalinseln in »Kronbesitz«, gehört also dem britischen Königshaus. Selbst das Lehnswesen existiert noch. Und wo sonst ist die Milchstraße am nächtlichen Sternenhimmel die einzige »beleuchtete« Straße? Laternen am Wegesrand sucht man auf Sark vergeblich. Und das ist Grund,

So faszinierend der nächtliche Himmel ist, so unvorstellbar sind für die meisten seine Entfernungen.

Die schmale Landenge La Coupeé verbindet Greater Sark mit Little Sark.

dass das nachtdunkle Eiland 2011 als erste »Dark Sky Community« Europas anerkannt wurde.

**»Diese gewaltige Sternenmenge am Himmel, da fühlt man sich gleich viel besser. Man schaut in die Höhe und schaut in die Weite … es zieht einen einfach hinaus, man konzentriert sich auf etwas anderes.«**
**Bewohner von Sark**

»Wenn man an einen Ort wie Sark fährt, ist die Milchstraße fester Bestandteil des Nachthimmels. Sie erfüllt mich immer mit einem Gefühl des Staunens. Jeder dieser Punkte ist eine Sonne, und es gibt 100 Milliarden davon«, so Stephen Owens, der den Bewerbungsantrag damals für Sark formuliert hatte. Und mit dieser Begeisterung ist der Glasgower Astronom nicht allein. Die Insel ist heute ein beliebtes Ziel für Astro-Fans, zu denen auch die Einheimischen zählen. Mit Stirnlampe bestückt, schlendern sie nicht selten zu den schönsten Ausblicken, um in den Nachthimmel zu schauen. Das ist offensichtlich auch gesund: »Es herrscht die weit verbreitete Überzeugung, dass die Beobachtung des Nachthimmels positive (und manchmal transformative) Gefühle auslöst«, stellt die Psychotherapeutin Ada Blair fest, die die Auswirkungen des Sternenbeobachtens aufs Gemüt der Bewohner untersucht hatte. Darüber wird dann auch beim Plausch geredet. Während in London mal wieder über den Dauerregen gewettert wird, heißt es auf Sark: »Hast du letzte Nacht die Milchstraße über den Weiden gesehen? War das nicht wundervoll?«

## NICHT VERPASSEN!

### La Coupée

**Wer nichts gegen eine kleine Portion Nervenkitzel hat, sollte die Landbrücke La Coupée überqueren: Auf einem schwindelerregenden 80 Meter hohen Felsgrat erbauten Kriegsgefangene des Zweiten Weltkrieges einen 100 Meter langen Betonweg, der Big Sark mit der Halbinsel Little Sark verbindet.**

### Garten der La Seigneurie auf Sark

Wunderschöne Gärten findet man nahezu überall auf den Kanalinseln, das milde Klima begünstigt das Wachstum von subtropischen Pflanzenarten. Ein ganz besonders schöner Garten findet sich um das Anwesen La Seigneurie auf Sark. Man könnte sagen, der Park vereint wie alle Kanalinseln auf eindrucksvolle Weise Französisches und Englisches. Denn die strengen Formen der Anlage werden immer wieder kontrastiert von wild wachsenden Blumenbeeten, die sich keinem Formungswillen unterwerfen lassen. Inmitten dieses Meeres aus Blüten und Farben thront das Herrenhaus in grauem Jersey-Stein.

### Jersey

Wer einmal auf Jersey war, will nie wieder weg. Kein Wunder, dass die Regierung den Zuzug reglementiert. Die mit 118 Quadratkilometern größte und mit rund 100 000 Einwohnern bevölkerungsreichste Kanalinsel bietet alles, was das Herz begehrt: einsame Strände, dramatische Klippenformationen, ein durch den Golfstrom bedingtes mildes Klima und Großstadtflair in der Inselhauptstadt St. Helier. Die Gezeiten verändern das Gesicht der Insel: Sandflächen tauchen aus den Fluten auf, um nur wenige Stunden später wieder in ihnen zu versinken.

**St. Helier** Die rege Hauptstadt der Insel ist klein genug, um sie zu Fuß zu erkunden. Vom Jachthafen aus kann gemütlich an der Hafenpromenade flaniert werden, um dann stadteinwärts zwischen georgianischen Häuserfassaden durch kleine Gassen zu schlendern, die in nett angelegten Parks münden.

Ob man nun entlang der kleinen Häfen spaziert oder durch den Garten des Anwesens La Seigneurie – Sark lädt vielerorts dazu ein, Hektik und Alltagsstress hinter sich zu lassen und ein wenig die Zeit zu vergessen.

Mont Orgueil Castle auf der Insel Jersey galt lange Zeit als uneinnehmbar. Ihm zu Füßen liegt der Ort Gorey.

Gärten, die mit viel Hingabe und Akkuratesse gepflegt werden, findet man auf Guernsey.

## Guernsey

Guernsey ist mit 65 Quadratkilometern die zweitgrößte Insel des Archipels der Kanalinseln und ein echtes Schmuckstück. Rau, dramatisch und aufregend ist die Steilküste im Süden, wo große Wellen gegen die zerklüfteten Felsen krachen und sie mit weißen Gischtschleiern bedecken. Gut 45 Kilometer Klippenpfade durchziehen die Bergkette und bieten eine Panoramasicht aufs Meer. Der Norden und der Westen sind bedeutend sanfter und bestechen mit puderfeinen Sandstränden, zart rosafarbenen Felsen und sich im Wind neigendem Dünengras. Perfekter Kontrast ist das türkisfarbene Meer. Dank des Golfstroms herrscht mildes Klima, in dem sogar Bananenstauden, Palmen und andere Tropenpflanzen vor urenglischen Cottages gedeihen. Die Orte könnten allesamt auch Kulissen in einem Miss-Marple-Film sein.

# Die dunkle Seite von Møn

UNESCO-Biosphärenreservat und Sternenpark – Møn samt Nachbarinseln und ein Stück Ostsee drum herum hat sich ganz dem Naturschutz verschrieben. Selbst der nächtliche Himmelsblick ist ungetrübt.

## REISE-INFOS

**Wo? Møn, Sjælland (Seeland), Dänemark**
**Wie? Mit der Autofähre von Puttgarden auf der Insel Fehmarn nach Rødby und per Wagen weiter nach Møn (90 km); Zugverbindungen nach Kopenhagen**
**Info: www.sydkystdanmark.de**

Caspar David Friedrich (1774–1840) mochte die süddänische Insel. Dorthin reiste der frühromantische Maler immer wieder, um von den berühmten Kreidefelsen von Møns Klint Landschaftsskizzen anzufertigen. Dieses Spiel von Licht und Wolken beherrschte der Meister der Melancholie wie kaum ein anderer. Vermutlich hat ihn auch der Nachthimmel über Møn fasziniert: das millionenfache Funkeln der Sterne, das Spiegeln des Mondes im Meer, die Kreidefelsen im fahlen Licht. Oder die sanfte Hügellandschaft mit dunklen Wäldern vom 143 Meter hohen Aborrebjerg, der höchsten Erhebung auf Møn, aus betrachtet.

Klippen und Sterne: Das nächtliche Møn bezaubert.

Als »Totalerlebnis für alle Sinne, alle Alter und zu allen Jahreszeiten«, bewirbt das GeoCenter Møns Klint die Sternenschau. Das Aktivmuseum unweit von Møns Klint organisiert für Kinder und Jugendliche viele Naturaktivitäten. Eine ganze Reihe von Unterkünften hat sich zudem mit speziellen Maßnahmen auf Sternenbetrachter eingestellt. Ganz Møn scheint verrückt nach den Himmelskörpern zu sein.

### Sieben Sterne-Hotspots

**Beste Zeit für Himmelsschauen sind die Herbst- und Wintermonate, wenn die Nächte länger und klarer sind. Dann ist auch gut die Andromeda-Galaxie zu sehen, jenes berühmte Stückchen Nebel in den Tiefen des Kosmos. Während in manchen Augustnächten ein wahrer Meteorschauer niedergeht, zeigt sich im Spätsommer die Milchstraße als fahles Lichtband, als hätte jemand weiße Flüssigkeit übers Himmelszelt geschüttet. Sieben Stellen gelten als Hotspots für Sternegucker. Fünf davon liegen im dünnbesiedelten Osten von Møn, zwei weitere auf der nördlichen Nachbarinsel Nyord. Das Fünf-Quadratkilometer-Eiland birgt eine weite Weiden- und Marschlandschaft mit einer reichen Vogelwelt. Und da Nyord völlig flach ist, zeigt sich in klaren Nächten der Sternenhimmel im 360°-Format.**

Auch bei Tageslicht ein eindrucksvoller Anblick sind die hohen Klippen der Insel im Südosten Dänemarks.

# NICHT VERPASSEN!

## Biosphärenreservat Møn

2017 ernannte die UNESCO die Ostseeinsel Møn mit den umliegenden Inseln Bogø und Farø zum ersten Biosphärenreservat des Königreichs Dänemark. Bekannt machten die Insel Møn vor allem ihre weißen Kreidefelsen, Møns Klint, die mit 128 Metern majestätisch über das Meer schauen und Dänemarks höchste Steilküste bilden. Mehr als 70 Millionen Jahre sind sie alt und bergen Relikte der Urzeit: versteinerte Schnecken, Tintenfische oder Seeigel. Das Reservat vereint auf seiner rund 450 Quadratkilometer großen Fläche verschiedenste Landschaftstypen: Im Osten Møns liegt die waldreiche Erhebung Høje Møn mit den Kreidefelsen, während der Westen der Insel von der Eiszeit geprägt ist mit Moränen, Tälern und Hügeln, Strandwiesen und -wällen. Darüber hinaus gehören zum Biosphärenreservat eine 185 Kilometer umfassende Küstenlinie und der Ostseeraum mit seinen Fjorden und Mooren.

## Møns Klint

**Die bis zu 128 Meter hohe Kreidesteilküste liegt in Møns Osten. Sechs Kilometer läuft die Kalksteinwand an der Ostsee entlang. Die Kreide, aus der das Kliff entstanden ist, wurde vor unvorstellbaren 70 Millionen Jahren auf dem Meeresgrund gebildet. Auffällig sind die schwarzen Linien auf dem hellen**

Um die Insel zeigt sich die Ostsee nicht selten in Farbtönen, die mehr an die Karibik erinnern.

Dank ihres gestreiften Turmes ist die romanische Kirche von Stege (Sct. Hans Kirke) unverkennbar (oben). Ein weiteres beeindruckendes Gotteshaus der Insel findet man in Elmelunde. Hier sind vor allem die detailreichen Fresken zu bewundern (rechts).

**Kalk, die aus Feuerstein bestehen. Darin lassen sich besonders am Fuß der Klippen oder am Strand häufig Fossilien finden. Auf der Fläche über der Steinwand haben sich dank der Bodenbeschaffenheit und eingeschränkter Landwirtschaft artenreiche Biotope angesiedelt. Eine Attraktion ist die Haupttreppe mit 497 Stufen, die vom informativen Geo Center zum Strand hinunterführt. Für besonderen Nervenkitzel dürfte der Gedanke sorgen, dass immer wieder große Kalkstücke abgehen und ins Meer stürzen.**

## Stege

Stege ist der Hauptort der Insel Møn, in dem rund 3800 Menschen leben. Er liegt an der Nordküste, eingerahmt von geschützten Stränden. Im Ort selbst steht die St.-Hans-Kirche aus dem 12. Jahrhundert, die bis zum 16. Jahrhundert als gotischer Bau erweitert wurde, mit interessanten Fresken im Chor. Die Haupteinkaufsstraße Storegade verläuft durch den Ort. Jedes Jahr am ersten Dienstag im August findet dort der inzwischen über die Grenzen hinaus bekannte, gemütliche »Dienstagsmarkt« statt, auf dem regionale Produkte angeboten werden. Das Møns Museum lohnt einen Besuch.

**Fisch sei Dank** *Im Mittelalter erlangte Stege seinen Wohlstand überwiegend dank des reichen Heringfangs in den Gewässern rund um Møn. Etwa ein Drittel des gesamten Angebots in Dänemark kam von hier. Als Erinnerung an den Erfolg der Fischer enthält das Stadtwappen noch heute drei Heringe.*

## Elmelunde

Kirke, Keldby Kirke und Fanefjord Kirke Auf der Insel Møn stehen gleich drei Gotteshäuser, die besonders für ihre üppigen Kalkmalereien aus zwei Epochen, nämlich aus dem 14. und dem 15. Jahrhundert, bekannt sind. Die Fresken zeigen biblische Motive. Auffällig ist in der Elmelunde Kirche allerdings die Abbildung von Adam, der einen mittelalterlichen Pflug lenkt. Das Andachtsgebäude von Elmelunde, östlich des Städtchens Stege, besteht seit etwa 1100 Jahren. Keldby Kirke wartet mit einer besonderen Ursprungsgeschichte auf: An der Stelle, wo der rote Backsteinbau heute steht, wurde eine heilende Quelle entdeckt. Als immer mehr Pilger kamen, wurde eine Kirche gebaut. Fanefjord Kirke liegt am Ende des gleichnamigen Fjords nahe eines Langbettgrabs. Unter dessen westlichem Stein soll die Königin Fane ruhen, unter dem östlichen deren Mann Grön, der Jäger.

# Auf den Lofoten der Magie der Polarlichter verfallen

Polarlichter zählen zu den faszinierendsten Naturschauspielen der Welt. Die band- oder schleierartigen Strukturen in blaugrünen und rötlichen Farben regen seit jeher die Fantasie der Menschen an – auch wenn man inzwischen längst weiß, was den Himmel zum Leuchten bringt.

Von Grün bis Lila kann die Farbpalette reichen, mit der die Polarlichter schwungvoll den Nachthimmel bedecken.

In den nördlichen Regionen Norwegens lassen sich nicht nur Polarlichter bestaunen, sondern vielerorts auch das kulturelle Erbe der Sámi (oben). Wenige Häuser, viel Wasser und dazu eine eindrucksvolle Bergkulisse: Hamnøy kann als Paradebeispiel für einen Fischerort der Lofoten gelten (rechts).

## REISE-INFOS

**Wo? Provinz Nordland, Norwegen**
**Wie? Auto-Verbindung ans Festland über E10, zwei Hurtigruten-Häfen, Fährverbindungen, drei Flugplätze (Svolvær, Leknes, Røst)**
**Info: www.visitlofoten.com**

Polarlichter entstehen, wenn elektrisch geladene Teilchen (Sonnenwind) von der Sonne in Richtung Erde abgestoßen werden. Am schützenden Erdmagnetfeld prallen sie in großer Höhe ab. An den Magnetpolen laufen die Linien des Magnetfelds jedoch auf die Erde zu. Entlang dieser Linien gelangen die Teilchen zur Erdatmosphäre, wo sie auf Gasatome treffen, die sie zum Leuchten anregen. Je nach Höhe und unterschiedlichen Bestandteilen der Atmosphäre leuchtet das Licht rot, grün oder blau – oder in den daraus entstehenden Mischfarben Violett, Weiß und Gelb.

Nirgends auf der Welt sind Polarlichter zahlreicher als in Norwegen. Zu den besten Regionen, um in den Genuss dieses einzigartigen Naturschauspiels zu kommen, zählen die Lofoten – weit genug von der Stadt entfernt, um Lichtverschmutzung zu vermeiden. Die Gegend liegt im Herzen des »Nordlichtovals« und bietet daher eine hohe Sichtungswahrscheinlichkeit. Die beste Zeit liegt zwischen November und Februar, denn im Sommer herrscht in ganz Skandinavien die Mitternachtssonne. Die unbeschreibliche Schönheit der am Horizont glimmenden Lichter, die sich zu einer sagenhaften Lichtsymphonie steigern und in den verschiedensten Farben am Himmel tanzen, sorgt für Gänsehautfeeling und unvergleichliche Fotomotive. Aber auch tagsüber bieten die Inseln mit ihrer Mischung aus Bergen und Meer einen grandiosen Anblick. Kein Wunder, dass sich hier auch zahlreiche Künstler von der Natur inspirieren lassen.

Wie ein Regenbogen spannen sich die Nordlichter über dem Meer, aus dem der sogenannte Vogelfelsen von Bleiksøya aufragt. Doch statt Farbenvielfalt leuchten sie hier in sattem Hellgrün.

## + NICHT VERPASSEN! +

### Svolvær

Svolvær, der an der Südküste von Austvågøy gelegene Hauptort der Insel, beherbergt den größten Fischereihafen des ganzen Archipels. Hier hatte König Øystein I. Magnusson um 1120 die erste Kapelle und die ersten beheizbaren Rorbuer (wörtlich »Ruderhütte«) für auswärtige Lofotfischer errichten lassen – die erste königliche Ortsgründung in Nordnorwegen, die der Krone einträgliche Steuern aus dem lukrativen Fischfang im Vestfjord sicherte. Heute geht es im 4000-Einwohner-Ort besonders in den Sommermonaten sehr geschäftig zu, die lebendige Atmosphäre von Hafen-, Klein- und Künstlerstadt lockt viele Touristen und Tagesausflügler an. Die eindrucksvolle Lage von Svolvær hat der berühmteste Sohn der Stadt, der Maler Gunnar Berg (1863–1893), in zahlreichen seiner – vor allem winterlichen – Werke festgehalten. Eine Büste und das bis heute erhaltene Atelier erinnern in Svolvær an ihn.

### Henningsvær

Das Fischerdorf Henningsvær im äußersten Süden der Insel Austvågøy gilt als »Venedig der Lofoten« und verfügt mit der Galerie »Lofotens Hus« über das bedeutendste Museum klassischer Malerei auf den Lofoten. Es beherbergt die größte Sammlung nordnorwegischer Landschaftsmalerei des 17. bis 20. Jahrhunderts: Gunnar Bergs »Trollfjordschlacht« und andere Meisterwerke sind hier ebenso zu bewundern wie die Werke des Neoromantikers Karl Erik Harr. Die Häuser wurden auf der geschützten Vestfjordseite der Insel auf Schären errichtet und diese durch Molen miteinander verbunden. Bis in die 1950er-Jahre war Henningsvær das größte Fischerdorf der Lofoten. Mit dem Rückgang der Fangmengen sank die Einwohnerzahl, neben der Fischerei trat nach der Straßenanbindung 1963 der Fremdenverkehr in den Vordergrund.

Auch im Winter ist Henningsvær einen Besuch wert. Zahlreiche felsige Inselchen sammeln sich um den Hafenort.

## Kabelvåg

Kabelvåg auf der Insel Austvågøy ist das historische Zentrum der Lofotfischerei. Auch ließ hier König Øystein I. Magnusson bereits 1103 die erste Kapelle errichten. Die königliche Ortsgründung in Nordnorwegen spiegelte die wirtschaftliche Bedeutung der natürlichen Ressourcen aus dem Vestfjord. Øystein sicherte der Krone durch Steuern einen Großteil der Einnahmen aus dem Fischfang. Die weitgehende Rechtlosigkeit der Fischer unter den Grundbesitzern, die auch als Rorbuer-Vermieter, Fischexporteure und Ladeninhaber fungierten und durch das Lofotgesetz von 1816 das Aufsichts- und Eigentumsrecht am Meer zugesprochen erhielten, blieb über die Jahrhunderte bestehen, bis das Lofotgesetz von 1857 die Fischereiaufsicht zur öffentlichen Angelegenheit machte. Mit der Zeit wurde es jedoch eng in Kabelvåg und viele wanderten ins heute größere Svolvær ab. Besucher erfreuen sich unter anderem an den Meeresbewohnern im Lofotakvariet.

## Gimsøya

**Abschlag bei Mitternacht – in Hov auf Gimsøy wird es möglich. Die Insel an der Außenseite der Lofoten bietet Spielern die Möglichkeit, ihr Par mit Blick auf das Meer und unter der Mitternachtssonne zu verbessern. Kulturinteressierte können lieber einem historischen Platz einen Besuch abstatten: In Hov befindet sich eine der ältesten Siedlungen der Lofoten mit Grabhügeln und Bootsanlegestellen aus Stein- und Eisenzeit. Gimsøy unterscheidet sich topografisch stark von ihren Nachbarinseln, denn die Landschaft hier ist verhältnismäßig flach und weit, bedeckt von arktischer Tundra. Die vielen Torfmoore der Region versorgten die Lofoten lange Zeit mit Brennstoff. Seit zwei Jahrzehnten steht die Insel unter Naturschutz. Auf bequeme und trotzdem sanfte Weise lässt sich die einzigartige Flora und Fauna erforschen: Auf dem Rücken von Islandpferden geht es nachhaltig und mit erhöhter Sicht auf Erkundungstour.**

In Pastellfarben legt sich die Abenddämmerung über Austvågøya und die typischen Rorbuer bei Kabelvåg.

# Wer will hier schon schlafen?

Staunst Du noch oder schläfst Du schon? Das ist die Frage bei diesen spektakulären Bleiben. Ob in nordlichtumspielten Glas-Iglus oder in Baumhotels in luftiger Höhe – hier wird das Wohnen zum Naturerlebnis.

Inmitten der finnischen Winterlandschaft locken die Glasiglus des Arctic Resort Kakslauttanen.

## Kakslauttanen

**Der Polarkreis liegt 250 Kilometer südlicher, zum Nordkap sind es 460 Kilometer. »Wir sind von allem weit weg«, so der Besitzer Jussi Eiramo. Und in der Tat will die Einöde kein Ende nehmen in Kakslauttanen, wo er mitten in Lappland seit den 1970er-Jahren eine der ungewöhnlichsten Unterkünfte Finnlands führt: das Kakslauttanen Arctic Resort mit urigen Blockhütten und kitschigen Königinnensuiten, dampfenden Saunen und natürlich einem »Haus des Weihnachtsmannes«. Doch die meisten wollen in den Glasiglus nächtigen, die zur Winterzeit wie leuchtende Kokons im Schnee liegen. Innen relativ schlicht gehalten, erwarten die Gäste mit Spannung die nächtliche Himmelsshow. Schon die schneeschweren Tannen rund um die Glaskugel-Behausungen sind schön und natürlich die funkelnden Sterne. Aber alle hoffen auf die Nordlichter, wie sie durch die arktische Finsternis tänzeln und die Glasiglu-Nacht von Kakslauttanen zu einem unvergesslichen Erlebnis machen.**

## Bett im Baumwipfel

In Schwerin kann man auf Kapuzineraffen oder Nasenbären schauen und im Schwarzwald ins hübsche Tal blicken. In Frankreich gibt es sogar die Château-Variante mit Terrasse und eigenem Whirlpool. Baumhaus-Hotels liegen im Trend und sind nicht nur unter verzichtfreudigen Öko-Freaks populär. Es gibt Baumbleiben mit schlichtem Holzhüttencharme oder in futuristischem Designerlook, in Eiform oder als Kugel. Manche stehen mitten in Städten, andere mitten im Wald. Die Auswahl ist enorm und eine Frage von Geschmack und Geldbeutel.

Doch in einem sind sich fast alle Architekten einig: eine Bleibe zu schaffen, die Mensch und Umwelt in Einklang bringt, oder wie es »der Herr der Baumkronen«, der Südtiroler Stararchitekt Peter Pichler formuliert: »Wir wollen sicherstellen, dass wir durch unsere Entwürfe etwas an [die Natur] zurückgeben.« Dazu gehört fraglos eine gut integrierte, nachhaltige Architektur wie bei den Baumhäusern.

Beste Aussicht auf das winterliche Finnland (oben) oder auf den Waldreichtum des Landes (unten).

# Mayo: Sternenschau im Moor

Tief im Westen, wo die Sonne hinter dem Atlantik versinkt, liegt Irlands erster Sternenpark. Auf 150 Quadratkilometern erstreckt er sich von der Küste bis zum Nephin-Bergzug. Kaum eine Menschenseele stört den nächtlichen Himmelsblick.

## REISE-INFOS

**Wo? Mayo County (Maigh Eo), Irland**
**Wie? Der Ireland West Airport Knock wird von Maschinen aus vielen britischen Städten angeflogen. Von Castlebar gibt es Zugverbindungen nach Dublin (235 km).**
**Übernachtung: In Mulranny oder Newport: Vom Campingplatz und Bauernhof bis zum Landhaus, Bed & Breakfast oder Boutiquehotel gibt es eine große Auswahl.**
**Info: www.mayodarkskypark.ie**

»Hohe Hügel wechseln sich mit kargen Moorlandschaften und sumpfigen Tälern ab«, so beschreibt der berühmte Naturforscher Robert Lloyd Praeger (1865 bis 1953) in seinem 1937 erschienenen Outdoor-Klassiker »The Way That I Went« die Landschaft in der Grafschaft Mayo. Diese wilde und kaum besiedelte Region hatte es dem irischen Gelehrten besonders angetan. Es hat sich kaum etwas geändert. Gerade mal 23 Menschen pro Quadratkilometer leben hier. Damit zählt das County Mayo zu den menschenleersten Regionen der grünen Insel.

Nicht nur Wanderer und Sternenschauer fühlen sich in den Nephin Mountains wohl, sondern auch Bergschafe.

Wasserreich zeigt sich der Ballycroy National Park, der so einen wertvollen Lebensraum für seltene Arten bietet.

Kein Wunder, dass sich in dieser moorigen und grasreichen Hügellandschaft seit 2016 auch Irlands erster Sternenpark befindet. »Wo der dunkelste Himmel die hellsten Sterne offenbart«, wirbt der Mayo Dark Sky Park für sich und lockt damit zunehmend Besucher in die abgelegene Region zwischen Atlantik und dem Wild Nephin National Park. Und in der Tat:

**Wenn es nicht regnet (und das tut es im Schnitt an 230 Tagen im Jahr), eröffnet sich ein rabenschwarzer Himmel mit einem glitzernden Sternenspiel.**

Mehr als 4500 Himmelskörper haben die irischen Astrofans gezählt. Aber auch tagsüber hat es die wilde Natur in sich.

## Irlands wilder Westen

**Ein Glück, dass die Naturschützer sich durchgesetzt haben, denn seit Etablierung des Wild Nephin National Park 1998 ist das Owenduff Moor mit seiner einzigartigen Flora und Fauna sich selbst überlassen. Als eines der größten intakten Regenmoore Europas blieb es von Torfabbau und Entwässerung weitgehend verschont. Teil dieses Ökosystems sind Owenduff- und Tarsaghaun River, die beide ins Meer nordwestlich von Ballycroy fließen und wie eine natürliche Drainage fungieren. Anfänglich unter dem Namen Ballycroy National Park bekannt und 2018 erweitert, ist nun ein gewaltiger Naturraum rund um die Nephin Beg Mountain Range geschützt. Das gefällt sicherlich auch dem Irischen Hasen, der bevorzugt durch die Moorgebiete hoppelt. Bei seiner nächtlichen Futtersuche lässt er sich ungern stören – auch nicht von einem funkelnden Sternenhimmel.**

# + NICHT VERPASSEN! +

## Achill Island

Die mit gut 140 Quadratkilometern Fläche größte Insel Irlands ist durch eine Brücke mit dem Festland verbunden. Bis ins 20. Jahrhundert verständigten sich die Bewohner hier fast nur auf Irisch, in der östlichen Hälfte der Insel wird bis heute die alte Sprache gepflegt. Im 16. Jahrhundert nutzte die Piratenkönigin Grace O'Malley die Abgeschiedenheit der Insel und errichtete eine Basis im Kildavnet Tower an der Ostküste.

**Kunstsinnig** *Die inspirierende Landschaft dieser Insel hat auch immer wieder Künstler angezogen. Der irische Maler Paul Henry kam 1910 für einen kurzen Aufenthalt – und blieb neun Jahre lang. Der englische Schriftsteller Graham Greene soll den Roman »Das Herz aller Dinge« in einem Cottage in Dooagh fertiggestellt haben, und Heinrich Böll schilderte in seinem »Irischen Tagebuch« seine Eindrücke vom Leben auf Achill Island.*

## Keem Bay auf Achill Island

**Wind zerzaust die Wolken, eine gewundene Straße führt die Felsen hinab zum einsamen Strand, den manche auch »das Ende der Welt« nennen. Ab und zu versperrt eine kleine Gruppe Schafe die Durchfahrt und alle Autoinsassen lassen sich von der Aussicht über die Hänge und die wilde Meeresbucht gefangen nehmen. Keem Bay ist sicher einer der schönsten Landschaftsspots und liegt dort, wo die westliche Landzunge von Achill Island in den Atlantik ragt. In der Vergangenheit war das Gebiet ein wichtiger Standort für die Hai-Fischerei. Als die Tiere noch gejagt wurden, platzierten die Fischer die sogenannten Spotter auf die Felsen über der Bucht, die mit Ferngläsern die Tiere identifizierten. Wenn ein Spotter einen Hai gesichtet hatte, setzte sich das Fischerboot in Bewegung, um Jagd auf das riesige Tier zu machen. Besonders das Fischöl war hochbegehrt als Schmiermittel in der Luft- und Raumfahrt, tausende Haie wurden hier getötet. Heute sind Sichtungen der majestätischen Tiere selten geworden, aber es gibt sie noch vereinzelt.**

## Mullet Peninsula

Nördlich von Achill Island ragt die über 25 Kilometer lange Halbinsel Mullet in das Meer hinein. Die Moorlandschaft der Halbinsel und die vorgelagerten Inishkea-Inseln sind geschützte Lebensräume für seltene Vogelarten. So kann man auf dem Termon Hill Schneeeulen und am Downpatrick Head Eissturmvögel beobachten. Unweit des Termon Hill bei Fallmore befinden sich die denkmalgeschützten Ruinen der St Dairbhile's Church, einer der ältesten Kirchen Irlands. Der Hauptort Belmullet ist über eine schmale Landbrücke mit dem Festland verbunden. Am Ende dieser Landbrücke am Doonamo Point kann man Überreste eines Ringforts und Bienenkorbhütten bestaunen. Weiter nördlich, in Belderg, wurden 3500 Jahre alte Siedlungsstätten freigelegt. Von dem rund 310 Meter hohen Hill of Glinsk bei Belderg hat man die schönste Aussicht über die Mullet-Halbinsel.

## Nordküste von Mayo

Westlich von Belderg an der Nordküste des County Mayo ließen sich bereits vor 7000 Jahren Menschen nieder. In der Moorlandschaft von Céide Fields wurden seit den 1930er-Jahren Reste eines etwa zehn Quadratkilometer großen Siedlungsgebiets aus der Jungsteinzeit ausgegraben. Es ist eine der größten Fundstätten aus dieser Zeit und offenbart Aufschlüsse über die Epoche, in der der Mensch sesshaft wurde. Auch in Ballycastle konnten Megalithgräber und andere archäologische Reste freigelegt werden.

**Moderne Kunst** *Die Nordküste Mayos säumen aber auch zahlreiche neue Skulpturen: Diese wurden in den 1990er-Jahren im Rahmen des größten Kunstprojekts der irischen Geschichte geschaffen. Als Erinnerung an die lange Siedlungstradition sind sie über den »North Mayo Sculpture Trail« miteinander verbunden.*

Mal karg und schroff, mal grasbewachsen und sanft zeigt sich die Küstenlinie von Achill Island. Sogar weiße Sandstrände lassen sich hier finden. Und immer wieder trifft man auf friedlich grasende Schafe.

# Weiße Nächte in Nordschweden

Es ist, als wäre die Dämmerung im Dauermodus. Dann hüllt sich der Horizont in ein nicht endendes Rot oder Hellblau, und die Landschaft in pastellfarbene Töne. Die »Weißen Nächte« zählen zu den eindrücklichsten Sommerlebnissen Schwedens. Je nördlicher, desto schöner.

Eine halbe Stunde nach Mitternacht und doch taghell – in Schwedens Norden faszinieren die Sommernächte.

Ob zum Skifahren oder Rudern – dank der Mitternachtssonne ist es dafür in Schweden auch nachts hell genug.

## REISE-INFOS

**Wo? Kiruna, Norrbottens län, Schweden**
**Wie? Die nördlichste Gemeinde Schwedens ist gut per Flug und Zug erreichbar.**
**Übernachtung: Eine Vielfalt an Unterkünften im Gemeindebezirk von Pensionen und Landresorts bis zu Bed & Breakfast und Sternehotels**
**Info: www.kirunalapland.se**

Es gibt Gegenden, da sind die Sonnenauf- und untergänge so unwirklich schön, dass sich Menschen extra an bestimmte Orte begeben, um das Naturschauspiel zu betrachten. Doch leider ist das Schauspiel innerhalb weniger Minuten vorbei. An den Orten rund um den Polarkreis ist das anders. Weil der Nordpol der Sonne im Sommer immer zugewandt ist, geht diese niemals unter, sondern färbt den Himmel manchmal den ganzen Tag rot. Eine Faustregel lautet: Je weiter nördlich man sich aufhält, desto länger scheint die Sonne. Für Lappland heißt das, es wird etwa von Ende Mai bis Mitte Juli nicht richtig dunkel. Dass man das Schlafzimmer verdunkeln muss und man selbst um Mitternacht ohne künstliches Licht lesen kann, ist das eine. Das andere ist, dass die Nordschweden geradezu aufblühen und schon mal nachts in den See hüpfen oder sich mit Nachbarn treffen. Sie machen im wahrsten Sinn des Wortes die Nacht zum Tag und bieten das nur zu gern auch ihren Gästen an. So ist es möglich, zu Zeiten an Wanderungen oder Walsafaris teilzunehmen, zu denen man normalerweise längst schlummern würde. Golfplätze haben geöffnet, man bricht erst am Abend zu einer Paddeltour oder zum Angeln auf. Am besten genießt man das Phänomen auf einem Gipfel und bei möglichst wolkenlosem Himmel.

**Feierwütig** *Mit 19 447 Quadratkilometern ist Kiruna fast halb so groß wie die Schweiz. Von Ende Mai bis Mitte Juli geht in der nördlichsten Gemeinde Schwedens die Sonne gar nicht unter (dafür die letzten drei Dezemberwochen gar nicht auf). Das sind fast 50 Tage reine Mitternachtssonne und 50 weitere weiße Nächte. Das wird von den gut 23 000 Bewohnern kräftig gefeiert – durch Open-Air-Konzerte, Ausstellungen und allerlei »nächtliche« Outdoor-Aktivitäten. Vor allem das »Kiruna Festival« Ende Juni/Anfang Juli zieht Tausende Besucher an. Tipp der Einheimischen für Schlafsuchende: einfach eine Schlafmaske aufsetzen!*

Westlich von Kiruna wartet die eindrucksvolle Berglandschaft Nordschwedens mit den Gipfeln Kebnekaise, Tuolpagorni und Co. Ersterer ist der höchste Berg des Landes mit einer Höhe von 2097 Metern.

## NICHT VERPASSEN!

### Jukkasjärvi

Schon seit dem frühen 17. Jahrhundert ist Jukkasjärvi besiedelt, doch viele Menschen sind es nicht, die hier dauerhaft leben. Trotzdem ist der »Treffpunkt«, wie Jukkasjärvi übersetzt heißt, heutzutage extrem bekannt. Denn hier steht das Eishotel! Inzwischen gibt es einige, doch das in Jukkasjärvi ist das Original, entstanden 1989, als man eine Eisskulpturenausstellung erweitern wollte. In kunstvoll gestalteten Zimmern zu übernachten, ist ein Erlebnis, doch schon der Besuch der Bar, das Glas zwischen von dicken Handschuhen gewärmten Fingern, ist unvergesslich. Jedes Jahr wurde das Baumaterial für das neue Hotel aus dem 520 Kilometer langen Torne-Fluss geholt. Schmolz das Gebäude, kehrte das Wasser dorthin zurück. Seit Neuestem steht ganzjährig ein Eishotel in Jukkasjärvi, gekühlt mit der Kraft der Sonnenenergie.

### Kiruna

Weiter nach Norden geht es nicht, jedenfalls wenn man sich in einer schwedischen Stadt aufhalten möchte. Kiruna lebt vom Eisenerz. Genauer gesagt, von einer der größten Erzminen dieser Erde. Die Industriestadt hat sich hier wegen der gigantischen Rohstoffvorkommen angesiedelt, jetzt muss sie ihretwegen umziehen. Die komplett aus Holz errichtete Kirche von 1912 mit ihrem Glockenturm ebenso wie der Turm des Stadthauses, eines der Wahrzeichen Kirunas. Um die Erzvorkommen unter dem Ortskern abbauen zu können, ohne dass ganze Straßenzüge einstürzen, müssen Menschen und Bauwerke wenige Kilometer nach Osten ziehen, ein Jahrhundertprojekt. Um das zu verstehen, lohnt ein Besuch im unterirdischen Info-Museum des Minenbetreibers.

Anfang des 20. Jahrhunderts errichtete man die Kirche von Kiruna nach Plänen Gustaf Wickmans.

**Schätze in der Tiefe** *Ebenfalls tief unter der Erde wartet die Kåppashålagrotte, eine der größten Grotten Schwedens, mit spektakulären Wasserfällen.*

### Kebnekaise

Wenn es hier zu schneien beginnt, sollte die Tour abgebrochen werden. Denn der Kebnekaise ist mit rund 2100 Meter Höhe nicht nur der höchste Berg Schwedens, sondern ragt auch 200 Kilometer nördlich des Polarkreises in den Himmel. Da wird es oft ungemütlich, das Wetter wechselt schnell. Bei guter Sicht gibt es täglich geführte Touren die steilen Hänge hinauf, Ausgangspunkt dafür ist die Kebnekaise Fjällstation.

### Nationalpark Abisko

Nördlich des Polarkreises gehorcht die Natur ganz eigenen Gesetzen. Sie ist immer gierig danach, jede Sekunde des Lichts auszukosten, solange es geht und solange die ewige Nacht des Nordwinters noch nicht das Land in einen traumlosen Dornröschenschlaf versetzt. Dieses Aufbegehren gegen die Mächte der Dunkelheit kann man nirgendwo eindrucksvoller erleben als im Abisko-Nationalpark. Hier tobt sich die Natur in den kurzen Sommern aus wie ein übermütiges Kind, um dann die Landschaft im Herbst in ein überschäumendes Farbenmeer zu tauchen, als sei ein Maler im Genierausch am Werk – auch wenn dieses Werk keinen Bestand haben wird.

Naturfreunde haben in der Region viel zu erkunden: Entweder geht es hoch hinaus auf den Kebnekaise (ganz oben) oder man lauscht dem Rauschen des Abiskojåkka, der sich durch den Abisko-Nationalpark zieht (oben).

# Befeuere den Entdeckergeist

Von Wandern in Andalusien bis Schwimmen auf Zypern hat der europäische Kontinent eine gewaltige Fülle von Outdoor-Optionen im Angebot. Manchmal kommt man sich wie im Thriller vor, beispielsweise auf dem »Caminito del Rey«, wo der Weg entlang steiler Felswände führt. Dann wieder wie in einer Romanze, etwa beim Vollmondtauchen vor der Mittelmeerküste. Und nicht selten wie in einer Komödie, wenn beispielsweise sich die Gesichtszüge beim Rafting in den Julischen Alpen ungewollt zu Grimassen verzerren. Doch am meisten erfüllt einen wohl Staunen und Ehrfurcht. Wenn man etwa beim Schneeschuhwandern im finnischen Kainuu auf frische Rentierspuren stößt, im Paterzeller Eibenwald vor uralten Baumriesen steht oder auf Island klirrende Eishöhlen erkundet.

»Gehen ist des Menschen beste Medizin« hat schon der griechische Arzt Hippokrates von Kos (um 460–370 v. Chr.) gelehrt. Das gilt nicht nur für den Körper, sondern auch fürs Gemüt. »Wandern ist eine Tätigkeit der Beine und ein Zustand der Seele«, meinte der bayerische Lehrer und Schriftsteller Josef Hofmiller (1872–1933). Aber das stimmt auch beim Schwimmen, Canyoning und Klettern. Denn egal auf welche Weise jemand die Natur erkundet – sie wirkt tief bis ins Herz hinein.

# Schnorcheln im Schmalen Luzin

Oft kommt es nicht vor, dass ein Ort in Mecklenburg-Vorpommern mit exotischen Destinationen in Thailand, Ägypten oder Panama im gleichen Atemzug genannt wird. Doch wenn es sich um einen etwa sechs Kilometer langen See inmitten der Mecklenburgischen Seenplatte handelt, geraten Schnorchelfans weltweit ins Schwärmen. Seine Unterwasserwelt nämlich hält dem Vergleich mit bekannten Hotspots mühelos stand. Und das nicht nur, weil im glasklaren Wasser des Sees die »Korallen des Nordens« in sehenswerter Pracht gedeihen.

Mit Taucherbrille ausgestattet staunt man, was es unter der Wasseroberfläche alles zu entdecken gibt!

Neben Aktivitäten unter Wasser lädt der Schmale Luzin auch zu Paddeltouren auf ihm und Sprünge in ihn ein.

## REISE-INFOS

**Wo? Feldberger Seenlandschaft, Mecklenburg**
**Wie? Nächster Ort ist Feldberg.**
**Info: www.feldberg.m-vp.de/hullerbusch-und-schmaler-luzin**

Der Schmale Luzin befindet sich in der ursprünglichen Natur der Feldberger Seenlandschaft, die wiederum im Osten des Müritz-Nationalparks liegt. An seiner breitesten Stelle misst der flussartige Rinnensee lediglich 300 Meter, schlängelt sich dafür aber sieben Kilometer lang vom Breiten Luzin aus gen Süden. Kein Motorengeräusch stört hier die Stille: Das Befahren ist nur mit Elektrobooten erlaubt. Beim Örtchen Hullerbusch lässt es sich mit einer der letzten handbetriebenen Seilfähren Europas trockenen Fußes übersetzen.

Wassersportler jedoch zieht es geradezu magisch hinein ins türkis glitzernde Nass, um die einzigartige Unterwasserwelt zu erkunden. Schnorchler kommen hier ebenso auf ihre Kosten wie Taucher, denn ein Highlight des Schmalen Luzins befindet sich in der sogenannten Hechtbucht, nahe am Ufer und in geringer Wassertiefe: Kaltwasserkorallen. Die sensiblen Süßwasserschwämme, auch als »Korallen des Nordens« bekannt, finden dort an den zahlreichen, ins Wasser gefallenen Bäumen optimalen Lebensraum. Ihre verzweigten Äste bewegen sich sanft in der Strömung und in ihrem leuchtenden Grün verbergen sich Hechte. Die Raubfische lassen sich ebenso wie Aale, Zander und Schleie bei Sichtweiten von bis zu zehn Metern mit Schnorchel und Tauchermaske bestens von der Wasseroberfläche aus beobachten.

### Kneippen in der Feldberger Seenlandschaft

**Wo könnte man besser etwas für seine Gesundheit tun als in einer üppigen Natur mit sauberer Luft? Schon Ende des 19. Jahrhunderts lockte eine Wasserheilanstalt erholungsbedürftige Menschen in die Feldberger Seenlandschaft. Und schon damals setzte man die Erkenntnis von Pfarrer Kneipp ein – eine Heilmethode, die auf dem Zusammenspiel der fünf Elemente Wasser, Ernährung, Bewegung, Kräuter und innere Ordnung aufgebaut ist. Die Wirksamkeit seiner Therapie ist längst wissenschaftlich nachgewiesen. Neben den Kneipp-Anlagen sind in der Seenlandschaft ein Kurpark mit Barfußpfad und Gräserlabyrinth, ein Fitness-Parcours und fünf Nordic-Walking-Strecken integriert worden. Wahrhaftig ein Ort, der Körper und Geist Gutes tut.**

## NICHT VERPASSEN!

### Naturpark Uckermärkische Seen

Nähme man von Berlin aus den direkten Weg hinauf an die Ostsee, würde man mitten durch den Naturpark Uckermärkische Seen fahren. 897 Quadratkilometer ist er groß, knapp die Hälfte der Fläche ist von Wäldern bedeckt. Das sind im Norden vor allem Hain- und Rotbuchen, Eichen und Ahorn. Im Süden bestimmen Kiefern das Bild. Erwähnenswert sind auch mehrere Hundert Apfelsorten, die im Naturpark zu finden sind, sowie die mächtigste Lärche des gesamten Landes. Gewässer und Moore nehmen zehn Prozent des Umfangs ein. Trotzdem hat der Park 230 Seen zu bieten! Neben 25 Naturschutzgebieten, die hier eingerichtet wurden, sind vor allem zwei EU-Vogelschutzgebiete zu nennen, die zusammen 577 Quadratkilometer für sich beanspruchen.

**Tierisch viel los** *Nur an wenigen Orten tritt der Fischadler in so großer Zahl auf wie hier. Kein Wunder, dass er zum Wappentier des Parks erkoren wurde. An den Gewässern sind Krick-, Schell- und Knäkenten zu Hause. Doch nicht nur in der Luft ist die Artenvielfalt groß. Am Boden tummeln sich Fischotter, die in ihrem Bestand in Deutschland stark bedroht sind. Auch die Europäische Sumpfschildkröte, in freier Wildbahn nur selten zu sehen, ist im Park anzutreffen.*

### Großer Lychensee

Inmitten von sieben Seen, dem sogenannten Lychener Seenkreuz, liegt die Flößerstadt Lychen. In ihrem Herzen befindet sich das Strandbad des knapp 20 Meter tiefen Großen Lychensees. Vorbei an drei Inselchen gelangt man von hier aus über den Haussee in die Obere Havel-Wasserstraße. Vielleicht kommen deshalb viele Wasserwanderer hierher, die am Strandbad einen Liegeplatz und Übernachtungs-

Am Großen Lychensee kann man in den Abendstunden die Ruhe der Natur genießen.

möglichkeiten vorfinden. Außer an den Badestellen ist das Seeufer meist bewaldet.

## Neubrandenburg

»Stadt der vier Tore«, nennt sich Neubrandenburg gerne, eine Bezeichnung, die durchaus zutrifft, denn auf etwa 2300 Meter Länge umschließt die mittelalterliche Stadtmauer mit bis zu sieben Meter Höhe nahezu vollständig das historische Stadtzentrum. Eingebettet in den fast kreisrunden Mauerring sind die vier wunderschön anzusehenden, spätgotischen Stadttore aus dem 13. bis 15. Jahrhundert: das Friedländer Tor, das Stargarder Tor, das Treptower Tor und das Neue Tor. Ebenfalls charakteristisch für die Neubrandenburger Verteidigungsanlage sind die in die Stadtmauer eingebauten Wiekhäuser. Stadtseitig offen und mit drei Außenwänden, die mit Schießscharten versehen waren, konnten angreifende Feinde über die historischen Wehrtürme bekämpft werden.

## Burg Stargard

**Burg Stargard aus dem 13. Jahrhundert ist die nördlichste Höhenburg Deutschlands und das älteste weltliche Bauwerk in ganz Mecklenburg-Vorpommern. Die Anlage besteht aus einer Vor- und einer Hauptburg mit elf noch erhaltenen Gebäuden und prägt mit dem Bergfried als Wahrzeichen die Erscheinung der gleichnamigen Stadt. Der mittelalterliche Marstall in der Vorburg beherbergt heute ein interessantes Museum. Wo einst die Schlachtrosse von 30 Rittern ihr Quartier hatten, erinnert die Ausstellung »Das Ross – eine Kulturgeschichte des Pferdes« an die einstige Funktion dieses Gebäudes. Im Wurz- und Krautgarten wachsen heute noch Heil-, Wurz- und Küchenkräuter, Färber- und Giftpflanzen sowie alte Gemüsesorten. Das große Burgfest am zweiten Augustwochenende zieht jedes Jahr viele Besucher an.**

In der Dämmerung leuchten die alten Mauern und Steine der Burg Stargard rötlich.

# Höhlenwandern in der Eisriesenwelt

Unmittelbar hinter dem Pass Lueg, der ersten sanften Hürde auf dem Weg durch das Salzachtal Richtung Süden, weist ein Schild den Weg zur Eisriesenwelt. Hinter dem so rätsel- wie zauberhaften Namen verbirgt sich eine echte Sensation: die weltweit größte Eishöhle – ein über 47 Kilometer langes, auf rund 30 000 Quadratmetern mit einer Eisglasur überzogenes unterirdisches Labyrinth.

## REISE-INFOS

**Wo? Werfen, Salzburger Land, Österreich**
**Wann? Mai bis Oktober**
**Info: www.eisriesenwelt.at**
**Kosten: 28 Euro pro Person für Höhlenbesuch und Seilbahnfahrt; ohne Seilbahnfahrt: 14 Euro pro Person**

Wer dieses Naturwunder sehen will, der muss zunächst eine kleine Wanderung vom Parkplatz aus unternehmen; dann geht es ein Stück mit Österreichs steilster Seilbahn und abermals 15 Minuten zu Fuß weiter. Doch was den Besucher im Berginneren erwartet, lohnt den mühevollen Aufstieg: eine 75-minütige geführte Wanderung durch gigantische, von buntem Magnesiumlicht angestrahlte Felsdome

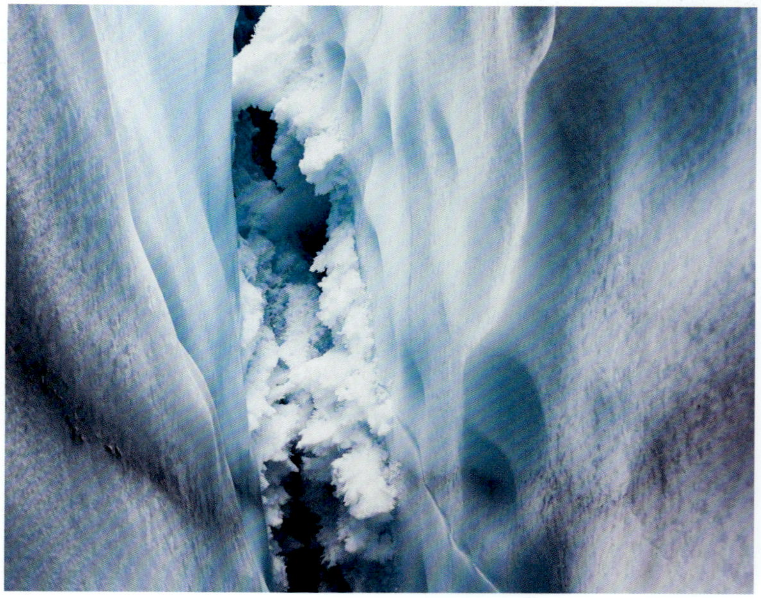

Von Türkis bis Hellblau – wie viele unterschiedliche Töne Eis annehmen kann, lernt man in der Eisriesenwelt.

Klein und Groß werden sich in der Eisriesenwelt wie richtige Höhlenforscher fühlen. Und tatsächlich gibt es hier neben dem gefrorenen Element selbst so einiges Spannendes zu entdecken!

und -hallen, vorbei an glitzernden Eisseen und funkelnden gefrorenen Wasserfällen. Durch spezielle Beleuchtung kommen die gefrorenen Kunstwerke der Natur noch deutlicher zum Vorschein.

**Der Name der Höhle leuchtet ein, sobald man als kleiner Mensch so mächtigen Eisformationen gegenübersteht.**

Während der Führung kann man die kristallenen Gebilde mithilfe von Grubenlampen näher in Augenschein nehmen. Von Anfang Mai bis Ende Oktober ist die Eisriesenwelt geöffnet; mittlerweile kommen täglich bis zu 2500 Gäste auf den Berg.

**Warm anziehen!** *Besucher sollten unbedingt festes Schuhwerk und warme Kleidung tragen, denn selbst in den Sommermonaten herrschen in der Höhle konstant eisige 0 °C.*

# NICHT VERPASSEN!

## Werfen und Burg Hohenwerfen

Mit knapp 3000 Einwohnern ist Werfen die zweitgrößte Gemeinde im Pongau. Besucher kommen vor allem wegen der Festung Hohenwerfen aus dem 11. Jahrhundert oder der Eisriesenwelt hierher. Doch neben diesen absoluten Top-Attraktionen hat der Ort noch weitere interessante Sehenswürdigkeiten zu bieten: Für Kenner des Films »The Sound of Music« über die Trapp-Familie gibt es einen eigenen Trail, auf dessen Stationen bekannte Liedtexte zum Mitsingen das Wandern bereichern. Zahlreiche weitere Wanderwege erschließen die Umgebung. Jung und Alt begeistert auch der Tauernradweg. Ganz Sportliche kommen beim Jetbootfahren, Canyoning oder Paragliding voll auf ihre Kosten. Einen Tag Zeit sollte man sich trotz des großen Freizeitangebots für die Erlebnisburg Hohenwerfen nehmen: Der Höhepunkt einer Besichtigung ist die Flugshow des Landesfalkenhofes.

## Salzburg

Das »Herz vom Herzen Europas« nannte Hugo von Hofmannsthal die Hauptstadt des Salzburger Landes. Sie zählt trotz ihrer Kleinheit – und nicht nur dank ihres Genius Loci namens Mozart – zu den großen Kunstmetropolen Europas, wenn nicht sogar der Welt. Hohenfeste, Dom, Kollegienkirche, Residenz, St. Peter und Schloss Mirabell: Das urbane Gesamtkunstwerk an der Salzach zwischen Kapuziner-, Mönchs- und Festungsberg belebt und betört die Sinne mit seinem überquellenden Barockambiente und faszinierenden Kulturangebot. Zu verdanken hat die Nachwelt dieses Juwel von einer Stadt wesentlich Erzbischof Wolf Dietrich von Raitenau. Dieser ließ um die Wende zum 17. Jahrhundert ihren halben mittelalterlichen Kern abreißen und die zentralen Freiräume anlegen.

## Lammerklamm

Vor über 20 000 Jahren grub sich das Wasser während der Eiszeit Stück für Stück in den Fels, bis es die Lammerklamm in ihrer heutigen Form ausgebildet hatte. Von Mai bis Oktober kann man durch sie hindurchwandern und über die Kraft des Wassers staunen. Besonders imposant ist die »Dunkle Klamm«. Nur etwa einen Meter weit sind die Felswände hier voneinander entfernt, Licht fällt kaum noch bis auf den Boden und das einzige Geräusch ist das rauschende Wasser, dessen Klang die Wände wie in einer Höhle gefangen halten.

## Hallein

Schon der Name dieser zweitgrößten Stadt des Salzburger Landes, des Hauptorts des Tennengaus, bezeugt ihr hohes Alter: Die Stammsilbe »hal«, die

Dank der über der Stadt thronenden Festung wirken selbst die höchsten Kirchtürme Salzburgs gediegen.

Von Wald und einer mächtigen Bergkulisse umgeben, wacht die Festung Hohenwerfen über die Landschaft.

auch im Ortsnamen des benachbarten Bad Reichenhall sowie in dem von Hallstatt steckt, steht in der keltischen Sprache für »Salz«. Die verträumten Gassen mit ihren uralten, im typischen Salzach-Inn-Stil erbauten Häusern machen den sehr gepflegten Stadtkern zu einem Kleinod mittelalterlicher Baukunst. Herausragend im doppelten Sinne sind die Stadtpfarrkirche und das spätgotische Peterskirchlein. Gleichfalls im Kirchenbezirk steht das heute als Museum gestaltete einstige Wohnhaus von Franz Xaver Gruber, dem Komponisten von »Stille Nacht, heilige Nacht«.

## Salzwelten

**Die so reiche Geschichte des einstigen Erzbistums war untrennbar mit dem Salz verknüpft. Auf der Gewinnung des »Weißen Goldes« (und des echten, des »Tauerngoldes« aus den zentralen Alpen) basierte über viele Jahrhunderte der Reichtum des Landes. Ihm verdankt letztlich auch die Stadt Salzburg ihre barocke Pracht. Bereits vor 2500 Jahren erschlossen keltische Knappen mit einfachsten Holz- und Bronzewerkzeugen sowohl die Salzlagerstätten auf dem Dürrnberg bei Hallein als auch jene im nahen Salzkammergut. Als das von den Römern kostengünstig produzierte Meersalz dem Steinsalz aus den felsigen Tiefen den Rang ablief, fiel der hiesige Abbau in einen Dornröschenschlaf. Wach geküsst wurde er erst um 1200. Damals ersannen Mönche das Laugverfahren, bauten riesige Siedepfannen und beförderten die durch Verdunstung gewonnene Substanz mittels Säumern bis nach Venedig und flussabwärts in deutsche und böhmische Lande. Bis ins späte 16. Jahrhundert war Hallein die bedeutendste Saline im Ostalpenraum. Seit ihrer endgültigen Stilllegung 1989 ist sie als Schaubergwerk eine der großen Attraktionen der Region. Mit dem Grubenhunt, auf dem Hosenboden über Holzrutschen und an einer Stelle per Boot auf dem magisch illuminierten Salzsee das viele Kilometer lange Stollensystem zu erkunden, ist ein Riesenspaß für die ganze Familie und lehrreich obendrein.**

# Ewige Jugend finden auf Zypern

Der Nationalpark Petra tou Romiou zwischen Paphos und Limassol mit seinen spektakulären Felsformationen gehört zu den schönsten Küstenabschnitten Zyperns. Die Landschaft bildet hier ein vielgestaltiges Relief aus Küste, Tälern und Bergen. Und über allem schwebt der Geiste der Aphrodite-Sage.

## REISE-INFOS

**Wo? Südöstlich von Paphos, bei Kouklia, im Südwesten von Zypern**

**Wie? Mit Auto in ca. 30 Minuten ab Limassol**

**Wann? März bis Oktober**

Zuerst die Fakten: Der Nationalpark liegt im Südosten des Bezirks Paphos, umfasst eine Fläche von 3,51 Quadratkilometern und weist aus geologischer Sicht interessantes Kalkgestein auf – der vielleicht schönste und spektakulärste Küstenabschnitt Zyperns mit geologisch interessanten Felsformationen. In einer Bucht mit grobkörnigem Strand und Abertausend glatt polierten Kieseln, ragen einige Kalksteinfelsen unterschiedlichster Größe aus dem Meer. Der größte, an einen mächtigen Keil erinnernde Fels, heißt Petra tou Romiou oder Fels der Römer.

Um sich aber nun der mythologischen Bedeutung des Orts zuzuwenden: Hier an dieser Stelle soll dereinst die Göttin der Liebe und der Schönheit, Aphrodite, dem Meer entstiegen sein. Die Schaumgeborene, was ihr Name bedeutet, ging dann auch sogleich ans Werk, weckte romantische Gefühle zwischen Göttern und Menschen und spann Intrigen. Das Volk der Zyprer verehrte sie dennoch kultisch. Die hiesige Flora steht ganz im Zeichen der Göttin: Die Wildrose war ihr Lieblingsduft, der Granatapfelbaum steht für Fruchtbarkeit, und die Tamariske symbolisiert Schönheit und Jugend.

**Liebe und Jugend** *Wer den Felsen dreimal umrundet, wird mit ewiger Liebe belohnt, so der Volksglaube. Und es kommt noch besser: Wer bei Vollmond um Mitternacht an dieser Stelle im Meer schwimmt, bleibt ewig jung.*

## Aphrodite, Göttin der Liebe

**Die griechische Mythologie kennt sie als Göttin der Liebe, der Schönheit und der sinnlichen Begierde: Aphrodite, eine der zwölf Gottheiten auf dem Olymp. Um ihre leiblichen Eltern und ihre Geburt ranken sich zahlreiche Legenden, von denen eine mit Zypern verwoben ist. Denn der griechische Dichter Hesiod sieht in Aphrodite die letzte Tochter des Uranos. Ihm hieb auf Geheiß Gaias der gemeinsame Sohn und Titan Kronos die Hoden ab und warf sie achtlos ins Meer. Blut und Samen vermischten sich mit dem salzigen Wasser, das ringsum aufschäumte und dem vor der Küste Zyperns die göttliche Aphrodite entstieg. Als »Schaumgeborene« ist die Göttin, nach deren Willen sich Menschen ineinander verlieben, seither bekannt.**

Früh aufstehen lohnt sich: In der Morgendämmerung ist es um den Aphrodite-Felsen herum noch herrlich ruhig.

## + NICHT VERPASSEN! +

### Paphos

Im 4. Jahrhundert v. Chr. wurde am Ort der heutigen Stadt das antike Neu-Paphos gegründet; hier gab es ein Heiligtum der Aphrodite. Die Reste von Befestigungsmauern, Grabanlagen und von aufwendigen Mosaiken zeugen von der Bedeutung des antiken Paphos als Handelsplatz bis in die Zeit der Römer hinein. In den Königsgräbern von Paphos sind hohe Beamte der einstigen ptolemäischen Verwaltungsstadt bestattet. Diese Gräber schlug man aus dem Fels heraus, und sie weisen Atrien mit Pfeilergalerien auf. Die meisten wurden in die Wände gemeißelt. Eines der prächtigen römischen Fußbodenmosaiken im Haus des Theseus illustriert den Kampf zwischen Theseus und dem Minotaurus.

### Blaue Lagune

Das sonnenverwöhnte Zypern liegt im Levantischen Meer, jenem östlichen Teil des Mittelmeers, der mit dem Pliniusgraben eine Tiefe von 4384 Metern erreicht. Das Wasser ist glasklar und von außergewöhnlicher Qualität. Zypern ist daher berühmt für seine Badebuchten. Manche sind so abgelegen, dass man sie nur per Boot erreichen kann. Ein besonderes Naturjuwel ist die Blaue Lagune im äußeren Westen der Akamas-Halbinsel. Ein felsiger Küstenabschnitt mit einer winzigen Bucht. Dort changiert das Wasser zwischen Türkisblau und Smaragdgrün und ist auch auf großer Distanz zum Strand noch so klar, dass der Meeresboden zu sehen ist.

### Olivenpark Oleastro

Olivenbäume werden auf Zypern bereits seit 4000 Jahren als Nutzpflanze kultiviert. Die immergrünen, bis zu 15 Meter hohen Bäume prägen maßgeblich das Landschaftsbild der Insel. An der Südküste Zyperns, unweit des malerischen Dorfes Anogyra, liegt der Olivenpark Oleastro. Dort können Besucher der Geschichte des Ölbaums, seinem Anbau und der Veredelung von Früchten zu eingelegten Tafeloliven oder duftenden Ölen nachspüren. Oleastro hat sich auf die ökologische Verarbeitung mit hochwertiger Kaltpressung spezialisiert. So bleiben die natürlichen Aromen, Farben und die wichtigen antioxidativen Polyphenole der grünen Früchte erhalten. Im angeschlossenen Restaurant werden traditionell zypriotische Gerichte mit den Zutaten aus der eigenen Produktion zubereitet.

### Alagadi-Schildkröten-Projekt

**Es ist schon ein spektakuläres Ereignis, wenn die Karettschildkröten-Mütter behäbig an Land kriechen, um ihre Eier am Alagadi-Strand abzulegen. Doch richtig berührend ist es, wenn dann 50–60 Tage später die jungen Schildkröten schlüpfen, um sich auf den gefährlichen Weg ins Meer zu machen. Interessierte können sich anmelden und mithelfen oder einfach nur zuschauen.**

Zielgerichtet macht sich diese frisch geschlüpfte Unechte Karettschildkröte auf den Weg.

Teils bis dicht ans Wasser stehen die Olivenbäume (ganz oben). Die karibisch anmutende Bucht Fontana Amorosa erreicht man nicht nur wandernd, sondern natürlich auch über den Wasserweg (oben).

# Caminito del Rey – der andalusische »Königsweg«

Eine gehörige Portion Nervenkitzel und sagenhafte Ausblicke bietet der knapp acht Kilometer lange »Königsweg« Caminito del Rey.

## REISE-INFOS

**Wo? Álora, Andalusien, Südspanien**
**Wie? Nächstgrößere Stadt ist das 60 km entfernte Málaga. Von dort fahren Züge mit Halt im nahe gelegenen Bahnhof »El Chorro-Álora«.**
**Übernachtung: Viele Unterkünfte im 30 km entfernten Álora**
**Info: www.caminitodelrey.info**

Über den Nordeingang beim Dorf Ardales erreicht man den außergewöhnlichen Wanderweg, dessen Klettersteig durch die Schluchten des Flusses Gua-

Teils nahezu senkrecht fallen die Felsen weit in die Tiefe ab. Da ist man auf dem Caminito del Rey froh um jede Schutzmaßnahme und um jedes Geländer, das die Absturzgefahr verringert.

Für schwache Nerven ist der Weg sicher nichts – alle anderen erfreuen sich an der spektakulären Landschaft.

dalhorce führt und immer wieder unglaubliche Aussichten auf die abwechslungsreiche Landschaft gewährt.

Anfang des 20. Jahrhunderts gebaut, galt der Caminito del Rey lange als gefährlichster Klettersteig der Welt. Ab 2015 wurde der einstige Transportweg, der seinen Namen 1921 nach dem Besuch des Königs Alfonso XIII. erhielt, restauriert und abgesichert. Nun lässt sich die spektakuläre Aussicht auf den türkisblauen Guadalhorce und auf bis zu 100 Meter tiefe Schluchten auf sicheren Wegen und Brücken genießen.

Besonders imposant wirken die Schluchten im goldenen Herbstlicht. Fit sollte man allerdings schon sein, denn die schwindelerregende Wanderung auf schmalen Wegen in luftiger Höhe kann zwischen vier und fünf Stunden dauern. Da der Besuch des Caminito del Rey anmelde- und kostenpflichtig ist, sollte man schon frühzeitig auf dem Online-Anmeldeportal seine Wanderung buchen.

**Gran Senda de Málaga** *Passionierte Wanderer kombinieren den abenteuerlichen Weg mit dem GR 249, dem Gran Senda de Málaga. Der 656 Kilometer lange Rundwanderweg verbindet die sehenswerte Stadt Málaga mit schönen Küstenorten und berührt auf zwei Etappen den Caminito del Rey. Ein Highlight auf dem Weg ist das 700 Meter hoch gelegene Städtchen Ronda, berühmt für seine Stierkampfarena und seine spektakuläre Lage an einer steilen Schlucht.*

Kaum zu glauben, dass der Weg im 20. Jahrhundert noch täglich Kindern als Schulweg und Erwachsenen als Arbeitsweg diente, bevor er verfiel und erst 2015 neu restauriert wiedereröffnet wurde.

# + NICHT VERPASSEN! +

## Álora

Steile Gassen schlängeln sich hinauf bis zu der arabischen Burg, die über Álora thront. Wer sich die Mühe macht und bis nach oben steigt, kann die gesamte Flussebene des Guadalhorce überblicken. Álora selbst ist eine sehenswerte Kleinstadt, zu der eine von Zitronenbäumen gesäumte Straße führt. Das Dorf schmiegt sich an mehrere Hügel und liegt mitten im Parque Ardales, ebenso wie die gleichnamige Stadt Ardales. 2016 Hektar stehen als »Paraje Natural« unter Schutz.

**Unter Einheimischen** *Die Region bietet viel Abwechslung – und ist noch ein echter Geheimtipp. Denn nur wenige Touristen machen einen Abstecher hierher, vielmehr sind es einheimische Entdecker, die sich von der Landschaft und ihrem kulturellen Erbe überraschen lassen. Auf engem Gebiet liegen drei Stauseen, eine Schlucht sowie die Ruinen der einstigen arabischen Siedlung Bobastro.*

## Monda

Wer in der Sierra Blanca unterwegs ist, gelangt von Ojén aus ins nahe gelegene Monda. 2400 Menschen leben dort am Fuße einer Festung, des Castillo de Monda. Die maurische Burg wurde vermutlich bereits im 8. Jahrhundert erbaut, ihre übrig gebliebenen Teile sind heute in ein Hotel integriert. Wer dort übernachtet, fühlt sich wie in einem alten Schloss, ohne auf modernen Komfort verzichten zu müssen. Außerdem lohnt die Kirche Iglesia Santiago Apóstol mitten im barocken Ortskern an der zentralen Plaza La Constitución einen Blick. Das Gotteshaus stammt aus dem Jahr 1505 und wurde zu Ehren des Apostels Jakobus des Älteren errichtet. Auch diese Kirche steht auf dem Fundament einer einstigen Moschee.

## Ojén

Rund acht Kilometer von Marbella entfernt im Hinterland liegt Ojén, der Hauptort der Sierra Blanca. Das Dorf ist in arabischer Zeit gegründet worden und besticht noch heute durch seinen historischen Charakter. Wer dem Touristen- und Society-Rummel Marbellas entfliehen will, sollte einen Ausflug in dieses wirklich malerische Städtchen unternehmen. Besonders in der Ortsmitte, um die Pfarrkirche aus dem 16. Jahrhundert herum, gibt es viel Sehenswertes.

**Museumsreife** *Die Bewohner Ojéns waren lange Zeit stolz darauf, dass sie das einzige Museum in der Provinz hatten, das sich speziell mit dem Málaga-Wein befasst, das »Tienda-Museo del Vino«. Mittlerweile hat das Weinmuseum »Bodegas La Sangre« in Ronda ihm jedoch den Rang abgelaufen. Tipp: Auf jeden Fall die unterschiedlichen Weine probieren!*

## Fuengirola

Die Stadt Fuengirola liegt zwischen Marbella und Málaga, hier reiht sich Hotel an Hotel, eines größer und spektakulärer als das andere, und alle wollen für die Gäste nur das Beste: einen abwechslungsreichen Badeurlaub mit allen möglichen Zusatzannehmlichkeiten. Es gibt kilometerlange Strände, Fiestas, Restaurants, Souvenirgeschäfte, Bars, Nachtclubs und Diskotheken. Dabei ließe sich in der historisch gewachsenen Stadt einiges entdecken. Zum Beispiel die rekonstruierte Ruine des römischen Tempels am Paseo Marítimo. Denn die Geschichte Fuengirolas geht auf die Siedlung »Suel« aus der Römerzeit zurück, die die Mauren später »Sujayl« nannten und dort eine stattliche Burg errichteten. Sehenswert ist das aus dem 10. Jahrhundert stammende Castillo de Sohail, das oberhalb der Stadt auf einer Anhöhe thront.

## Málaga

Málaga, die Hafenstadt an der Costa del Sol, ist der Mittelpunkt einer extrem vom Tourismus geprägten Region. Und dennoch vielen unbekannt. Seine Küste versteckte Málaga viele Jahre hinter Lagerhallen und Zäunen, doch seit etwa 2003 wandelt die Stadt ihr Image. Weg von der verbauten Großstadt hin zur »Stadt der Museen«. Wer Málaga entdecken will, begibt

sich auf Spurensuche seines berühmtesten Sohns, Pablo Picasso, oder auf einen ausgiebigen Rundgang durch die Altstadt. Die ist mittlerweile umfassend renoviert worden, sodass die Jugendstilfassaden in ihrer ganzen Pracht in den fußgängerfreundlichen Gassen zu sehen sind. Die Hauptflaniermeile ist die Calle Marqués de Larios. Sie mündet auf die von Palmen gesäumte Plaza de la Constitución mit dem alten Café Central. Die abzweigenden Gassen locken mit Modegeschäften und Tapas-Bars. Im Herzen der Altstadt sticht die Kathedrale als Wahrzeichen aus dem Häusermeer hervor. Siegreiche Christen bauten sie selbstbewusst in die Hauptachse Málagas zwischen Alcazaba, Plaza de la Constitución und Río Guadalmedina.

Die Farbe Weiß dominiert die Orte der Region wie Vélez-Málaga, Álora oder Monda (von oben). Dazwischen erstrecken sich grün-braun die Hügel.

# Kanufahren auf der Gudenå

Der landschaftliche Reiz der von wertvoller Flora und Fauna übersäten Gudenå lockt vor allem während der Sommermonate viele Kanufahrer in die Gegend rund um Horsens. Auf 176 Kilometern komplett durchfahrbar ist diese Region, die als einer der schönsten Naturräume Dänemarks gilt, ein idealer Ort für eine gemütliche Kanufahrt mit der Familie oder Freunden.

Nur das leise Plätschern der Paddel und vereinzelte Vogelrufe sind zu hören – eine Kajaktour entspannt.

## REISE-INFOS

**Wo? Jütland, bei Horsens, Einstieg in Tørring oder Klostermølle, Dänemark**
**Wie? Tørring ist ab Vejle oder Horsens mit dem Bus erreichbar, Klostermølle per Auto.**
**Wann? Erlaubt von 16. Juni bis 31. Dezember, empfehlenswert ab Mitte August**
**Info: www.visitsilkeborg.de/silkeborg-de/kanu-und-kajakverleih**

In ihrem Ursprung bildet die Gudenå die Grenze zwischen Süddänemark und Mittel-Jütland, um schließlich auf einer Strecke von 176 Kilometern die malerische Landschaft Jütlands zu durchfließen. Der somit längste Fluss Dänemarks zählt besonders wegen seiner unter Schutz stehenden Flora und Fauna zu den schönsten Gewässern Europas.

Obwohl die Gudenå durch einige Naturschutzgebiete fließt, kann sie komplett durchfahren werden – beliebtestes Fortbewegungsmittel dabei ist das Kanu. Die abwechslungsreiche Uferlandschaft aus hohen Bäumen, seichten Stränden oder dichtem Gras eröffnet zahlreiche Gelegenheiten, um anzulegen und die Natur zu genießen. Eine Kanufahrt auf der Gudenå gestaltet sich trotz des gemütlichen Fahrtempos nicht langweilig, da es hinter jeder Kurve immer wieder etwas Neues zu entdecken gibt. Während man sich beispielsweise in Voervadsbro in netten Hofläden mit leckeren regionalen Erzeugnissen eindecken kann, lässt sich in Klostermølle eine alte Papierfabrik erkunden. Der Einstieg ist bereits ab Tørring möglich, allerdings wird hierfür eine Genehmigung benötigt und das Anlegen am Ufer gestaltet sich aufgrund der vielen Privatgrundstücke etwas tückisch. Besser ist also der Start ab Klostermølle, da ab hier keine Genehmigung mehr benötigt wird und sich die Uferregion interessanter gestaltet.

### Angeln auf der Gudenå

**Auf einer Strecke von sieben Kilometern kann auf der fischreichen Gudenå von der Randersbrücke nach Frisenvold jedermann angeln. Einen internationalen Angelschein benötigt man dafür nicht, aber einen gültigen nationalen Schein. Dieser kann online erworben werden, fisketegn.fiskeristyrelsen.dk. Bei dem hohen Vorkommen an Äschen und Bachforellen sowie Lachsen und Meeresforellen, die hier laichen, ist ein Angelerfolg garantiert.**

## + NICHT VERPASSEN! +

### Horsens

Horsens ist zugleich der Name für eine dänische Hafenstadt an der Ostküste Jütlands und für die Kommune der Region Midtjylland, in der sich die Stadt befindet. Sehenswürdigkeiten gibt es viele. Angefangen in der Stadt selbst, ist der Besuch des Dänischen Industriemuseums auf dem Gelände eines ehemaligen Elektrizitäts- und Gaswerks empfehlenswert, das eindrucksvoll über das Leben in der Industrie- und Wohlstandsgesellschaft erzählt. Weitere interessante Museen sind das Horsens Kunstmuseum oder das FÆNGSLET – einst das Staatsgefängnis Dänemarks, heute das größte Gefängnismuseum Europas.

**Reiche Feste** *Während die Krimimesse jedes Jahr Ende März Fans dieser speziellen literarischen Gattung in die Stadt lockt, ist das Highlight des Augusts das Europäische Mittelalterfest, das Besucher mithilfe von Ritterturnieren, Straßentheatern und Musikvorstellungen 500 Jahre zurückversetzt.*

Richtet man den Blick auf die restlichen Teile der Kommune, fallen einem weitere sehenswerte Attraktionen ins Auge: Wer sich für verlassene Orte interessiert, sollte sich den ehemaligen Flugplatz Rye ansehen, der inmitten von Heidekraut, Büschen und Gras auch heute noch Spuren des Zweiten Weltkrieges zeigt. Während das Freilichtmuseum Glud Einblicke in die dörfliche Geschichte der Region vor 350 Jahren gibt, gehen die Funde des Tremhøj-Museum mit Hünengräbern und einstigen Siedlungsplätzen bis in die Frühzeit zurück.

### Kalvestenene auf Hjarnø

Hauptattraktion der Insel Hjarnø im Horsens-Fjord ist die Schiffssetzung Kalvestenene, eine in der Form eines Bootes angelegte Steinsetzung, in der mächtige Männer und Frauen begraben wurden, die von circa

Bei Horsens reicht dieser Baum seine Äste weit in Richtung Wasser – kann man ihm seine Sehnsucht verübeln?

600 bis 900 n. Chr. über die Insel geherrscht hatten. Obwohl heute von den einst 20 Steinen nur noch die Hälfte steht, ist die Schiffssetzung eine beeindruckende Sehenswürdigkeit.

## Inselhopping

**Das Meeresgebiet vor Horsens wartet mit einigen naturbelassenen Inseln auf, die mit dem Schiff schnell zu erreichen sind. Während Alrø im Horsens-Fjord neben seiner schönen Natur kulinarisch mit fantastischen Pasteten mit Hühnerragout besticht, begeistert Endelave mit seiner Wildkaninchen- und Robbenpopulation. Samsø im Kattegat ist zum einen bekannt dafür, dass hier die Sonne am häufigsten in ganz Dänemark scheint und zum anderen für die Fülle an Gemüsesorten, die hier gedeihen. Ob man die Eilande nun in einem Tag abklappert oder sich etwas mehr Zeit lässt und in einem der zahllosen liebevoll eingerichteten B&Bs der Inseln übernachtet, ist jedem selbst überlassen.**

## Leuchtturm Træskohage

Vom 13 Meter hohen Leuchtturm Træskohage aus, der 1904 von Vejle Havn gebaut und 2017 renoviert wurde, eröffnet sich ein atemberaubender Ausblick über den schroffen Fjord von Vejle.

## Uldum Kær

Das Sumpf- und Feuchtgebiet an der Gudenå beheimatet eine vielfältige Pflanzen- und Tierwelt, von denen einige Arten sehr selten und sogar bedroht sind wie das Breitblättrige Knabenkraut und die Trollblume wie auch der Moorfrosch oder der Wassersalamander. Aus diesem Grund wurde Uldum Kær zum Schutzgebiet ernannt.

## Naturzentrum Tønballe

Mitten in einem Gebiet aus Standwiesen, Naturwald und Grasarealen informiert das Wissens- und Erlebniszentrum Tønballe Naturcenter in einem denkmalgeschützten Gebäude unter anderem über die Herrenhöfe, Schanzen und die spezielle Geologie der Gegend.

Mit historischen wie modernen Bauten und viel maritimen Flair zeigt sich der Hafenort Holsens.

# Tierspurwandern im Nationalpark Eifel

Jede Tierart hinterlässt typische Fußabdrücke – sogenannte Trittsiegel, die sich je nach Form des Tierfußes unterscheiden. Ein Dachs hinterlässt mit seinen Pranken ein anderes Trittsiegel als ein Reh mit seinen Hufen. Anhand der Form des Trittsiegels lässt sich mit ein bisschen Übung meistens schon die Tierart bestimmen. Fortgeschrittenen Spurenlesern geben die Fußabdrücke sogar Hinweise auf das Geschlecht und das Alter des Tiers.

Nicht nur bietet der tief verschneite Nationalpark einen schönen Anblick, er lädt auch zur Spurensuche ein.

## REISE-INFOS

**Wo? 65 km südwestlich von Köln**

**Wann? bereits beim ersten Schnee**

**Info: www.nationalpark-eifel.de**

Der Winter ist für Wildtierbeobachter eine herrliche Zeit. Wenn Schnee liegt und langsam Ruhe in den Nationalpark einkehrt, bekommt man von manchen scheuen Tierarten überhaupt erst mit, dass sie sich in der Gegend aufhalten. Gangart, Trittform und -größe verraten dem kundigen Spurenleser, wer da unterwegs war. Eine besondere Spur hinterlässt der Fuchs, wenn er die Tritte seiner Vorder- und Hinterläufe sowohl genau ineinander als auch schnurgerade hintereinander setzt. Das Trittsiegel gleicht dann einer feingliedrigen Perlenschnur. Die Park-Ranger des Eifel-Nationalparks bieten regelmäßig lehrreiche Führungen durch das gesamte Gebiet an, auch im Winter. Und sie haben nicht nur ein Auge für seltene Tier- und Pflanzenarten sowie die unterschiedlichen Trittsiegel, sondern überdies auch einen Sinn für lustige Anekdoten.

Er liegt nur 65 Kilometer vom Ballungsraum Köln entfernt und bietet ein Wildniserlebnis der ganz ursprünglichen Art: Im Nationalpark Eifel wird die Natur seit 2004 auf einer Fläche von 110 Quadratkilometern komplett sich selbst überlassen – so wie es in den Nationalparks weltweit die Regel ist. Diese Maßnahme hat sich bezahlt gemacht: Im 14. Nationalpark Deutschlands leben inzwischen mehr als 1600 bedrohte Tier- und Pflanzenarten. Darunter findet man Exemplare wie den Biber, Luchse, Wildkatzen, Schwarzstörche und Uhus.

Mit viel Ruhe und Aufmerksamkeit lassen sich Rehe und weitere Tiere entdecken.

## Besucherzentrum im Forum Vogelsang IP

**Einer Ringelnatter über den schuppigen Körper streichen oder einen echten Hirsch hinterm Ohr kraulen? Die interaktive Erlebnisausstellung »Wildnis(t)räume« macht es möglich. Denn im Besucherzentrum im Forum Vogelsang IP wird Erleben großgeschrieben. Die Natur spielerisch zu erforschen und im wahrsten Sinne des Wortes zu begreifen, soll helfen, sie noch mehr wertzuschätzen. Auf 2000 Quadratmeter Fläche vermittelt die modern gestaltete Ausstellung reichlich Wissen über das hiesige Ökosystem und ermöglicht ein intensives Kennenlernen seiner großen und kleinen Bewohner. Nicht nur für Kinder lehrreich und interessant.**

## NICHT VERPASSEN!

### Aachener Dom

Den Grundstein für den Dom (Weltkulturerbe der UNESCO) legte Kaiser Karl der Große mit dem Bau der im Jahr 800 geweihten Pfalzkapelle. Sie wurde nach Plänen von Odo von Metz auf einem oktogonalen Grundriss erbaut. Unter der später mit Mosaiken versehenen Kuppel zieht sich ein zweigeschossiger Umgang um den Innenraum. Die Ausgestaltung des Doms orientierte sich an römischen wie an byzantinischen Vorbildern und ist Ausdruck des umfassenden Machtanspruchs Kaiser Karls des Großen. In den folgenden Jahrhunderten wurden mehrere An- und Umbauten nötig, um Platz für die aufwendigen Krönungszeremonien, aber auch für die Pilger zu schaffen, die zum Grab des Kaisers drängten. Besonders beeindruckend sind die Monumentalfenster des im 15. Jahrhundert eingeweihten gotischen Hallenchors. In der Mitte des Chorraums steht der kostbare Karlsschrein. Die Kapelle hat 1200 Jahre lang ihr Gesicht bewahren können. Der Domschatz birgt das wertvollste Reliquiar nördlich der Alpen: die Karlsbüste, ein um 1350 geschaffenes Reliquiar, bei dem es sich um ein Idealbild und nicht um ein Porträt von Karl dem Großen handelt.

### Bad Münstereifel

Die direkt an der Grenze zu Rheinland-Pfalz gelegene Stadt verdankte ihren Wohlstand dem Tuchgewerbe. Ende des 13. Jahrhunderts ließen die Grafen von Jülich die Stadtbefestigung und die Burg errichten. Bad Münstereifels Altstadt hat verschiedene Baustile vorzuweisen: Der Name des Romanischen Hauses mit dem Hürten-Heimatmuseum verweist bereits auf die Epoche, auch die Stiftskirche ist romanisch. Das Windeckhaus hingegen ist barock. Das Rathaus mit der rot getünchten Fassade erstrahlt im Stil der Gotik, die Jesuitenklosterkirche St. Donatus wurde 1670 geweiht. Das beherrschende Gotteshaus ist St. Chrysanthus und Daria, das sein heutiges Erscheinungsbild samt Doppelturmfassade im 12. Jahrhundert erhielt. Im prächtigen Mittelschiff befindet sich das Hochgrab des Grafen Gottfried von Bergheim.

Unweigerlich wird der Blick im Inneren des Aachener Doms nach oben gezogen.

## Monschau

Monschau ist eines der beliebtesten Ausflugsziele in der Eifel. Ihre Einwohner selbst bezeichnen die Stadt gern als »Eifelschatz«. Wer Monschau einmal besucht hat, weiß, dass dies in keinster Weise übertrieben ist. Das Flüsschen Rur fließt in mehreren Schleifen sehr idyllisch durch den Ortskern. Die Altstadt beherbergt mehr als 300 alte und teilweise denkmalgeschützte Fachwerkhäuser sowie kleine, verwinkelte Gassen. Einige der Häuser, wie das Rote Haus oder das Haus Troistorff, haben es mittlerweile zu Berühmtheit gebracht. Aber auch andere historische Stätten, wie die Burg Monschau oder die alte Senfmühle, die noch immer in Betrieb ist, sind geradezu Publikumsmagneten. Was den besonderen Reiz der Stadt ausmacht, ist ihre Lage zwischen den Berghängen des Naturparks Hohes Venn-Eifel und der Rureifel, eine der schönsten Landschaften in der Eifel.

Ob man sich in der Kakushöhle (rechts) von den Funden prähistorischer Zeiten faszinieren lässt oder lieber die Fachwerkarchitektur von Monschau (unten) bewundert, bleibt jedem selbst überlassen.

## Kakushöhle

**Zu Gast in der ältesten Wohnstätte des Menschen im Rheinland: Die Kakushöhle beim Mechernicher Stadtteil Dreimühlen gehört zu den bedeutendsten prähistorischen Fundstätten in Europa. Hier gefundene Steinwerkzeuge und Speerspitzen aus der Steinzeit lagerten über Tausende von Jahren im luftig-lockeren Kalktuffgestein der Höhle und erzählen aus einer Zeit, als noch Mammuts, Wollnashörner und Höhlenlöwen durch die Nordeifel streiften. Auch in Antike, Mittelalter und Neuzeit diente die Höhle dem Menschen als zeitweiliger oder dauerhafter Unterschlupf, bis schließlich nur noch die Fledermäuse ihr Wohnrecht nutzten. Diese kleinen Säugetiere brauchen jedenfalls nicht ihren Kopf einzuziehen, wenn sie wieder nach draußen wollen. Der Höhlenausgang führt nämlich durch eine enge Felsspalte zurück nach draußen.**

# Tierspuren im Schnee

Der Winter ist für Wildtierbeobachter eine herrliche Zeit. Wenn Schnee liegt, bekommt man von manchen scheuen Tierarten überhaupt erst mit, dass sie sich in der Gegend aufhalten. Gangart, Fußform und -größe verraten dem kundigen Spurenleser, wer hier als letztes unterwegs war. Es lohnt sich also, beim nächsten Spaziergang oder bei Wanderungen einmal auf die Details abseits des Weges zu achten.

## Hund & Co.

Bei allen Hundeartigen drücken sich pro Fuß vier Zehenballen um einen Fußballen ab. Dabei bilden die vorderen beiden Zehenballen ein Paar, und auch die äußeren liegen auf einer Linie. Vor jedem Zehenballen drückt sich jeweils eine Kralle ab. Abdrücke von Fuchspfoten sind kleiner. Erwachsene Wölfe hinterlassen fast handgroße Pfotenabdrücke, große Hunderassen allerdings auch. Hunde laufen in der Regel in Begleitung eines Menschen – was für den Wolf nicht zutrifft.

## Katzen

Egal ob Luchs, Wild- oder Hauskatze – bei den Katzen sind die Pfotenabdrücke der Zehen als Halbkreis um den Ballen angeordnet. Die Krallen sind fast immer eingezogen und drücken sich deshalb nicht ab. Die Einzelspur der Hauskatze ist etwa so lang wie ein Fingerglied eines Menschen, die Spur des Luchses im Schnee ist so groß wie der Abdruck einer Kinderfaust. Die Fährten von Haus- und Wildkatze sind nicht unterscheidbar.

## Marder

Die einzelne Trittspur ist etwa katzengroß. Die Anordnung der Zehen ähnelt der der Hundeartigen. Auch drückt sich am Ende der Zehen jeweils eine

Von Hund über Katze bis Steinmarder (von oben) – sobald im Winter Schnee fällt, können sie sich nicht mehr so unbemerkt herumtreiben.

Kralle ab. Marder bewegen sich in Sprüngen fort, wodurch die Abdrücke von Vorder- und Hinterpfoten nahe beieinanderliegen. Auf der Flucht »überholen« die hinteren die vorderen Spuren. Die Dachsspur erinnert an die eines kleinen Bären.

## Kaninchen und Hasen

Auch Feldhase, Schneehase und Kaninchen hinterlassen Spuren mit Zehenabdrücken, die vorn spitz zulaufen können. Charakteristisch ist, dass sich bei den Hinterfußspuren die ganze Sohle abbildet, während es vorn nur Zehenballen und Zehen sind. Die langen Abdrücke der Hinterfüße liegen fast immer vor den Vorderfüßen. Hasen sind größer als Kaninchen, ebenso ihre Spuren. Kaninchen legen unterirdische Baue an. Verschwindet eine hasenartige Spur im Loch eines Baus, ist der Verursacher sicher bestimmt. Schneehasen kommen in Deutschland nur in den Alpen vor.

## Huftiere

Rehe, Hirsche, Gämsen, Steinböcke und Rinder hinterlassen pro Bein jeweils zwei nebeneinanderliegende Zehen- oder Hufabdrücke. Man zählt sie auch zu den Paarhufern. Der Abdruck des Rehhufs ist nur etwa so lang wie ein Fingerglied, der des Rothirschs so lang wie ein Finger. In der Regel nur bei Wildschweinen drücken sich hinter den Hauptzehen außerdem noch die äußeren Zehen ab. Diese werden Afterklauen genannt. So entstehen pro Bein vier Abdrücke. Im Gegensatz zu den Paarhufern haben die Pferde als Unpaarhufer pro Bein nur einen großen, ungespaltenen Huf.

## Vögel

Für die meisten Vögel gilt: drei Zehen nach vorn, eine nach hinten. Bei Wasservögeln drücken sich die Schwimmhäute als Querlinie zwischen den Zehenspitzen im Boden ebenfalls ab. Die meisten Spechte halten ihre Zehen nach dem Muster zwei vorn, zwei hinten. Aber nur Grün- und Grauspecht verbringen viel Zeit am Boden. Wenn Vögel auffliegen, hinterlassen sie im Schnee manchmal den Abdruck ihrer Flügel. Ein Haufen ausgerissener Federn stellt die Fressreste von Sperber oder Habicht dar. Der Fuchs hinterlässt abgebissene Federn. Man muss sich den Federkiel also genauer anschauen.

Die Spuren von Wildkaninchen und Reh können noch relativ gut zu erkennen sein – schwieriger wird es da schon bei der Ringeltaube (von oben).

# Mit dem Holzfloß im Wasserrausch

Seine Schönheit verdankt der Nationalpark Una in Bosnien und Herzegowina drei Flüssen, die als leuchtend blaugrüne Bänder durch die Landschaft mäandern, über Kaskaden springen, Seen formen und Tuffsteinbecken füllen. Entstanden sind dadurch entlang Una, Unac und Krka einzigartige Biotope.

Wie gern wäre man hier der Geier, der sich den mäandernden Fluss von oben betrachten darf!

## REISE-INFOS

**Wo? Im Westen von Bosnien und Herzegowina, Una-Korana-Ebene, südlich der Stadt Bihać**
**Wie? In etwa 2,5 Stunden mit dem Auto von Banja Luka bis Martin Brod**
**Wann? Juni bis September**
**Info: nationalpark-una.ba**

Südlich der Stadt Bihać, entlang der bosnisch-kroatischen Grenze und ganz in der Nähe der berühmten Plitvicer Seen liegt der Nationalpark Una. Die Flüsse Una, Unac und Krka gaben der hiesigen Landschaft ihr Aussehen, ihre Wasserfälle, Gumpen und Kaskaden entführen Besucher in eine zauberhafte Natur.

Artenvielfalt *Verschiedene Typen von Wald wechseln sich mit Sumpfgebieten ab und bieten etwa 60 Säugetierarten einen geeigneten Lebensraum. Über 120 Vogelarten haben sich hier angesiedelt, Schildkröten und Schuppenkriechtiere, Salamander und Seefrösche bevölkern die Flussufer, und an die 15 Fischarten finden sich in den Wassern der Una. Fliegenfischer sind deshalb dort ebenso gern unterwegs wie Wassersportler.*

Einst transportierten Holzfäller Baumstämme aus den Wäldern Serbiens über Bergflüsse in Städte und Dörfer. Heute ist die Fahrt auf einem traditionellen Holzfloß ein Erlebnis für Abenteurer. Ein erfahrener Flößer steuert das Floß aus Baumstämmen durch smaragdgrüne Gewässer und spektakuläre Stromschnellen. Vorbei an tiefen Schluchten und grünen Canyons kann man die Aussicht genießen und die Seele baumeln lassen.

An Kaskaden reich ist der Fluss Una (ganz oben). Dazu zählt auch der Wasserfall Štrbački Buk (oben).

## Wasserfall Štrbački Buk

**Er ist der höchste und spektakulärste der Wasserfälle am Fluss Una und markiert die Grenze zu Kroatien auf der westlichen sowie zu Bosnien und Herzegowina auf der östlichen Flussseite. Tatsächlich besteht der 24,50 Meter hohe Štrbački Buk nahe der Ortschaft Kulen Vakuf aus mehreren, breiten Kaskaden, die – dicht beieinander liegend – ein traumhaftes Ambiente schaffen. Sie bestehen aus Tuffgestein, das in einem komplexen Prozess unter Beteiligung zahlreicher Pflanzen-, Algen- und Pilzarten entstand. Zwischen den Kaskaden liegen wassergefüllte Tuffbecken – einzigartige Biotope und Habitat für Kleinstlebewesen und Fische. Flussabwärts liegt die archäologische Fundstätte von Ripac mit einer Besonderheit aus der Eisenzeit: den Wassersiedlungen der Japoden, eines keltischen Stamms, der den oberen Flusslauf der Una um 1000 v. Chr. besiedelte.**

# NICHT VERPASSEN!

## Bihać

Schon in vorgeschichtlicher Zeit spielte das Una-Tal bei Bihać eine wichtige Rolle, wie Funde von Pfahlbauten, die bis in die Bronzezeit zurückreichen, sowie Gräberfelder mit Urnen und wertvollen Beigaben dokumentieren. Erwähnt wurde die Stadt erstmals 1260 in einem Dokument König Bélas IV., der Bihać mit einem Mauerring bewehrte. Von der Befestigung ist heute noch der Kapitänsturm erhalten. Im Mittelalter wurde Bihać zeitweise zum Sitz kroatisch-ungarischer Könige erkoren, 1592 dann von den Osmanen erobert, die eine ursprünglich gotische Kirche zur sehenswerten Fethija-Moschee umbauten. Ihr Minarett konkurriert mit dem schiefen Bihaćer Turm, dem Überbleibsel einer längst vergangenen Kirche.

## Martin Brod

Wo die Flüsse Una und Unac zusammenfließen, liegt das winzige Martin Brod. Nur etwa 100 Einwohner zählt der Ort, ist jedoch dank des aktiven Klosters St. Nikolai Rmanj, dessen Wurzeln bis ins 15. Jahrhundert zurückreichen, Zentrum des serbisch-orthodoxen Glaubens in der Region. Gestiftet wurde das Kloster von Katarina Brankovic, deren Sohn hier im Alter von nur 17 Jahren verstarb. Bei Martin Brod verdichten sich die Kaskaden, die kleinen und größeren Wasserfälle, zu denen sich die Flüsse auffächern, zu einem eindrucksvollen Ensemble. Holzstege führen Besucher über die schönsten Pfade und zu den

Der Stadtpark von Bihać lädt zu entspannten Spaziergängen durch das frühlingshafte Grün ein.

besten Aussichtspunkten. Die Steilwände der Unac-Schlucht, die in Martin Brod endet, ist auch ein erstklassiges Ziel für Kletterer, während die Flüsse ideale Wassersportmöglichkeiten bieten und bei Sportanglern beliebt sind.

## Plitvicer Seen

**Warum nicht vom Una-Nationalpark einen Ausflug zu den berühmten Plitvicer Seen in Kroatien machen? Denn diese sind nur eine einstündige Autofahrt entfernt. Ihre Entstehung verdankt die sich über rund acht Kilometer erstreckende Seenkette Kalkablagerungen und Bodeneinbrüchen. Algen und Moose lassen die 16 großen Seen blau und grün schillern. Die eindrucksvollsten Wasserfälle mit einer Fallhöhe von bis zu 76 Metern finden sich im Bereich der vier unteren Seen. Berühmtheit erlangte die Region ab den 1960er-Jahren auch durch die Verfilmung zahlreicher Karl-May-Romane wie der »Schatz im Silbersee« oder »Winnetou II« und »Winnetou III«. Die Hintergrundkulisse für die zahlreichen Abenteuer rund um Winnetou und Old Shatterhand machte die einzigartige Karstlandschaft in Deutschland zu einem Sehnsuchtsziel ersten Ranges. Jeder wollte mal vor diesen sterbensschönen Seekaskaden stehen, die durch fragile Travertin-Barrieren voneinander getrennt sind und sich wie eine steinerne Wassertreppe ineinander ergießen. Bis heute hat diese fantastische Landschaft nicht an Reiz verloren. Nicht verwunderlich also, dass die UNESCO das Gebiet 1979 als eines der ersten Naturdenkmäler in die Weltnaturerbeliste aufnahm.**

Tiefgrün die Bäume, türkisblau das Waser, weiß die Kaskaden: Die Plitvicer Seen locken mit Farbenpracht.

# Auf der Bärenrunde im Nationalpark Oulanka

Der 82 Kilometer lange Karhunkierros-Trail führt durch eine wilde Wald- und Flusslandschaft. Bären zeigen sich eher selten.

## REISE-INFOS

**Wo? Hautajärvi, Nordfinnland**
**Wie? Am einfachsten mit dem Flugzeug über Helsinki nach Kuusamo: Vom Flughafen fährt ein Bus bis zum Start der Bärenrunde nach Hautajärvi. Der Busfahrplan ist der Ankunftszeit angepasst.**

Das Sprichwort sagt, dass man manchmal vor lauter Bäumen den Wald nicht mehr sieht. Im Oulanka-Nationalpark im südlichen finnischen Lappland sieht man vor lauter Bäumen nichts als Wald. Unvorstellbare zwei Drittel der Landesfläche Finnlands werden von Wäldern bedeckt, und nirgendwo wird dieses Übermaß eindrücklicher als in Oulanka, einer rauen, menschenleeren Welt aus Tälern, Canyons und Mooren, in denen Luchse, Wölfe, Vielfraße und Bären hausen. Eine unglaubliche Stille liegt über diesem Land. Man hat den Eindruck, als habe es diesen Wald schon immer gegeben, doch um die Wende

Meister Petz gab dem bekannten Wanderweg im Oulanka-Nationalpark seinen Namen (links). Ist man zur richtigen Jahreszeit unterwegs, kann man hier dank der Mitternachtssonne sogar nachts wandern (rechts).

Wahre Outdoor-Freunde wissen: Es gibt kein schlechtes Wetter – man muss sich nur richtig kleiden.

zum 20. Jahrhundert legte ein fürchterlicher Flächenbrand die gesamte Region in Asche. Der Wald ist also vergleichsweise jung und kann angesichts der harten Winter als extrem widerstandsfähig bezeichnet werden.

Wer Finnland liebt, ist auf der Bärenrunde genau richtig. Auf Finnisch heißt sie Karhunkierros und liegt inmitten des Nationalparks Oulanka. Wie landschaftlich spektakulär die Region ist, zeigt sich schon daran, dass sie bereits im Jahr 1897 geschützt werden sollte. Damals aber verhinderten ungeklärte Besitzverhältnisse und später der Ausbruch des Zweiten Weltkriegs das Vorhaben. Erst 1956 wurde der Park gegründet und später auf die heutigen 290 Quadratkilometer erweitert. Die Bärenrunde ist eine ideale Möglichkeit, die von Wasser, Mooren und Wäldern geprägte Landschaft intensiv kennenzulernen. Die täglichen Gehzeiten auf dem Trail, der vier bis sechs Tage dauert, sind relativ gering. Entweder mit dem Zelt und der (sehr realistischen) Hoffnung, in einer der Hütten einen Schlafplatz zu bekommen, oder mit Tagesausflügen von Ruka aus. Dann allerdings fehlt dieses intensive Erlebnis, tagelang im Einklang mit der Natur unterwegs zu sein, abends das eigene Essen zuzubereiten und den nächtlichen Geräuschen der Wildnis zu lauschen. Neben der klassischen Variante der Bärenrunde sind inzwischen etliche andere von ihr abzweigende Trails in dem Nationalpark entstanden. Sie sind vor allem für diejenigen gedacht, die noch mehr Einsamkeit lieben.

**Auch für Einsteiger geeignet** *Die täglichen Gehzeiten auf dem Trail, der vier bis sechs Tage dauert, sind relativ gering. Doch die Erfahrung zeigt, dass nicht die absolvierten Kilometer wertvoll sind, sondern die Möglichkeit, zur Ruhe zu finden und die Natur intensiv betrachten zu können. Der Startpunkt ist beim Infocenter in Hautajärvi, direkt auf dem Polarkreis gelegen. Wer die 72 Kilometer nicht zurücklegen möchte, kann die Raubtiere im 30 Kilometer entfernten Kero im Gehege besuchen.*

## NICHT VERPASSEN!

### Kuusamo

Die Stadt mit etwa 15 000 Einwohnern besucht man kaum ihrer Schönheit wegen. Interessantes gibt es dennoch im Heimatmuseum zu erfahren, zum Beispiel die besondere Geschichte der Kirchenglocken. Sie wurden während des Zweiten Weltkrieges vor feindlichen Belagerern auf dem Friedhof in Sicherheit gebracht. Ein ehemaliger Soldat machte auf das Versteck aufmerksam, sodass der Kirchturm 1959 wieder vervollständigt wurde. Kuusamo ist der ideale Ausgangspunkt für Skisport und lange Wanderungen. Im nahe gelegenen Ruka finden Wintersportler ihr Eldorado – sogar internationale Wettbewerbe werden hier teilweise ausgetragen. Immerhin gehört Kuusamo auch zu den schneereichsten Orten Finnlands. Im Sommer locken Schluchten, Berge und Wasserfälle. Angler feiern an den Stromschnellen von Jyrävä ihren besonders guten Fang.

### Rukatunturi

Seine Skisportbedingungen verdankt das Gebiet von Ruka dem 493 Meter hohen Fjell, dem Rukatunturi. Kein Wunder, dass dort eine riesige Sprungschanze gebaut wurde, die bis in das Jahr 2003 sogar zu den größten der Welt zählte. Hier finden wichtige Wettbewerbe statt, die dank der Flutlichtanlage auch in den langen Nächten ausgeführt werden können, darunter Teile des Continental Cups oder auch Wettbewerbe der Nordischen Kombination. Der Schanzenrekord liegt bei einer Sprungweite von 147,5 Metern. Allerdings mussten schon einige Male die Wettkämpfe wegen zu starken Schneefalls oder Sturms abgebrochen werden. Fällt ausnahmsweise zu wenig Schnee, springt die Beschneiungsanlage ein. Da die Schanze zusätzlich eine Spur aus Keramik hat, gilt Rukatunturi als weltweit größte Skisprung-Anlage, die das ganze Jahr über genutzt werden kann. Praktisch: Skifahrer brauchen hier kein Auto, denn der kostenlose Bus übernimmt den Transport zu den Liften und Abfahrten.

Ein Fluss selben Namens zieht sich in weiten Schleifen einmal quer durch den waldreichen Oulanka-Nationalpark. Sein Wasser bildet einen malerischen Spiegel für die dunklen Bäume.

Keines der zahlreichen Gewässer im Oulanka-Nationalpark ist wie das andere. Mal sind sie rauschend wie die Wasserfälle Kiutaköngäs (oben), mal zeigen sie sich still wie der See Ristikallio (unten).

## Nationalpark Syöte

Zu jeder Jahreszeit lädt der im Jahr 2000 eröffnete Park westlich von Kuusamo zu Wanderungen oder Mountainbike-Touren ein. Der Aufstieg auf die beiden über 400 Meter hohen Gipfel Pyhitys und Iso-Syöte und zum Aussichtsturm Ahmakallio eignet sich auch für Familien mit Kindern, wobei es auf den Pyhitys recht steil hinaufgeht. Die Eiszeit hat in Syöte bis zu 20 Meter tiefe Schluchten geformt, die heute den Lebensraum unter anderem auch für einige seltene Pflanzenarten bieten. Ihr hat man auch die Vattukuru-Schlucht sowie den Strand zu verdanken, der am See Kaunislampi liegt. Früher ragten hier nur Hügelkuppen aus einem Meer aus Gletscherwasser. Um das Gewässer herum breitet sich der geschützte Urwald aus. Inmitten des Parks, bei Ahmatupa, befindet sich eine Blockhaussauna – typisch Finnland, könnte man sagen. Dort können sich Wanderer aufwärmen oder nach ihren zurückgelegten Strecken und Aufstiegen einfach entspannen.

# Wandern auf dem ersten Teilstück des Trails »Peaks of the Balkans«

Der Trail »Peaks of the Balkans« (»Gipfel des Balkan«) ist ein 192 Kilometer langer Wanderweg, der auf zehn Etappen das Dreiländereck Albanien, Kosovo und Montenegro verbindet. Noch vor wenigen Jahren nicht möglich, erlaubt ein neues Genehmigungssystem den Besuchern nun auf einer einzigartigen Wanderung die schönsten Bergregionen des vormals isolierten Albaniens, des nun unabhängigen Kosovo und das eher für seine Küste bekannten Montenegro zu erkunden.

Die Gipfel des Prokletije im Blick, geht es auf dem Trail über einige Brücken hinweg.

In intensiven Farben zeigt sich die Natur in den Nationalparks Theth (oben) und Valbona (rechts). Gegründet wurden sie in den 1960er- beziehungsweise 1990er-Jahren und ihre Ursprünglichkeit lockt heute insbesondere Ruhe suchende Wanderer an.

## REISE-INFOS

**Wo? Östlicher Teil der albanischen Alpen, Qark Kukës, nahe der Stadt Bajram Curr**
**Wie? Ab Shkodra etwa 4,5 Stunden mit dem Auto**
**Wann? Juni bis Oktober. Im Juni noch viel Regen**

Der »offizielle« Start des Trails befindet sich zwar im albanischen Bergdorf Theth, kann aber auch in Valbona, Plav, Vusanje und Peja erfolgen. Das erste Ziel von Theth aus ist Valbona, das über den 1810 Meter hohen Valbonapass erreicht wird.

**Die Wanderer laufen durch eine sattgrüne, stark bewaldete Landschaft, die eingerahmt wird vom grauen Fels hoher Berggipfel und zudem zu einer der schönsten in den albanischen Bergen zählt.**

Nach dem Pass führt der Weg durch ein trockenes Flussbett in Richtung Valbona. Bereits nach diesem ersten Wandertag ist zu erkennen, dass der Titel »Vergessenes Juwel in den Bergen des Balkans« auf diesen Weg durchaus zutrifft und nicht nur eine plumpe Marketingidee ist. Durch alte Dörfer, vorbei an aufgegebenen Berghütten und einfachen Schäferhüttchen, geht es in den nächsten Tagen über gewaltige Wiesenhänge nach Doberdol. Bei klarem Wetter ist der nächtliche Sternenhimmel zum Wegträumen schön.

## Eine Woche, zwei Räder, drei Länder

**Diese Tour ist perfekt geeignet für alle Mountainbiker, die die spektakuläre Region auf ihren Turns entdecken möchten. Auf teils hoch anspruchsvollen Singletracks durchquert man – je nach Kondition – die zumeist menschenleeren Lebensräume und einsamen Landschaften (www.zbulo.org/mountain bike-tour-in-albania-kosovo-and-macedonia).**

## + NICHT VERPASSEN! +

### Nationalpark Valbonatal

Die albanischen Alpen zeigen sich im Nationalpark wild und unberührt: Hier ist wenig los, denn die Region liegt abgelegen, und das Land Albanien kämpft ohnehin mit Bevölkerungsschwund. Wer hierher kommt, findet also Ruhe, die umso mehr Raum lässt für Erlebnisse in der Natur – und die ist spektakulär. Mit 2694 Metern überragt der Gipfel der Jezerca die Hochgebirgslandschaft des Naturschutzgebiets, das sich zu seiner Ost- und Südseite erstreckt. Bergsteiger und Wanderer kommen voll auf ihre Kosten beim Erkunden der Wälder, kleiner Bergseen, Alpweiden und Höhlen.

### Nationalpark Theth

Über den Gebirgspass Qafa e Thorës gelangen Wanderer vom Nationalpark Valbonatal hinüber zum Theth-Nationalpark, der das gleichnamige Dorf Theth umschließt. Inmitten der »verwunschenen Berge« liegt eine wildromantische und ursprüngliche Landschaft, fernab der Zivilisation: Im Winter ist der Weg nach Theth teilweise monatelang nicht passierbar. Der Wandertourismus im Sommer hingegen ist ein Hoffnungsschimmer für die hiesige Bevölkerung, die wirtschaftlich zu kämpfen hat. Viele bauten ihre Häuser zu kleinen Pensionen mit sanitären Anlagen um, Wanderwege wurden ausgewiesen und Bergführer zeigen Touristen die einzigartige Schönheit der Region.

### Shkodra

Im nordalbanischen Shkodra verdichten sich zweieinhalb Jahrtausende albanischer Geschichte. Die zwischen den Flüssen Drin, Buna und Kir sowie dem ökologisch einzigartigen Skutarisee gelegene Stadt, ist eine der ältesten des Landes und seit jeher wichtiges wirtschaftliches und kulturelles Zentrum Albaniens. Zu den Sehenswürdigkeiten Shkodras gehören die nach ihren bleibewehrten Kuppeln genannte Bleimoschee im osmanischen Stil und die Festung Rozafa, die als eindrucksvolle Ruine auf einem 130 Meter hohen Hügel über der Stadt thront. Der Legende nach wurde hier die junge Rozafa eingemauert, sodass die Burg Bestand haben konnte. An den Einfluss Italiens erinnert eine Manufaktur prächtiger venezianischer Masken mit kleiner Ausstellung. Sehenswert ist auch das Nationalmuseum der Fotografie Marubi mit seinem wertvollen Archiv lokaler Fotografie.

### Skadarsko Jezero

**Ein ökologisches Juwel in atemberaubender Landschaft: Der Skadarsko Jezero oder Skadarsee ist das größte Süßgewässer auf der Balkanhalbinsel und Brutgebiet für mehr als 260 Vogelarten. Darunter Störche, Reiher, Adler und eine der europaweit letzten Pelikankolonien. Weil der Seespiegel in den Herbst- und Wintermonaten um bis zu fünf Meter ansteigen kann, überwintern bis zu 50 000 Zugvögel am Skadarsko Jezero. Im sensiblen Ökosystem leben insgesamt 20 endemische Tier- und Pflanzenarten. Trotz seines Schutzstatus kann man den Skadarsko Jezero, zu dem auch ausgedehnte Seerosenfelder gehören, mit dem Kanu befahren. Unberührte Strände, Höhlen und alte Fischerdörfer sind weitere Attraktionen.**

Die historischen Fassaden von Shkodra erstrahlen heute wieder in neuem Glanz.

Ob Valbonatal, der Nationalpark Theth oder der Skadarsko Jezero (von oben) – gemeinsam ist allen die eindrucksvolle Sicht auf die albanische Bergwelt und die Tatsache, das man die Natur hier oft allein genießt.

# Aussichtsreich: Klettern im Velebit

Der Velebit ist bekannt für seine bizarren, teils 200 Meter aufragenden Felsformationen Hajdučki und Rožanski Kukovi und die 1392 Meter tiefe Höhle Lukina Jama inmitten des Bergmassivs. Seine unberührten Buchenwälder gehören zum Welterbe der UNESCO.

## REISE-INFOS

**Wo? Küstenregion Kroatiens, Gespanschaft Lika-Senj und Zadar, nahe der Stadt Zadar**
**Wie? Mit dem Pkw ab Rijeka in knapp zwei Stunden bis zum Besucherzentrum Velebit**
**Wann? Mai bis September**
**Info: pp-velebit.hr**

Der Gebirgszug Velebit, das »große Wesen«, erstreckt sich 150 Kilometer entlang der kroatischen Adriaküste. Seine hoch aufragenden Gesteinsschichten scheiden das mediterran-milde Klima der Küste vom Gebirgsklima im Landesinneren. Für die Einheimischen ist diese Gebirgsregion eine sagenumwobene Landschaft, vergleichbar in etwa mit dem Olymp: Die Wilas, weibliche Naturgeister, tanzen dem Volksglauben nach hier oben und werden in traditionellen Liedern besungen. Zur Mythenbildung dürfte die Imposanz der Felswände beigetragen haben, denn die Anića kuk beispielsweise ragt beinahe vertikal in die Höhe.

Mit seinen vielfältigen Karstformationen ist der nördliche Velebit eines der attraktivsten Gebirgsmassive in den kroatischen Dinariden. Während die Gipfel mit ihren großartigen Aussichten auf Bergwanderungen leicht erreichbar sind, bieten der Nationalpark Paklenica – zu Deutsch: »kleine Hölle« – und die gleichnamige Schlucht exzellente Bedingungen für Sport- und Alpinkletterer. Raue und steile Karstfelsen, darunter die legendäre 300 Meter hohe Wand Anica Kuk, die beinahe senkrechte Debeli Kuk oder die von Wasserrillen und Tropflöchern zerfurchte Kuk od Skradelin sind von einem dichten Routennetz in allen Schwierigkeitsgraden durchzogen. Extremkletterer finden in der Paklenica-Schlucht ungesicherte »Clean Routes«. Gelegentlich streichen Fallwinde mit bis zu 100 Stundenkilometern durch den Canyon.

## Bärenrefugium von Kuterevo

**Der Velebit ist Heimat von über 40 Säugetierarten, darunter Braunbären, Wölfe und Eurasische Luchse. Zudem wurden bislang rund 100 Vogelarten gelistet, u. a. Wespenbussarde, Schlangen- und Zwergadler. Seit 2010 gehört das Velebit-Gebirge dem Pilotprojekt »Rewilding Europe« an, das ausgewählte Gebiete in ihren ursprünglichen natürlichen Zustand zurückversetzen will. In Kuterevo wurde ein Refugium für junge Braunbären eingerichtet, die ohne ihre Mutter in der Wildnis gefunden wurden. Als freiwilliger Volontär kann man sich hier helfend betätigen (www.baerenfreunde-kuterevo.de).**

Im Unterschied zu den Gämsen, die selbstbewusst von Fels zu Fels springen, sollte Mensch sich im Velebit lieber mit Leinen sichern (ganz oben). Der Aussichtspunkt Kubus Ura bietet einen schönen Blick Richtung Meer (oben).

## NICHT VERPASSEN!

### Senj

Dass sie ein hübsches historisches Zentrum besitzt, sieht man der Hafenstadt Senj auf den ersten Blick nicht an. Doch sie hat alte Wurzeln und spielte in der Verteidigung gegen die Türken eine wichtige Rolle. In der Altstadt sind sowohl Reste der Stadtmauer als auch schöne Palazzi erhalten. Als sei sie gerade erbaut worden, so perfekt erhalten wirkt die Burg über der Stadt. Dabei geht sie auf das kriegerische 16. Jahrhundert zurück, als Ivan Lenković, Kommandant von Senj, sie zur Abwehr der Osmanen erbauen ließ. Mit ihren wuchtigen, mit Schießscharten bewehrten Mauern und vier vorkragenden Halbtürmen wirkt die Burg unüberwindbar. Im 16. und 17. Jahrhundert war sie militärischer Sitz der Uskoken, einer aus vielen Ethnien zusammengewürfelten Gemeinschaft. Ein Museum in der Burg beleuchtet ihre Kultur.

**Rote Zora** *Den Älteren unter uns ist Senj mit seiner Festung vielleicht durch den Kinderroman »Die rote Zora und ihre Bande« bekannt. Die Verfilmung des Romans wurde 1979 an den Originalschauplätzen in Senj gedreht.*

### Insel Rab

Es war wohl der englische König Edward VIII., dem das Nacktbaden auf Rab zu verdanken ist. So gilt das Jahr 1936 als offizieller Beginn der Freikörperkultur auf der Insel, nachdem die Behörden dem gekrönten britischen Haupt und seiner Geliebten erlaubt hatten,

Mehrere Kirchtürme ragen aus der Altstadt Rabs empor – als hätten sie sich nach Meerblick gesehnt.

hüllenlos in einer Bucht zu planschen. Die FKK-Welle rollte aber erst einige Jahre später so richtig über Rabs Strände. Kein Wunder, besitzt die mit nur etwa 90 Quadratkilometern kleinste der »großen« Inseln des Kvarner doch zahlreiche Buchten, in denen man sogar im Hochsommer ungestört Sonne und Meer genießen kann; viele kann man nur zu Fuß oder mit einem Boot erreichen. Im Nordwesten liegen Urlauber in feinem Sand, im Süden auf Kies oder Felsen. Die gleichnamige Hauptstadt erhebt sich mit einem unverwechselbaren Bild auf der Insel: Gleich vier Kirchtürme ragen in den Himmel. Wenige Hafenorte der Adria liegen so malerisch. Die Häuser der Inselhauptstadt staffeln sich auf dem Bergrücken einer Halbinsel den Hang hinauf, sodass die Altstadt aus der Luft betrachtet wie ein Schiffsbug ins Meer ragt.

## Insel Pag

**Zwei Besonderheiten gibt es auf der etwa 70 Kilometer langen Insel, deren Südspitze an Dalmatien andockt. Erstens: Spitzenklöppelkunst. Filigrane Spitzendeckchen liegen fast überall an den Hauseingängen in den Gassen der Altstadt von Pag. Es sind allesamt Unikate, manche bestehen aus bis zu 500 000 Nadelstichen und kosten mehrere Tausend Euro. Für diese Spitzen ist Pag seit dem 15. Jahrhundert berühmt. Zweitens: Käse. Der »Paški sir« besteht aus reiner Schafsmilch und besticht durch sein salziges Aroma, das daher herrührt, weil über die Weiden die Bora weht. Dieser böige, starke Fallwind, der typisch für Kroatien ist, bringt Salz vom Meer mit. Auch das Fleisch der Schafe schmeckt hier entsprechend würzig.**

Von Süden blickt man auf die Stadt Pag mit ihrer markanten Katine-Brücke sowie auf die karge Berglandschaft.

# Fossiliensuche an der Jurassic Coast

Die Jurassic Coast, eine 155 Kilometer lange, abwechslungsreiche Küstenlinie im Süden Englands, führt von Dorset nach Ost-Devon und wurde 2001 von der UNESCO zum Welterbe erklärt.

## REISE-INFOS

**Wo? Dorchester, Dorset, Südengland**
**Wie? Gute Zuganbindung mit London über Southampton, Reading und Bath (ca. 2,5 bis 3 Std. Fahrzeit)**
**Übernachtung: Unterkünfte aller Art von Bed & Breakfast bis Boutiquehotel**
**Info: www.jurassiccoast.org**

Die außerordentliche landschaftliche Schönheit und die eindrucksvollen Felsformationen der Küste ziehen zahlreiche Erholungsuchende an und laden zu ausgedehnten Spaziergängen ein: An der Jurassic Coast, dem spektakulären Küstenstreifen von Dorset und Ost-Devon, präsentieren sich die Ablagerungen aus dem Trias, dem Jura und der Kreidezeit wie in einem aufgeschnittenen Sandwich.

Nicht nur Geologen geraten beim Anblick der Jurassic Coast, hier mit dem Felsentor Durdle Door, in Verzückung.

Besonders wenn sich die Sonne am Morgen aus dem Meer erhebt, leuchtet das Gestein der Ladram Bay rot auf.

**Die Jurassic Coast erzählt mit ihren Fossilien und geologischen Formationen von rund 185 Millionen Jahren Erdgeschichte. Durch die Erosion werden ständig neue Fossilien freigelegt, die jeden Spaziergang zu einer wissenschaftlichen Expedition machen.**

Die Felsen sind Stein gewordene Zeugen der Evolution, des Auftretens und des Aussterbens von Tier- und Pflanzenarten – nicht zuletzt der Dinosaurier. So entdeckte man 2000 eine Dinosaurierart, die es nur hier gegeben hat. Ein Zufallsfund eines kleinen Mädchens, Mary Anning, zu Beginn des 19. Jahrhunderts machte Geologen darauf aufmerksam. Es handelte sich um den ersten vollständigen Abdruck eines Ichthyosauriers. Mary Anning widmete ihr Leben dem sorgfältigen Ausgraben und anschließenden Abzeichnen und Beschreiben von Fossilien und gilt als eine der bedeutendsten Figuren der frühen Paläontologie.

Bei jeder Wanderung stößt man auch heute noch auf die Spuren der Vorzeit. Idealer Ausgangspunkt ist Charmouth mit dem Heritage Coast Center. Hier kann man nicht nur eine eindrucksvolle Fossiliensammlung betrachten, sondern auf geführten Touren auch selbst auf Fossilienjagd gehen. Am besten geeignet sind die Frühlings- und Sommermonate, wenn das raue Wetter einem klaren Himmel weicht.

Von der Kimmeridge Bay aus kann man einen herrlichen Sonnenuntergang beobachten. Auch der 1830 erbaute Clavell Tower blickt von seinem erhöhten Posten aus über das Meer und die Dämmerung.

# NICHT VERPASSEN!

## Maiden Castle

Geheimnisvoll ragen die grünen Wälle in den Himmel von Dorset. Warum die Bewohner am Beginn der Eisenzeit mit dem Bau solcher Hügelburgen begannen, ist nicht restlos erklärt – allein um Schutz vor Angriffen ging es wohl nicht. Bis 650 v. Chr. wurde die erste Befestigung mit zwei Toren errichtet. Indem man den Nachbarhügel mit einbezog, entstand dann ab etwa 450 v. Chr. die mit 19 Hektar Fläche größte Ringwallburg Europas. Die Befestigung wurde um drei konzentrische Wälle mit Gräben ergänzt. Mit bis zu 25 Meter Höhe beeindrucken sie noch heute die Besucher. Bis zur römischen Eroberung lebten die Durotrigen auf dem Mai Dun, was auf Keltisch »großer Hügel« bedeutet. Aus dem 4. Jahrhundert sind noch die Fundamente eines römischen Tempels erhalten. Bald darauf muss die Anlage verlassen worden sein. Heute führt ein Rundgang mit Informationstafeln hindurch.

## Sherborne Abbey

Schon in angelsächsischer Zeit wurde in Sherborne vom heiligen Aldhelm ein Bistum gegründet. Nach der normannischen Eroberung ging der Bischofssitz an Old Sarum verloren. Die Benediktiner durften bleiben, und so wurde aus der Kathedrale eine Abteikirche, die von Roger of Salisbury im normannischen Stil quasi neu errichtet wurde. Leider sind nur wenige angelsächsische Elemente im Bereich der Westpforte erhalten. Im 15. Jahrhundert erfolgte die Umgestaltung mit einem hochgotischen Chor und Fächergewölben im Perpendikular-Stil. Das Verhältnis der Mönche zur Bevölkerung wurde indes immer schlechter. Im Zuge der Zwangsauflösung der Klöster 1539 rettete Sir John Horsey die Kirche und verkaufte sie später an die Bürger von Sherborne als Pfarrkirche weiter.

## Bournemouth

Über zwölf Kilometer erstrecken sich die beliebten Strände an der Poole Bay, der wärmsten und sonnigsten Bucht in ganz England. Nirgendwo sonst fällt weniger Regen. Die 200-jährige Entwicklung von einem Dörfchen zur heutigen Stadt Bournemouth basiert allein darauf, eines der Top-Urlaubsziele der Insel zu sein. Gleich zwei Seebrücken ragen ins Meer: Bournemouth Pier mit Theater und großem Vergnügungsangebot sowie der architektonisch reizvolle Boscombe Pier. Anziehungspunkt sind neben den Promenaden auch die sehr gepflegten und ansehnlichen Gärten und Parks, die sich entlang des Bourne durch das Stadtgebiet ziehen. Die Shoppingmöglichkeiten sind nahezu unbegrenzt, und die Vielfalt an Unterhaltung reicht vom Oceanarium über Museen und Konzerte bis hin zu diversen Festivals. Und für Kinder gibt es – vor allem im Sommer – jede Menge Spiel-, Sport- und Vergnügungsparks.

Purbeck at its best: Die historischen Bauten am Wareham Quay spiegeln sich im Wasser (oben). Rechts: Hufeisenförmig ist die Bucht von Chapman's Pool.

## Isle of Purbeck

**Ruhig geht es zu auf der Isle of Purbeck, die in Wahrheit nur eine Halbinsel ist, die den Hafen Poole und die Strände von Bournemouth gegen das offene Meer abschirmt. Sie ist berühmt für ihre Vielfalt an Wildblumen und hat zudem hübsche kleine Dörfer zu bieten. Die wohl schönste Wanderung findet entlang der Steilküste statt, die sich ab hier um die Südwestspitze Englands bis nach Somerset zieht, und mit ihr der 1014 Kilometer lange South West Coast Path. Angelegt wurden die Wege einst für einen anderen Zweck. Hier patrouillierten die Männer der Coastguard und versuchten, die vielen Buchten und Siedlungen zu überwachen, deren Bewohner über Jahrhunderte vom Schmuggel lebten.**

## Corfe Castle

Diese wunderschönen Ruinen im Zentrum der Isle of Purbeck bieten reichlich Stoff für Geschichten. Auf einem steilen Hügel gelegen, ließ sich von hier der Weg zum Meer gut kontrollieren. Schon in angelsächsischer Zeit gab es eine Befestigung. Der Legende nach wurde hier 978 König Edward der Märtyrer ermordet, dem später eine enorme Zahl von Wundern zugeschrieben wurde. Die strategische Bedeutung des Castle erkannte auch Wilhelm der Eroberer. Er ließ eine der ersten Steinburgen Englands errichten, die schließlich im 12. und 13. Jahrhundert zu einer mächtigen Anlage ausgebaut wurde. Corfe Castle wurde öfters verkauft oder verschenkt und auch mehrfach belagert, militärisch konnte es jedoch nie eingenommen werden. Nachdem im Bürgerkrieg die Truppen der Parlamentarier zunächst zurückgeschlagen wurden, gelang im Jahr 1646 die zweite Belagerung – aber nur durch Verrat. Daraufhin wurde die Burg von den Siegern gesprengt, weshalb heute nur noch eine Ruine zu sehen ist, die schon Serien und Filmen als Kulisse diente.

# Eishöhlen und Gletscher erforschen

Im riesigen Vatnajökull-Nationalpark formen Gletscher und Vulkane eine einzigartige Eiswelt. Dazu zählen auch unterirdische Höhlensysteme.

## REISE-INFOS

**Wo? Egilsstaðir, Nationalpark Vatnajökull, Ostisland**
**Wie? Regionale Airlines nach Egilsstaðir Airport oder über die Ringstraße**
**Übernachtung: Camping oder Hütten**
**Info: www.vatnajokulsthjodgardur.is**

Im Südosten Islands ist ganz schön was los. Es knarzt das Eis, es schießt der Dampf und zwischen Bergriesen schiebt sich mit dem Vatnajökull Europas größter Gletscher. Er ist Namensgeber des Vatnajökull-Nationalparks, der fast die Größe Schleswig-Holstein erreicht und eine Ansammlung von Naturwundern ist. »Insel aus Feuer und Eis« wird Island häufig

Eisblaue Höhlen (links) und Gletscherzungen, hier der Breiðamerkurjökull (rechts), bildet der Vatnajökull aus.

genannt und das trifft hier ganz besonders zu. Zehn Vulkane sind aktiv, davon acht vom Eis verborgen. Besonders viel Action liefert der Kverkfjöll-Vulkan, der genügend Energie für heiße Quellen erzeugt. Diese wiederum speisen einen Heißwasserfluss, der sich unter dem Gletschereis seinen Weg bahnt und dabei Höhlen bildet, um dann irgendwann dampfend unter dem Eis hervorzuschießen. Diese Eishöhlen durchziehen den Gletscher wie Adern und können den Durchmesser von Autobahntunneln erreichen. Besonders faszinierend sind die Höhlenwände und -decken, wenn das Tauwasser wieder zu unwirklich glitzernden Mustern gefriert.

**Gletscherriese** *Der größte Gletscher Islands ist der Vatnajökull (»Wassergletscher«) im Südosten der Insel. Mit 3000 Kubikkilometern Volumen ist er auch der voluminöseste Gletscher Europas. Seine Eisschicht ist bis zu 900 Meter dick, sein höchster Punkt ist der Öræfajökull. Seit einigen Jahren verliert der Vatnajökull jedoch an Größe. Ursachen sind die globale Klimaerwärmung sowie die tätigen Vulkane unterhalb der massiven Eisschicht.*

Auch wenn mit bloßem Auge nicht zu sehen – Gletscher sind immerfort in Bewegung. Ständig reißt irgendwo ihre Oberfläche auf und bildet neue Spalten. Ohne Sicherung mit dem Seil ist daher jedes Betreten lebensgefährlich. Vom Gletschertor solle man sich ganz fernhalten, denn jederzeit können tonnenschwere Eisblöcke abbrechen. Auch das Erkunden der unterirdischen Eiswelt ist nicht ohne. Vor allem im Sommer, wenn Schmelzwasser zu Rissen und Einstürzen führen können. Am sichersten sind die Höhlen von November bis März. Dann eröffnet sich besonders eindrücklich ein türkisblaues Winterwunder – mit Höhlenwänden und Eistürmen in allen Formen und Strukturen. Selbst ein Saphir könnte nicht eindringlicher strahlen. Dann wird einmal mehr deutlich: Die Natur ist mit Abstand die kreativste Künstlerin.

Zu den bekanntesten und eindrucksvollsten Gletscherhöhlen gehört jene des Kverkfjöll unter dem Vatnajökull.

Ob man ihn von oben oder vom Wasser des Gletschersees Fjallsárlón aus betrachtet: Der Vatnajökull ist aus jeder Perspektive eindrucksvoll. Der gleichnamige Nationalpark ist seit 2019 sogar UNESCO-Weltnaturerbe.

## NICHT VERPASSEN!

### Nationalpark Vatnajökull

Im Jahr 2008 wurde der Vatnajökull-Nationalpark gegründet, mit einer Fläche von über 14 000 Quadratkilometern der größte Nationalpark Europas. Er umfasst den gesamten Vatnajökull, die ehemals eigenständigen Nationalparks Skaftafell und Jökulsárgljúfur sowie die Vulkanmassive von Askja und Herðubreið. Wie viele andere Gletscher Islands entstand der Vatnajökull nicht während der letzten Eiszeit, sondern vor etwa 2500 Jahren. Besonders stark wuchs er während der sogenannten Kleinen Eiszeit, die vom 15. Jahrhundert bis zum Ende des 19. Jahrhunderts dauerte. Seitdem wird der Gletscher wieder kleiner. Während der Nordteil des Vatnajökull mitten im Hochland liegt, das nur auf holprigen Allradpisten zu erreichen ist, führt an seiner Südkante über weite Strecken die Ringstraße entlang. Oft reicht das Eis bis fast an die Küste, und die Ringstraße zwängt sich durch einen schmalen Streifen eisfreien Landes. Von Kirkjubæjarklaustur im Westen bis jenseits von Höfn im Osten durchquert man in Gletschernähe eine der faszinierendsten Landschaften Islands. Es geht durch die riesige Schwemmlandebene Skeiðarársandur, kurze Abstecher führen zu Gletscherzungen und Gletscherseen, auf denen Eisberge treiben. Doch die wahre Größe dieses Eisriesen erahnt man erst, wenn man auf einen der Gipfel steigt und von dort bis zum Horizont nur eine glitzernde Eisfläche erblickt.

### Svartifoss

Eine der beliebtesten Unternehmungen vom Besucherzentrum Skaftafell aus ist der gut halbstündige Spaziergang zum Svartifoss. Der Fluss Stórilækur ist eher ein Bach, und die Fallhöhe von etwa 20 Metern ist eigentlich auch nicht erwähnenswert. Doch das Wasser stürzt in ein von Basaltsäulen umrahmtes Becken, deshalb auch der Name Svartifoss, »schwarzer Wasserfall«. Wie Orgelpfeifen, von denen einige sogar herabhängen, wirken die grauen oder fast schwarzen Säulen aus Basalt. Entstanden ist der Kessel aus sechseckigem Säulenbasalt durch dünnflüssiges, kieselsäurearmes Magma, das an der Erdoberfläche relativ schnell erkaltet ist.

**Panoramen** *Flussabwärts vom Svartifoss folgen die längst nicht so spektakulären Magnúsarfoss, Hundafoss und Þjóðafoss. Vom Wasserfall kann man noch zum Aussichtspunkt Sjonarsker gehen und dort den mit Schnee und Eis bedeckten Vatnajökull bestaunen.*

### Jökulsárlón

An den südlichen Ausläufern des Vatnajökull gibt es mit den Gletscherseen Stemmulón, Jökulsárlón, Breiðárlón und Fjallsárlón ganz besondere Attraktionen. Durch den Rückzug von Gletscherzungen entstanden hier in den letzten Jahrzehnten Seen, auf denen im Sommer Eisberge schwimmen. Die spektakulärsten Eisberge treiben auf dem Jökulsárlón, doch wer in Ruhe das Schauspiel von kalbendem Eis beobachten möchte, ist am Fjallsárlón richtig. Oberhalb des Gletschersees liegen Hvannadalshnúkur und Öræfajökull, von diesen zieht sich die Gletscherzunge Fjallsjökull bis in den See, in den sie kalbt. Das zerklüftete Eis des Stroms bildet teilweise haushohe Türme, die auf breiter Front in das Wasser des Gletschersees eintauchen. Wer sich ans Ufer setzt und geduldig wartet, hat eine gute Chance, einen dieser Eistürme zusammenbrechen und ins Wasser stürzen zu sehen.

Bei einer Bootstour über den Jökulsárlón hat man die Gelegenheit, den Gletscher ausgiebig zu bewundern.

Tief durchatmen sollte man bei einem Spaziergang durch den Paterzeller Eibenwald, um die frische Waldluft in sich aufzunehmen (ganz oben). Europäische Eiben können einen beachtlichen Umfang erreichen (oben).

# Waldbaden im Paterzeller Eibenwald

Mit über 2000 teils sehr alten Eiben bildet der Paterzeller Eibenwald einen der größten zusammenhängenden Bestände des Baums in Bayern.

## REISE-INFOS

**Wo? Paterzell, Oberbayern, Deutschland**

**Wie? Von München aus auf der B2 nach Weilheim und weiter auf der Staatsstraße bis Zellsee; dort Abzweigung nach Paterzell (60 km)**

**Übernachtung: Ferienwohnungen und Gästezimmer in Paterzell und Wessobrunn**

**Info: www.wessobrunn.de**

Der eindrucksvolle Eibenwald liegt in der Nähe von Wessobrunn, südöstlich des Ammersees in Oberbayern. Er war bis ins Jahr 1803 im Besitz des hiesigen Klosters Wessobrunn. Die Benediktiner nutzten das Holz der Eibe, etwa für die Decke des Theatersaals im Kloster.

**Arzt mit Weitblick** *Die Häufigkeit der Paterzeller Eiben erkannte der Weilheimer Arzt Friedrich Kollmann 1907 als Erster. Nach einer Bestandsaufnahme regte er den Schutz des Waldes an, fand aber bei den königlich-bayerischen Forstbehörden kein Gehör. Er konnte sich erst durchsetzen als er die naturverbundene Königin Marie Therese, Frau von Ludwig III. von Bayern, für den Wald gewann. Durch ihr Engagement wurde der Paterzeller Eibenwald schließlich ab 1913 zum staatlichen Naturdenkmal und 1939 zum Naturschutzgebiet erklärt.*

In Paterzell fällt es nicht schwer herauszufinden, was Eiben so eindrucksvoll macht. Hier findet man knorrige Stämme in allen Varianten. Sie werden als urwüchsig oder gern auch als »wie aus dem Märchenwald« beschrieben. Einzelne Stämme der Eibe können miteinander verwachsen und sich zu sogenannten Komplexstämmen vereinen. Bäume mit einem Alter von etwa 250 Jahren fangen an, im Kern zu faulen. Die für ihre Zähigkeit bekannten Eiben kommen damit klar.

**Auch wenn sie schon vollständig ausgehöhlt sind, geht ihr Leben weiter, und wenn der Baum unter seinem Kronengewicht einbricht, bedeutet das immer noch nicht sein Ende. Die Eibe kann weiter neue Triebe entwickeln, ist dann aber eindrucksvoll vom Leben gezeichnet.**

Eine Wanderung auf dem gut markierten Eibenpfad lohnt zu jeder Jahreszeit – selbst an einem kalten, nebligen Novembertag. Die Schwaden werden die mystische Wirkung, die von den knorrigen Bäumen ausgeht, sogar nochmals verstärken. Der einen Kilometer lange Weg ist mit Informationstafeln versehen und führt zu den markanten Punkten des Waldes. Ausgangspunkt ist der Parkplatz beim Gasthof Eibenwald in Paterzell.

## + NICHT VERPASSEN! +

### Kloster Wessobrunn

817 wird das Kloster erstmals urkundlich erwähnt, seitdem hat es eine bewegte Geschichte hinter sich. Heute ist das mit prachtvollem Stuck erhaltene Kloster der Firmensitz eines Naturkosmetikunternehmens, dessen Ziel es war, dem Klostergarten mit dem biologisch geprüften Heilpflanzenanbau wieder seine alte Bestimmung zu geben. Angeboten werden Seminare, etwa zum Thema »Natürliches Färben mit Pflanzen aus dem Klostergarten« oder »Bienengemäße Imkerei«. Der Klosterladen bietet Heilkräuterkerzen, Bioseifen und Likör an.

### Steilhalden und Flussauen

**Hänge dürfen rutschen, Bäume purzeln, der Fluss darf Kiesbänke umlagern: Das ist erklärtes Ziel im Naturschutzgebiet »Steilhalden und Flussauen des Lechs zwischen Kinsau und Hohenfurch«, das sich südlich von Landsberg befindet. Der Wildflussabschnitt hilft Fischen und Vogelarten wie Flussuferläufer, Wasseramsel und Flussregenpfeifer. Das Gebiet kann teilweise erwandert werden**

### Weilheim

Am Nordostrand des Pfaffenwinkels gelegen, profitierte die heutige Kreisstadt bereits im 17. und 18. Jahrhundert von ihren gut situierten Bewohnern. Im Stadt- und Pfaffenwinkelmuseum werden neben Exponaten zur Stadtgeschichte auch Skulpturen Weilheimer Bildhauer gezeigt. Als Wahrzeichen Weilheims gilt der 45 Meter hohe Turm der frühbarocken Pfarrkirche St. Mariä Himmelfahrt.

### Schongau

An der alten Handelsstraße Via Claudia Augusta gelegen, erlebte das Pfaffenwinkel-Städtchen im 17. und 18. Jahrhundert seine wirtschaftliche Blütezeit. Aus dieser Ära stammt der barocke Neubau der Pfarrkirche Mariä Himmelfahrt, an dessen Bau Dominikus Zimmermann und Franz Xaver Schmuzer sowie der Stuckateur Matthäus Günther maßgeblich beteiligt waren.

**Schongauer Märchenwald** *Idyllisch im Wald gelegen, erleben die Besucher die bekanntesten Märchen der Brüder Grimm. Jeder Geschichte ist ein kleines Häuschen gewidmet. Per Knopfdruck geht das Licht an, und die Märchenpuppen beginnen sich zu bewegen. Dazu wird das Märchen in Kurzform erzählt. Daneben gibt es einen Tierpark, einen Erlebniswald und ein Zwergenbergwerk im Eisenbahntunnel.*

### Steingaden

Als »Bilderbuch der Kunstgeschichte« gilt die ehemalige Klosterkirche, und wirklich finden sich hier von Romanik über Gotik und Renaissance bis zu Frühbarock und Rokoko alle Stile in Harmonie vereint. Steingaden (gegründet 1147) zählt zu den ältesten Prämonstratenserklöstern Altbayerns und ist eine Keimzelle des Pfaffenwinkels; von hier aus erfolgte auch die Gründung der Wieskirche.

### Wieskirche

Zu den Meisterwerken der bayerischen Rokokoarchitektur gehört die Wallfahrtskirche »Zum gegeißelten Heiland auf der Wies«, die seit 1983 als UNESCO-Weltkulturerbe ist. Das Gotteshaus ist einem wundersamen Vorfall geweiht: Mönche des unweit gelegenen Klosters Steingaden fertigten für die Karfreitagsprozession 1730 ein Christusbild, das auf einem Bauernhof nahe eines Weilers aufgestellt wurde. Im Jahr 1738 soll dieses Bildnis auf einmal begonnen haben, Tränen zu vergießen. Da die Verehrung des »Tränenwunders« ständig zunahm, beauftragte der Abt den Baumeister Dominikus Zimmermann, »auf der Wies« eine Wallfahrtskirche zu errichten. Dieser zog viele Künstler seiner Zeit hinzu – darunter seinen Bruder Johann Baptist, der die Gestaltung des Innenraums übernahm. Aus der Zusammenarbeit entstand schließlich die wohl schönste Rokokokirche Deutschlands.

Kirchen- und Stadtarchitektur aus unterschiedlichsten Epochen lassen sich in der Region bewundern: von der Wieskirche (ganz oben) über Weilheim (oben links) bis zum Kloster Wessobrunn (oben rechts).

# Die Stockwerke des Waldes

Natürlich wachsender Wald ist in verschiedene Etagen unterteilt. Diese ergeben sich teils aus den Wuchshöhen der Waldpflanzen. Man kann sich die einzelnen Etagen leichter merken, wenn sie mit dem Aufbau eines Hauses verglichen werden.

## Keller: Wurzelschicht

Die Decke bildet eine Humusschicht, die nach unten in mineralischen Boden übergeht. In der Tiefe steht Fels an. Die namensgebenden Wurzeln durchdringen alle drei Bereiche. Wirbellose Tiere wie Regenwürmer und Käferlarven leben vor allem im Humus. Grabende Säugetiere wie Mäuse, Füchse und Dachse quartieren sich darunter in ihren Bauen ein.

## Erdgeschoss: Moos- oder Bodenschicht

Moose, Pilze und niedrig wachsende Blütenpflanzen bilden diese Schicht, die sich knapp über dem Boden ausbreitet. Sie bietet einen wertvollen Lebensraum – einschließlich Unterschlupf und Nahrung – für eine ganze Reihe verschiedener Tiergruppen. Darunter befinden sich Insekten, Spinnen, Reptilien, Amphibien und Kleinsäuger wie Mäuse und Spitzmäuse. Auch Wildschweine stöbern und fressen hier gern.

## Erste Etage: Krautschicht

Über der dünnen Moosschicht folgt die Krautschicht bis auf eine Höhe von etwa einem Meter. Sie setzt sich vor allem aus Farnen, Blütenpflanzen und auch frisch gekeimten Bäumen zusammen. In lichtdurchfluteten Wäldern kann diese Etage stärker ausgeprägt sein als in dichten, dunklen Wäldern. Manche Kräuter wie das Buschwindröschen vermeiden den Schatten der Baumkronen, indem sie früh im Jahr blühen, noch bevor die Bäume ihr Schatten gebendes Blätterdach gebildet haben.

Buchen, Farn und Hasenglöckchen sowie Fliegenpilze lassen sich in unseren Wäldern finden.

Jede Jahreszeit hat ihren eigenen Reiz. Besonders in Laubwäldern bezaubert jedoch vermutlich am meisten der Herbst, wenn sich Buchen und Co. goldene Kronen aufsetzen, durch die die Sonne ihre Strahlen schickt.

## Zweite Etage: Strauchschicht

Sie reicht bis in etwa drei Meter Höhe. In dieser Etage findet man Sträucher wie Holunder, Hasel oder kleinere Bäume, die noch deutlich unterhalb der Kronen der großen Bäume ihre Maximalhöhen erreichen. Die Büsche und Bäume dieses Waldstockwerks bieten ebenfalls vielen Tieren Unterschlupf und Nahrung. Als typische Vögel sind hier Rotkehlchen, Buchfink oder Mönchsgrasmücke vorzufinden – Arten also, die man nie auf der Spitze eines Baumes sitzen sehen wird. Zu den typischen Säugetieren der Strauchschicht zählt die Haselmaus. Sie schläft tagsüber in einem nur faustgroßen Nest, das sie aus Gras und Blättern baut und in den Zweigen von Büschen und kleineren Bäumen aufhängt.

## Dachboden: Baumschicht

Die oberste Etage nimmt am meisten Raum ein. Namensgebend sind die hier dominierenden großen Waldbäume. Wie die Strauchschicht ist dieses Geschoss auch mit Ästen, Zweigen und Blättern ausgestattet. Ein Ausstattungselement hat allerdings viel größere Bedeutung als im Stock darunter: das Holz. Dabei ist nicht nur das Holz an sich von Bedeutung, sondern auch dessen Fassade, die Rinde. Hier können sich Moose, Flechten und Farne als Aufsitzerpflanzen ansiedeln. Zwischen den Ritzen finden außerdem Baumläufer und Kleiber ihr Futter. An alten Bäumen, wo die Borke in Schuppen absteht, entstehen Nistplätze für Vögel oder Ruhenischen für Fledermäuse. Zahlreiche Tiere dringen auch ins Innere der Stämme vor. Da sind zum einen die Käferlarven zu nennen – von den winzigen Borkenkäfern bis zu den imposanten Hirschkäfern. Unter den Vögeln ebnen die acht bis neun einheimischen Spechtarten mit ihren Hämmerarbeiten weiteren Vögeln und Säugetieren den Weg tief ins Holz. Hohltaube, Raufußkauz, Siebenschläfer und Fledermäuse sind dankbare Nachmieter.

# Rafting auf der Soča

Durch das angeblich schönste Tal der Alpen schlängelt sich die intensiv blaue Soča, die mit ihren wilden Stromschnellen und natürlichen Slalomstrecken ein Paradies für Rafter ist. Neben einer Menge Action erlebt man hier also auch die Natur hautnah.

## REISE-INFOS

**Wo? Durch die Julischen Alpen, Westslowenien**
**Wann? März bis Oktober**
**Kosten: Etwa 35 bis 60 Euro für Rafting-Tour mit Guide**
**Info: www.socarafting.si**

Die Soča entspringt einer geheimnisumwitterten Karstquelle in Trenta unter dem Fuße der mächtigen Julischen Alpen und windet sich auf einer Länge von 140 Kilometern bis in den Golf von Triest. Eingebettet in ein grünes Tal, garniert mit weißen Felsen und umrahmt von den schroffen Bergen der Julischen Alpen, schlängelt sich das auffallend helltürkisblaue Band im natürlichen Slalom über gurgelnde Wasserfälle und Stromschnellen, durch enge Felsschluchten und zahlreiche Tröge.

**Da sich das Raften je nach Teilstrecke, Wasserführung und Jahreszeit sowohl für Abenteuerlustige als auch Naturfreunde und Familien mit Kindern eignet, gehört die Soča zu einem der begehrtesten Raftingflüsse der Welt.**

Während der Unterlauf ziemlich ruhig und gemütlich dahinfließt, ist der Oberlauf, der sich zwischen der malerischen »Zweiten Klamm« und dem spektakulären Schluchtausgang mit der berühmten Napoleon-Brücke in Kobarid erstreckt, ein Spielplatz für adrenalinsuchende Rafter. Die wilde Strömung der Soča, die mit kniffeligen Wildwasserpassagen gespickt ist, fließt auf ihrem Weg immer wieder in grüne Gumpen, die zum Pausieren einladen. Es bleibt Zeit, um das überschüssige Adrenalin abzubauen, das durch die letzte schwere Stelle verursacht wurde. Da eine Fahrt auf der Soča nicht ganz ungefährlich ist, sollte man einen flusskundigen Führer mit ins Boot nehmen, der am Rumpf des Schlauchbootes Anweisungen gibt und für eine sichere Fahrt sorgt.

## Ziplinen durch das Soča-Tal

**Während einer Raftingtour kann man das stürmische Gemüt der Soča bereits hautnah erleben. Doch wirklich Zeit, um die Aussicht auf das malerische Tal zu genießen, hat man während der rasanten Tour eher nicht. Deshalb empfiehlt sich eine Zipline-Fahrt, die Blickwinkel auf das wilde Tal eröffnet, die normalerweise nur Vögel zu sehen bekommen. Im Soča-Tal gibt es gleich zwei Seilrutschen: Während die drei Kilometer lange Abfahrt im Krnica-Tal mit dem Panoramablick auf den Bovec-Talkessel und die Zweitausender der Gegend begeistert, befindet sich im Canyon Ucja der größte Zipline-Park Europas. Die 4,5 Kilometer lange Seilrutsche verläuft in bis zu schwindelerregenden 200 Meter Höhe über dem Fluss Ucja und bietet atemberaubende Ausblicke auf die Gipfel der Julischen Alpen.**

Wer ganz hinten sitzt, hat das Kommando. Anweisungen wie »Rechts paddeln«, »Links paddeln« und »Achtung!« sind bei dem schnellen Gewässer mit seinen vielen Stromschnellen auch wichtig, um nicht zu kentern.

## NICHT VERPASSEN!

### Nationalpark Triglav

Drei Köpfe, so sagt es die alte slawische Legende, besitzt der Gott Triglav, der auf dem höchsten Gipfel der Julischen Alpen thront. Den ersten Kopf wendet er dem Himmel zu, den zweiten der Erde und den dritten der Unterwelt. Und weil seine drei Köpfe so markant und noch aus 100 Kilometern Entfernung zu sehen sind, nannten die Slowenen diesen Gipfel ehrfürchtig Triglav, den »Dreikopf«. So heißt der 2864 Meter hohe Gipfel bis heute. Der einzige Nationalpark Sloweniens (bereits im Jahr 1924 als Schutzgebiet ausgewiesen) erhielt seinen Namen vom höchsten Berg des Landes, den sich die Wildtiere mit den Menschen friedlich teilen.

### Mountainbiken

**Da das Soča-Tal schon immer ein beliebtes Reiseziel war, ist das gesamte Gebiet von einem dichten Wegenetz durchzogen. Uralte Alm- und Wirtschaftswege, einzigartige Kriegstrassen aus den beiden Weltkriegen und ein weites Netz aus kleinen Pfaden bieten Mountainbikern einmalige Möglichkeiten, das ursprüngliche Tal auf dem Rad zu erkunden. Da sich eine Mountainbike-Tour im Soča-Tal mit seinen steilen Routen, die hoch in die Julischen Alpen oder in das malerische Hochland Šentviška planota führen, nicht gerade als Kinderspiel gestaltet, sollte man genügend Ausdauer an den Tag legen. Am Ende der Tour wird man für die Anstrengung aber mit spektakulären Panoramablicken belohnt.**

### Tolminka-Schlucht

Die Tolminka-Schlucht ist ein weiteres Naturjuwel im Soča-Tal. Kurz bevor das Flüsschen Tolminka beim Ort Tolmin in die Soča mündet, passiert es eine enge Schlucht, in der es allerdings wegen des geringen Gefälles meist ruhig dahinströmt. Gespeist wird das Wasser aus einer Thermalquelle, deren Temperatur zwischen 19 und 21 °C beträgt: Grundwasser wird im Boden durch geothermische Energie erwärmt und kommt durch Felsspalten als türkisblaues Wasser an die Oberfläche. Zwischen 1953 und 1958 wurden die Wege in der Klamm angelegt und somit auch für Touristen erschlossen.

### Bled

Am östlichen Rand des Triglav-Nationalparks liegt das Städtchen Bled. Das milde Klima und die Thermalquellen machten Bled bereits früh zu einem beliebten Kurort: Illustre Gäste wie Fürst Metternich oder der Sachsenkönig Friedrich August machten hier Mitte des 19. Jahrhunderts Urlaub. Doch die größte Sehenswürdigkeit ist nicht der Ort, sondern der wundervolle See mit der kleinen Insel. Dort befindet sich die berühmte Kirche Mariä Himmelfahrt, zu der man sich mit Plätten, den typischen Bleder Booten, rudern lassen kann. Ein weiteres Wahrzeichen thront hoch über dem See auf einem Felsen: die mittelalterliche Burg, die man über eine Zugbrücke erreicht. Heute beherbergt sie ein Museum, das die Geschichte des Ortes Bled präsentiert.

Unverkennbar ist die Insel im Bleder See mit ihrer kleinen Kirche (oben). Von Bled aus lohnen Ausflüge in die Tolminka-Schlucht (rechte Seite oben) und in den Nationalpark Triglav (rechte Seite unten).

# Boofen in der Sächsischen Schweiz

Das Wandern ist der Sachsen Lust, das Boofen die der sächsischen Kletterer. Zweifellos ist das Boofen eine einzigartige, im gesamten Elbsandsteingebirge beliebte Art, den Tag in der Natur ausklingen zu lassen und unter einem Felsüberhang zu nächtigen, um am Morgen dann frisch und gleich vor Ort den nächsten Aufstieg zu wagen.

## REISE-INFOS

**Wo? Landkreis Sächsische Schweiz-Osterzgebirge, entlang der Grenze zu Tschechien**

**Wie? Guter Bahnanschluss mit der S1 von Dresden; Fernverkehr auch bis Bad Schandau**

**Info: www.nationalpark-saechsische-schweiz.de**

Bei Wanderern und Kletterern gleichermaßen beliebt sind die Affensteine östlich von Bad Schandau.

Einst – und bis Anfang der 1990er-Jahre – gab es in der Sächsischen Schweiz befestigte Boofen. Weberstube, Villa Fernblick, Oktober-, Wurzel- oder Siebenschläferboofe etwa hießen diese hüttenähnlich ausgebauten Übernachtungsstellen, die oft von ansässigen Seilschaften oder Klettervereinen errichtet worden waren und einen komfortablen Schutz boten. Viele der Boofen waren schwer zugänglich, unter mühseligen Bedingungen erbaut worden und hatten schon Kriegsgegnern im Zweiten Weltkrieg als Versteck gedient oder Systemgegnern der DDR als Rückzugsort vor Überwachung. Später waren sie oft frequentierte Freiübernachtungsstellen und wurden vom ostdeutschen Forstschutz respektvoll geduldet. Ein verantwortungsbewusster Umgang mit der Natur und ein sauberes Verlassen der Boofen waren Bergsportlern und Wanderern selbstverständlich. Als 1990 dann ein Großteil der Sächsischen Schweiz zum Nationalpark erklärt wurde, gerieten die Boofen ins Visier der Parkverwaltung, wurden als »dem Naturschutz zuwider« betrachtet und vorsätzlich – in einem Fall sogar »versehentlich« – durch Niederbrennen »bereinigt«. Das Boofen drohte gar ganz verboten zu werden. Das war den Kletterern der Region Anlass genug, auf die ebenso erhaltenswerte Tradition der sächsischen Bergsteiger zu verweisen und zu verhandeln. Ein jahrelanges zähes

Es gibt Orte, die es spektakulär belohnen, wenn man für ihren Besuch schon früh aufsteht. Auch hier bietet sich ein eindrucksvoller Blick über die Elbe im Morgennebel, den die Sonne schon bald vertreiben wird.

Ringen des Sächsischen Bergsteigerbundes, der schon damals über 10 000 Mitglieder zählte, mit der Nationalparkverwaltung und dem Sächsischem Forstamt war die Folge. Heute ist das Boofen im sogenannten Kerngebiet (Schutzzone I) des Nationalparks verboten; außerhalb dieses Gebiets aber kann an dafür gekennzeichneten Stellen unter strengen Auflagen und nur in Verbindung mit dem Klettersport wieder unter den Felsen oder in den geräumigen Kluft- und Schichtfugenhöhlen der größeren Felsformationen übernachtet werden. Feuer sind grundsätzlich verboten.

**Wortherkunft** *»Boofen«, das ist übrigens die Elbtal-Variante des hochdeutschen Verbs »pofen«, was umgangssprachlich so viel bedeutet wie (tief und fest) schlafen. Den festen Schlaf braucht es da draußen auch, denn nicht selten wird die romantische Ruhe der Nachtlagernden von Schlafmäusen gestört, den Bilchen.*

## Die Natur

**Durch das naturnahe Boofen der Bergfreunde und deren respektvollen Umgang mit der Natur wird das ökologische Gleichgewicht des Parks keineswegs beeinträchtigt. Eine Gefahr für den Nationalpark stellt jedoch der unachtsame Umgang einiger Boof-Touristen dar, die an manchen Sommerwochenenden lärmend in die Sächsische Schweiz einfallen und nach durchfeierter Nacht wieder abziehen, ohne ihren Müll mitzunehmen. Dabei sind nicht nur Reinlichkeit und Brandgefahr ein Problem, sondern auch der Geräuschpegel, der heimische, oft auch seltene Tierarten vertreibt. Solches Fehlverhalten wird keineswegs geduldet. Besucher des Parks, die sich nicht an die Regeln halten (kein offenes Feuer; Lärm und Müll vermeiden; Fels, Boden und Vegetation schonen) werden von den patrouillierenden Parkwächtern gnadenlos zur Kasse gebeten.**

Von der Felsenburg Neurathen aus bietet sich ein weiter Panoramablick über das Elbsandsteingebirge – und auf den Felsen »Mönch«, dank seiner blechernen Wetterfahne unschwer zu erkennen.

# +NICHT VERPASSEN!+

## Nationalpark Sächsische Schweiz

Wenige Landschaften haben die Romantiker des 19. Jahrhunderts so begeistert wie die Sächsische Schweiz: ein idyllisches Flusstal, gesäumt von den ebenso malerischen wie bizarren Felsformationen des Elbsandsteingebirges, in denen oft der Nebel hängt. Geformt wurde diese Landschaft durch die Erosion, die im Verlauf von Millionen von Jahren dem weichen Sandstein zusetzte. Der Nationalpark umfasst die schönsten Gebiete am nördlichen Elbufer. Die zerklüfteten Felsregionen wurden aber nicht nur wegen ihrer Schönheit unter Schutz gestellt, sondern auch, weil sich durch die starke Gliederung der Landschaft eine Vielzahl kleiner Lebensräume ergibt, in denen sich Pflanzen mit speziellen Bedürfnissen ansiedeln konnten. Die große geschlossene Waldfläche im westlichen Teil des Nationalparks dient zudem vielen seltenen Tierarten als Rückzugsraum. Hier findet man 16 der 18 in Deutschland heimischen Fledermausarten, Eulen und Habichte, Wanderfalken, Kolkraben, Schwarzstörche sowie Gämsen, Mufflons und Luchse, die hier schon einmal ausgestorben waren.

## Bastei

Die fast 200 Meter hohe Felsformation, die bei Rathen steil am Elbufer aufragt, gehört zu den größten Attraktionen der Region. Von außen hat sie einen festungsähnlichen Charakter, während sich im Inneren ein Schluchtenlabyrinth auftut. Während man vom Gipfel des Felsens einen atemberaubenden Blick auf das Elbtal hat, bewegt man sich zu ihren Füßen in einer verwunschenen Welt. Entdeckt wurde diese Schönheit durch romantische Maler wie Caspar David Friedrich, die über den immer noch bestehenden Malerweg zur Bastei aufstiegen. Bereits 1826 errichtete man die erste hölzerne Brücke, die in rund 40 Meter Höhe die Kluft zwischen Bastei und Neurathener Felsentor überwindet. 1851 wurde sie durch die Sandsteinbrücke mit ihren sieben Bögen ersetzt.

## Felsenburg Neurathen

**Über die Basteibrücke erreicht man die Relikte einer einstigen Burganlage, die spätestens im 13. Jahrhundert in die steilen Felsen hineingebaut wurde. Beeindruckend ist vor allem die exponierte Lage, die sich über die rekonstruierten Wehrgänge und Brücken erkunden lässt. Von den Gebäuden selbst sind nur Fundamente erhalten, da Burg und Burgturm aus Holz und Fachwerk bestanden. Zahlreiche Info-Tafeln sorgen jedoch dafür, dass man einen guten Eindruck von der einstigen Anlage bekommt.**

## Schrammsteine

Zu den malerischsten Formationen im östlichen Teil des Nationalparks gehören die Schrammsteine, eine stark zerklüftete Felsenkette. Der höchste der Gipfel ist mit 425 Metern der Hohe Torstein. Die Schrammsteine sind ein Paradies für Kletterer. Es gibt auch diverse Wanderwege, etwa auf die Schrammsteinaussicht und über den Grat, die allerdings wegen der steilen, teils mit Leitern und Steigen gesicherten Aufstiege eine gute Kondition und Trittsicherheit erfordern.

## Elbetal

Ihren besonderen Reiz erhält die Sächsische Schweiz jedoch durch das Nebeneinander von schroffen Felsen und dem lieblichen Elbetal, vor allem zwischen Stadt Wehlen und Bad Schandau, wo der Fluss sich in zwei großen Schleifen durch das Gebirge schlängelt. Genauso wie man von den zahlreichen Aussichtspunkten rechts und links der Elbe einen wunderbaren Blick auf das Flusstal hat, so bieten sich auch vom Fluss aus wunderschöne Ausblicke auf all die Türmchen, Zinnen und Felsgipfel, die da aus den dichten Wäldern ragen. Dazu kommen malerische kleine Städte, Kirchen und Burgen sowie die imposante Festung Königstein, die die Ufer des Flusses säumen. Besonders geruhsam lässt sich all dies natürlich von den Ausflugschiffen aus genießen, die die Elbe entlangfahren. Aber auch der Elberadweg, der teilweise sogar an beiden Flussufern entlangläuft, präsentiert sich hier besonders reizvoll.

Wer im Elbsandsteingebirge auf Wanderschaft gehen möchte, hat die Qual der Wahl zwischen den vielen lohnenswerten Zielen. Zu den bekanntesten zählen die Pfaffensteine (ganz oben) und die Schrammsteine (oben).

# Ab ins Höhlenreich!

Spektakuläre Karstformationen wie kegelförmige Berge, vertikale Schlunde und grün schimmernde Seen prägen den Slowakischen Karst. Mit ihren über 1000 Höhlen gehört die von Eichen, Buchen und Fichten bewaldete Region seit 1995 zum UNESCO-Welterbe. Auch Braunbären sind hier zuhause.

## REISE-INFOS

**Wo? Rožňava, Gemer, Ostslowakei**
**Wie? Nationalparkverwaltung ist in Brzotín; nächstgrößerer Ort ist Rožňava, nach Košice sind es 70 km.**
**Übernachtung: In Rožňava und Košice gibt es Pensionen, Hotels und einige Campingplätze.**
**Info: www.slovakia.travel**

Der Nationalpark Slowakischer Karst schützt das größte Karstgebiet Mitteleuropas und ist bekannt für seine zahlreichen Felsformationen, Höhlen, Schluchten und Schlünde. Auf seinem Gebiet befinden sich mehr als 1000 Höhlen. Einige davon gehören zu dem grenzübergreifenden UNESCO-Weltnaturerbe »Höhlen im Aggteleker und Slowakischen Karst«, darunter die Silická l'adnica (Eishöhle von Silica), die als die

Schlangenadler, Luchs und Dachs fühlen sich im größten Karstgebiet Mitteleuropas zu Hause.

In der Domica-Höhle: Wie war das noch mal mit den Stalaktiten und den Stalagmiten?

tiefstgelegene Eishöhle in der gemäßigten klimatischen Zone gilt. Aber auch oberirdisch hat der Nationalpark einiges zu bieten: So kann man wunderbar durch ruhige, ausgedehnte Eichen- und Fichtenwälder spazieren, und mit etwas Glück sieht man dabei vielleicht den einen oder anderen Kaiser- oder Schlangenadler in den Lüften eindrucksvoll seine Kreise ziehen. Am Boden sind dagegen Luchse, Braunbären, Wildschweine, Dachse, Füchse und Wölfe anzutreffen.

**Steiniger Boden** *Der Begriff Karst stammt vom slowakischen bzw. kroatischen »Kras« und bedeutet »Steiniger Boden«. Damit sind Kalksteinlandschaften gemeint, welche durch Wasser, Hitze und Kälte über die Jahrmillionen verwitterten. Dabei formten sich bizarre Hügel, Dolinen und Tropfsteinhöhlen aus. Das Fehlen fruchtbarer Böden führte zu einer ganz eigenen Vegetation.*

## Höhlen

- **Gombeseker Höhle**

**Die Gombasecká jaskyňa (Gombeseker Höhle) ist berühmt für ihre schneeweißen, außergewöhnlich dünnen Tropfsteine, die bis zu drei Meter lang sind und einen scharfen Kontrast zur rostroten Höhlenwand bilden. Außerdem befinden sich in der Höhle mehrere Säle; jeder davon zeichnet sich durch eine andere Besonderheit aus.**

- **Domica-Höhle**

**Die Jaskyňa Domica ist eine der bekanntesten zu besichtigenden Höhlen in der Slowakei – und sicher auch eine der schönsten. Die mehr als fünf Kilometer lange Höhle ist mit der ungarischen Aggtelek-Tropfsteinhöhle verbunden; zusammen bilden die beiden ein gewaltiges Höhlensystem mit spektakulären Tropfsteinformationen und riesigen unterirdischen Hallen.**

# NICHT VERPASSEN!

## Klamm Zádielska tiesňava

Der bekannteste und wohl auch meistbesuchte Ort im Slowakischen Karst ist die eindrucksvolle Schlucht Zádielska tiesňava. Die mehr als zwei Kilometer lange und bis zu 300 Meter tiefe Klamm zählt zu den schönsten Tälern Mitteleuropas. Infolge der extrem ausgehöhlten Form kommt es in ihr zu einer mikroklimatischen Inversion, weshalb unten im Tal vor allem Pflanzen wachsen, die kühlere und feuchtere Biotope bevorzugen, während auf den trockenen und verhältnismäßig warmen oberen Abschnitten der Felshänge eher Pflanzen vorzufinden sind, die Wärme und Trockenheit für ihr Wachstum benötigen. Ein Lehrpfad durch die Zádielska tiesňava zeigt den Besuchern sowohl den Bodenteil als auch die oberen felsigen Ränder des Plateaus, von wo aus sich spektakuläre Ausblicke bieten.

## Rožňava

Das einstige Rosenau liegt in einem Tal am Fluss Slaná und ist Ausgangspunkt für den Besuch des Nationalparks Slowakischer Karst. In seiner 700-jährigen Geschichte hat sich Rožňava zu einem wichtigen Bergbauzentrum entwickelt. Vor allem im Mittelalter wurden hauptsächlich Gold, Silber und Eisenerz gewonnen. Daran erinnert heute noch das Bergbaumuseum. Das historische Stadtzentrum rund um den quadratischen Marktplatz ist gut erhalten, viele Kaufmannshäuser stammen aus dem 18. und 19. Jahrhundert, als die 20 000-Seelen-Gemeinde vom florierenden Handel profitierte. Herzstück sind die spätgotische und später barockisierte Kathedrale Mariä Himmelfahrt, der Stadtturm von 1654 und die bald darauf geweihte Jesuitenkirche.

## Košice

Die mit knapp einer Viertelmillion Einwohner zweitgrößte Stadt der Slowakei ist das Zentrum der Ost-

Tief hinab geht es in der Schlucht Zádielska tiesňava – bis zu 300 Meter.

Košice beeindruckt durch seine historische Architektur. Den besten Blick über die Stadt bietet der Dom der heiligen Elisabeth, immerhin ist er die höchste Kirche des Landes (rechts).

karpaten. Das frühere Kaschau liegt am Hornád-Fluss und ist seit dem Mittelalter ein wichtiges Handelszentrum. Bis 1918 gehörte die Stadt zu Österreich-Ungarn. Ganzer Stolz ist der im 14. Jahrhundert errichtete fünfschiffige Dom der heiligen Elisabeth und zugleich größtes Gotteshaus der Slowakei. Die prächtigen Bürgerhäuser und Palais entlang der Hauptstraße (Hlavná ulica) bilden eine architektonische Einheit und künden vom frühen Reichtum. An die große jüdische Gemeinde bis zum Zweiten Weltkrieg wiederum erinnern die beiden Synagogen.

## Feierfreudig

**Als kulturelles Zentrum der Ostslowakei bietet Košice mit verschiedenen Bühnen, darunter dem Staatstheater und dem 1992 etablierten Theater Romathan der Romani-Minderheit eine bunte Vielfalt. Ähnliches gilt für die Musikszene, die von Klassikkonzerten der landesweit bekannten Philharmonie bis zu Rap und Techno reicht. Mit dem 1924 erstmals organisierten »Košice Peace Marathon« ist die Stadt der älteste Marathon-Austragungsort Europas. Er findet jährlich am ersten Oktobersonntag statt.**

# Schneeschuhwandern in Kainuu

Nur noch ein einziger Laut ist zu hören, nämlich das Knirschen des Schnees unter jedem Tritt. Wenn man innehält, wird es still. Dann lässt man den Blick schweifen über die Weite, die sich um einen herum erstreckt und komplett vom unberührten Schnee bedeckt ist. In der Region Kainuu, etwa mittig in der Osthälfte Finnlands gelegen, kann man tagelang durch die Wildnis laufen, von Hütte zu Hütte und kommt so der Landschaft auf besondere Art ganz nahe.

## REISE-INFOS

**Wo? Region Kainuu, Finnland**
**Wie? Kajaani ist per Zug von Oulu und Helsinki erreichbar; per Auto über die E63.**
**Wann? Januar bis April**
**Info: u. a. www.hossatravel.com, www.vuokattisafaris.com**

Ein Kilometer pro Stunde – das ist die Durchschnittsgeschwindigkeit beim Schneeschuhwandern. Wem das zu langsam vorangeht, der sollte vielleicht lieber eine andere Art der Fortbewegung wählen, denn beim Schneeschuhwandern kommt es gerade darauf an, in Bewegung zu entschleunigen, und sich intensiv Zeit zu nehmen für die Landschaft, durch die man seine Spur zieht. Dank des Jedermannsrechts muss man dafür auch keinen ausgetretenen Pfaden folgen, sondern darf nahezu überall hinwandern, wo man möchte. Dennoch ist es gut, ein Ziel vor Augen zu haben, und was könnte das anderes sein als eine gemütliche kleine Holzhütte, in der der Ofen bereits vorheizt und man sich nachts in den Schlafsack kuscheln kann, um neue Energie zu tanken – denn am nächsten Tag geht die Wanderung weiter. Natürlich kann man auch kürzere Touren unternehmen und sich nur für zwei oder drei Stunden Schneeschuhe leihen. Nahezu in der gesamten Region Kainuu findet man schöne Möglichkeiten zum Schneeschuhwandern. Besonders beliebt ist der Nationalpark Hossa ganz im Norden. Hier trifft man mit etwas Glück auf Luchse, Rentiere und weitere Vierbeiner. Aber auch die Gegend um Vuokatti ist eine tolle Erfahrung, denn hier läuft man nicht nur durch Wälder, sondern auch über zugefrorene Seen.

### Auf dem Pferderücken

**Unweit von Sotkamo liegt der Pferdehof Kainuun Vaellustalli Oy. Hier kann man sich für eine oder zwei Stunden auf den Rücken eines Isländers schwingen und in gemütlichem Trab über die verschneite Landschaft reiten. Auch in Paltamo gibt es einen Hof, der Ausritte im Winter anbietet, nämlich der Hóll Stable.**

Rentiere (links), Seidenschwänze (ganz oben) und die Einsamkeit der Natur – was will man mehr?

## NICHT VERPASSEN!

### Oulujärvi

Der Oulujärvi ist mit einer Fläche von 887 Quadratkilometern der fünftgrößte See Finnlands. Sehr tief ist er dafür nicht, im Durchschnitt nur sieben Meter. Wie alle Gewässer im nördlichen Landesteil friert er mehrere Monate lang im Jahr zu. Erst im Mai besteht die Wahrscheinlichkeit, dass er vollkommen eisfrei ist. Im Sommer erwärmt sich das Wasser dafür relativ schnell. Darauf warten jedes Jahr die Badewütigen. Ihr Lieblingsrevier ist die See-Insel Manamansalo. Sie ist mit 76 Quadratkilometern von stattlicher Größe und verwöhnt die Sommergäste mit ihren wunderschönen Sandstränden, die vergessen lassen, dass die Jahresdurchschnittstemperatur bei 0 °C liegt. Im gleichnamigen Dorf gibt es die Möglichkeit, sich mit Proviant zu versorgen. Die Insel bietet sich durchaus für ein paar Tage als Urlaubsort an. Der Campingplatz von Manamansalo macht es möglich. Und ein neun Kilometer langer, mit blauen Punkten an Bäumen markierter Rundweg bietet Abwechslung, wenn man mal nicht baden möchte.

### Kajaani

Vor allem wegen seiner Burg Kajaaninlinna war die Industriestadt am Oulujärvi sehenswert. Eindrucksvoll muss die Burg einmal gewesen sein, mitten im Fluss gelegen. Heute sind nur noch Überreste des massiven Gebäudes aus dem 17. Jahrhundert zu sehen. Reizvoller ist das kleine Rathaus von 1831. An seinem Turm sind vier Uhren, doch nur eine davon ist echt. Die anderen sind aufgemalt und dürften daher die Zeit nur zweimal täglich exakt angeben. Lohnend ist ein Abstecher zu den Fresken der Holzkirche aus dem Jahr 1725 im nahen Paltaniemi. Neben dem Gotteshaus steht ein Stall, den einmal der Zar Alexander I. als Quartier bei seiner Reise durch Finnland genutzt hat.

Wenn der Schneewind pfeift, wird man sich nach einem so warmen Fell sehnen, wie der Braunbär es besitzt.

Im Kunstzentrum von Kuhmo findet alljährlich das Internationale Kammermusikfestival statt (oben). Zahlreiche Seen laden in der Region zum Wandern, Paddeln oder Angeln ein und im Sommer bieten sich auch gute Möglichkeiten zum Baden (rechts).

## The Silent People

**Ein wenig makaber und vor allem mystisch wirken die zahlreichen Vogelscheuchen, die nebeneinander auf einem Feld stehen, rund 30 Kilometer nördlich Suomussalmis, direkt an der Staatsstraße 5. Wenn man in der Nähe ist, sollte man unbedingt dieses skurrile Kunstwerk betrachten.**

## Kuhmo

Auf einer Fläche, die sechsmal so groß ist wie Berlin, leben in Kuhmo etwa 9000 Menschen – im Vergleich zu rund 3,7 Millionen! Dafür haben es sich Braunbären, Vielfraße und Wölfe in den Wäldern des Ortes gemütlich gemacht. Doch denen begegnet man selten. Möchte man wirklich Bären sehen, stehen im nahe gelegenen Vartius Beobachtungshütten bereit, teils mit Mikrofonen zur Ortung der Tiere. Eine Garantie gibt es allerdings nicht. Von Kuhmo aus lässt sich der Nationalpark Hiidenporttii mit seinen Schluchten und ruhigen Wanderwegen erreichen oder der Tiilikkajärvi-Naturschutzpark. Im Ort steht seit 1990 eine Musikhalle, das architektonisch eindrucksvolle Kuhmo-Haus. Im Juli findet hier ein Kammermusikfestival statt, das renommierte, internationale Künstler anzieht. Das Kalevala-Kulturzentrum Juminkeko veranschaulicht und bewahrt die Bedeutung des finnischen National-Epos.

## Boreal Wildlife Centre

Vielfraß, Auerhuhn, Braunbär, Unglückshäher, Wolf, Rentier, Elch, Steinadler – sie alle und noch viele weitere Tierarten kann man im Boreal Wildlife Centre bei Kuhmo aus nächster Nähe beobachten, ohne sich zu große Gedanken um die eigene Sicherheit machen zu müssen. Denn das Centre bietet mehrere aus Holz erbaute Verstecke, in denen rund zehn Menschen Platz haben und durch die Fenster die umgebende Flora und Fauna betrachten können. Experten geben zudem Tipps rund um das Fotografieren der Tiere.

## Winter War Museum

**Vom 30. November 1939 bis zum 13. März 1940 herrschte zwischen der finnischen Armee und der Roten Armee der Sowjetunion eine erbitterte Schlacht, die als Winterkrieg in die Geschichte einging. Mit zahlreichen Exponaten widmet sich das Winter War Museum in Raatteen Portti diesem dunklen Abschnitt in der finnischen Geschichte.**

# Canyoning im Tessin

Enge Schluchten, rauschende Wasserfälle, bizarr geformte Felsformationen und glatt geschliffene, moosbewachsene Steinrutschen, die in smaragdgrünen Pools enden – die Canyons im Tessin sorgen für ein allumfassendes Sinneserlebnis.

Es kostet teilweise schon etwas Überwindung, beim Canyoning die Felsstufen springend zu überwinden (links). Im Valle Verzasca kann man die Gewässer auch unter der Wasseroberfläche erkunden (rechts).

## REISE-INFOS

**Wo? Boggera-, Iragna- und Lodrino- Schlucht, Kanton Tessin, Schweiz**
**Wie? Über Bellinzona oder Locarno (15–35 km)**
**Info: www.tessin-canyoning.ch**
**Kosten: von 140 Euro für Boggera-Tour bis zu 360 Euro für Lodrino-Tour**

Jenseits der Alpen erstreckt sich zwischen dem Comer See und dem Lago Maggiore der verschlafene Kanton Tessin. Es ist kaum vorstellbar, dass sich hinter der ruhigen, idyllischen Fassade der Gegend das Mekka der Erlebnissportart Canyoning verbirgt. Über Jahrtausende wurden hier sensationelle Schluchten und Klammen ausgeschliffen, die heute von abenteuerlustigen Canyonauten von oben nach unten begangen werden. Während des Canyonings im Tessin entdeckt man versteckte Schluchten, seilt sich von steilen Felswänden oder neben donnernden Wasserfällen ab, springt in smaragdgrüne Gumpen und durchschwimmt oder -taucht sie, rutscht über glatt geschliffene Steinrutschen oder wagt sogar abenteuerliche Sprünge. Das spektakuläre Schluchtenerlebnis verspricht einen reizvollen Mix aus sportlicher Herausforderung und Spaß in der wilden Natur des Tessin. Wer das Abenteuer wagen will, sollte trittsicher sein und keine Angst vor Höhen haben. Eine klassische Einsteigertour findet man im Boggera-Canyon, der besonders durch seine offene und deshalb sehr sonnige Schlucht besticht. Fortgeschrittene Canyonauten dürften sich in der engen und eingeschnittenen Iragna-Schlucht wohlfühlen, die für ihre drei zu überwindenden Wasserfälle bekannt ist. Die atemberaubend schöne Lodrino-Schlucht sorgt mit schwindelerregenden Sprüngen und Rutschen für einen enormen Nervenkitzel und ist deshalb auch nur für erfahrene Teilnehmer geeignet.

## Flusstauchen

**Die beiden wildromantischen Täler von Verzasca und Maggia, die über Jahrmillionen hinweg in ihre heutige Form gebracht wurden, ermöglichen in ihren Wildbächen einmalige Taucherlebnisse. Wenn die Sonne am höchsten steht und in die glasklaren Bassins strahlt, ist die beste Zeit für einen Tauchgang. Denn dann funkeln Kristalle an den Felswänden oder am Flussbett auf, über die blank geschliffenen Klötze aus Quarz, Granit, Feldspat und Glimmer tänzeln Schatten, die durch kleine Wellen an der Wasseroberfläche erzeugt werden, und im Schatten unter den Felsbrocken versteckt sich die ein oder andere Bachforelle. Da es sich bei den Wildbächen um Fließgewässer handelt und sogar gefährliche Strömungen auftreten können, sollte man zwingend an einem geführten Tauchgang teilnehmen.**

## NICHT VERPASSEN!

### Val Bedretto

Das Bedrettotal ist der oberste »Ausläufer« des Leventinatals und wird nördlich vom Gotthardmassiv und südlich vom Cristallina-Massiv begrenzt. Aufgrund der hohen Lage der Dörfer (1300 bis 1600 Meter) und der langen Winter kam es Anfang des 20. Jahrhunderts zu einer regelrechten Entvölkerung. Heute leben nur noch etwa 100 Menschen im Tal, das flächenmäßig eines der größten des Tessins ist.

**Geologie erleben** *Hoch über dem Val Bedretto thront das Chilchhorn (2784 Meter). Blickt man von dort Richtung Südosten hinab, erschließt sich die Geologie des Tals. Innerhalb Hunderttausender Jahre haben Eiszeitgletscher aus der Landschaft ein Trogtal geschliffen. Auf beiden Talseiten ragen leicht bewaldete Flanken bis etwa 1800 Meter Höhe auf. Es folgen sanft ansteigende Alpwiesen. Sie bilden die sogenannten Trogschultern und sind ideal zum Wandern.*

### Hängebrücke Ponte Tibetano Carasc

**Um zur tibetischen Hängebrücke Carasc zu gelangen, begibt man sich auf eine Rundtour oberhalb der Magadinoebene, die viele Sehenswürdigkeiten bereithält. Vorbei an romanischen Kirchen, durch schattige Kastanienwälder und zwischen sonnigen Weinbergen hindurch schlängelt sich der Weg in das wunderschöne und pulsierende Dorf Curzútt, das für seine liebevoll renovierten Gebäude bekannt ist, bevor man die Hängebrücke erreicht. Mit einer Länge von 270 Metern gehört sie zu den längsten Brücken der Schweiz und verbindet die beiden Hänge von Sementina und Monte Carasso. Obwohl das Durchlaufen der Brücke eine wackelige Angelegenheit ist, gibt es aufgrund der beträchtlichen Sicherheitsmaßnahmen keinen Grund zur Sorge. Mit diesem Wissen kann man sich schließlich ganz entspannt auf den Weitblick konzentrieren, der bis zum Lago Maggiore reicht.**

### Lago Maggiore

Der Langensee, wie er auf Deutsch heißt, erstreckt sich von der südlichen Alpenkette bis an den Rand der Poebene. Dass er stets mit Frischwasser versorgt wird, ist dem Ticino zu verdanken. Dieser mündet bei Magadino in den See. Das Mündungsdelta, Bolle di Magadino, zählt zu den artenreichsten Naturschutzgebieten der Schweiz. Im Sommer lockt der See viele Besucher an. Mit den Linienschiffen besuchen sie die Brissago-Inseln.

**Parco Botanico del Cantone Ticino** Bei diesem botanischen Garten handelt es sich um keine gewöhn-

Oberhalb von Locarno blickt die Wallfahrtskirche der Madonna del Sasso auf den Lago Maggiore.

liche Anlage, denn er befindet sich mitten auf dem Lago Maggiore. Als 1885 die Baronin Antoinette Saint-Léger die Isola di San Pancrazio mit Pflanzen versah, entwickelte sich die Insel zu einem exotischen Garten, der mit der Zeit immer weiter ausgebaut wurde. Heute ermöglicht er faszinierende Einblicke in die subtropische Pflanzenwelt. Während der Ferne Osten mit Azaleen, Rhododendren und japanischen Hanfpalmen vertreten ist, überrascht die Pflanzengruppe aus Südafrika mit Protea oder Gazania. Aus Mittelamerika stammen Magnolien, Amberbäume und Agaven, Eukalyptusbäume entführen den Besucher nach Australien.

## Locarno

Am Schweizer Teil des Lago Maggiore schlägt das Herz des Tessins. Zu den schönsten Orten hier am nördlichen Seeufer gehört Locarno, seit 1946 berühmt für sein jährlich stattfindendes Filmfestival und unweit der Mündung des aus den Bergen kommenden Flusses Maggia gelegen. Mit annähernd 2300 Sonnenstunden im Jahr erfreut man sich in Locarno des mildesten Klimas in der Schweiz. Das Wahrzeichen der Stadt ist die auf dem bewaldeten Belvederehügel liegende Wallfahrtskirche Madonna del Sasso, wo im Jahr 1480 einem Mönch die Jungfrau Maria in einem Strahlenkranz erschienen sein soll.

Ob luftig und hängend wie der Ponte Tibetano Carasc (ganz oben) oder steinern und stabil wie der Ponte dei Salti (oben) – die Vielfalt an Brücken in der Region wartet nur darauf, entdeckt zu werden.

# + Reise und + tu Gutes

Viele Reisende wollen in den Ferien einfach nur Spaß haben. Warum auch nicht, der Alltag ist oft trist genug. Viele wollen aber in ihrer freien Zeit Spaß mit Sinnvollem verbinden und vor Ort den Einheimischen helfen. Oder die Natur schützen. »Volontourismus« nennt sich die Art von Urlaub, wenn Besucher als Volontäre in ein lokales Projekt eingebunden werden. Einschlägige Angebote gibt es immer mehr. Veranstalter wie »Biosphere Expeditions« haben sich beispielsweise darauf spezialisiert, Gruppen von »Bürgerwissenschaftlern« zu lokalen Umweltschutzprojekten zu schicken. Die einen zählen Wale und Delfine vor den Azoren, die anderen fahnden nach Wolfsspuren in der Lüneburger Heide oder durchforsten schwedische Wälder nach Braunbären. »Laien sind in diesem Bereich eine wertvolle Hilfe für die Forscher und ihre Unterstützung ist unerlässlich«, meint beispielsweise das italienische Tethys Research Institute, das Freiwillige in ihre Langzeitforschung von Meeressäugern vor der Küste Liguriens einbindet. Das ist für die Volontäre nicht gerade billig, doch mit ihrem Geld finanzieren sie die Forschungsprojekte mit. Absolut unbezahlbar sind indessen die Eindrücke und gewonnenen Erkenntnisse. Und was gibt es Schöneres, als nach einem Tag auf See, in den Bergen oder im Wald abends mit Gleichgesinnten und Einheimischen die Erlebnisse auszutauschen? Und das mit einem Gefühl, etwas Gutes getan zu haben? Auch zurück im Alltag wird sich etwas ändern: die Einsicht, wie schön, aber auch fragil die Welt ist.

# Lüneburger Losungssuche: Der Wolf ist zurück

Mehr als 150 Jahre war der Wolf ausgerottet, seit den Nullerjahren ist er wieder zurück. Mittlerweile gibt es über 150 Rudel – zur Freude der Tierschützer, zum Ärger der Bauern. Ein engmaschiges Beobachtungssystem soll ihre Aufenthaltsorte analysieren – dabei helfen auch Freiwillige.

In Europa nur noch in Restbeständen erhalten und daher ein schützenswerter Neuzugang in der Heide: der Wolf.

## REISE-INFOS

**Wo? Lüneburger Heide, Niedersachsen**
**Wie? Gute Zugverbindungen von Hannover, Hamburg und Bremen**
**Übernachtung: Vielerlei Privatunterkünfte in der Lüneburger Heide**
**Info: www.biosphere-expeditions.org**

Den Jägern fiel es zuerst auf. Rehe wurden scheuer, die Hirschbrunft stiller und Spuren gerissener Tiere häufiger: Der Wolf war zurück, zuerst in Sachsen, dann in Brandenburg. Seit seiner ersten Sichtung im Jahr 2000 hat sich das graubraune Tier mittlerweile in zehn Bundesländern ausgebreitet, vor allem im Osten und Norden. Brandenburg ist mit fast 50 Rudeln Spitzenreiter, gefolgt von Niedersachsen mit derzeit 35. Und wenn Bundesländer »Wolfsberatungsstellen« einrichten und der Naturschutzbund NABU »Wolfsbotschafter*innen« beruft, dann gibt es einen triftigen Grund: Zunehmend werden Schafe, Ziegen und andere Nutztiere gerissen. Landwirte und Schafzüchter schlagen Alarm.

**»Wir sollten einem Tier, das hier einmal war, die Möglichkeit geben, wieder hier zu leben. Denn als Mensch habe ich nicht das Recht, irgendein Tier auszurotten.«
Theo Grüntjens, Wolfsberater**

»Der böse Wolf« ist seitdem nicht mehr nur ein Märchen, sondern vielerorts gefürchtete Realität. Das Image des Eurasischen Wolfes, der den alten Kontinent bevölkert, ist denkbar schlecht. »Sie sind zurück und wollen bleiben«, meint Wolfsexperte Theo Grüntjens und plädiert für ein Nebeneinander. Leichter gesagt als getan. Die Jäger haben tierische Konkurrenz bekommen und müssen sich wie die Landwirte auf die neue Situation einrichten. Das passt nicht allen. Der Spurensuche und Wolfszählung kommen daher eine wichtige Bedeutung zu.

Bei Wilsede zeigt sich die Heide in ihrer ganzen Pracht.

Man sollte schon gut zu Fuß sein, wenn man Fährtenleser in der Heide sein will. Auch Scharfblick wäre von Vorteil, denn die Hinterlassenschaften der Wölfe sind in der Heide nicht leicht zu finden. Ein Team von »BürgerwissenschaftlerInnen«, wie die Volontäre heißen, werden von Biosphere Expeditions, einer deutsch-britischen Naturschutzorganisation, allsommerlich zusammengestellt, um zusammen mit Wolfsberatern, Schäfern, Landbesitzern und Förstern in vorher festgelegten Gebieten auf Losungssuche zu gehen, wie es offiziell heißt. Damit meinen die Wildtierkenner nicht einen frommen Spruch, sondern den Kot. Auch Fährten und Fellreste gerissener Tiere sind von Aussagekraft.

»Wenn der Wolf in Niedersachsen eine Zukunft haben soll, müssen die Menschen über die Bewegungen und Gewohnheiten des Wolfes aufgeklärt werden, damit Konflikte zwischen Mensch und Wolf so weit wie möglich reduziert oder ganz vermieden werden können«, meinen die Wolfsexperten. Daher sind solche Expeditionen von Bedeutung. Auch die Freiwilligen haben etwas davon: Sie sind zwei Wochen im Freien, können die Schönheiten der Lüneburger Heide genießen und viel über die Aussagekraft von Wolfskot lernen.

## NICHT VERPASSEN!

### Totengrund

Wenn im August die Heide blüht, dann ist der Totengrund quicklebendig, denn das Tal südöstlich von Wilsede ist für die Lüneburger Heide das, was die Mainau für den Bodensee ist: Bilderbuchmotiv mit Kitschpotenzial. Wacholderbüsche, die säulenartig gen Himmel ragen, lila blühendes Heidekraut, das wie ein Teppich sich über die Hügellandschaft legt, das saftige Gras am Waldrand. Aber auch Herbst und Winter sind nicht ohne, wenn Nebelschwaden zwischen den Sträuchern schweben.

**Im Dunkeln** *Woher der finstere Name kommt, ist unklar. Vielleicht wegen der Totengeister, die der Sage nach einst die Leichenzüge durchs Tal begleiteten? Oder wegen des »toten Grundes«, der hier keine Landwirtschaft zuließ?*

### Lüneburg

Eingebettet in die kontrastreiche Landschaft zwischen Lüneburger Heide und Elbtalaue liegt die über 1000 Jahre alte Salz- und Hansestadt. Früher verschickten die Kaufleute das weiße Gold per Schiff hinaus in die Welt. Die Salzproduktion war es auch, die der Stadt einen blühenden Aufschwung ermöglichte. Heute erzählt das Salzmuseum von diesem bedeutenden Teil der Stadtgeschichte. Die Spuren des einstigen Reichtums sind heute noch an der Architektur abzulesen: Norddeutsche Backsteingotik, prächtige mittelalterliche Patrizierhäuser und imposante Bürgerhäuser dominieren das Bild. Die vielfältige Museenlandschaft, nette Feste wie die Lüneburger Sülfmeistertage oder die über 1000 Baudenkmäler laden dazu ein, Lüneburg zu erkunden.

Fachwerkhäuser prägen die Altstadt von Lüneburg.

**Weitblick** *Für einen einzigartigen Panoramablick über die Stadt sollte man unbedingt den Wasserturm erklimmen. Das 56 Meter hohe Wahrzeichen wurde auf den Resten der mittelalterlichen Wallanlage als Wasserwerk erbaut und dient heute als Veranstaltungsort.*

### Kloster Lüne

Inmitten einer herrlichen Grünanlage mit altem Baumbestand und Streuobstwiesen liegt das 1172 gegründete Benediktinerinnenkloster Lüne. Bis heute ist es bewohnt, seit 1711 als Damenstift. Im Rahmen einer Klosterführung kann man u. a. die Kreuzgänge, die Buntglasfenster aus dem 14. bis 17. Jahrhundert sowie das Refektorium mit den Seccomalereien bewundern. Lohnend ist auch ein Besuch im Textilmuseum auf dem Gelände des Klosters.

### Eyendorfer Mühle

1897 wurde sie als Erdholländer-Mühle erbaut. Anders als bei der Bockwindmühle, dem ältesten Windmühlentyp in Europa, bei der das ganze Mühlenhaus drehbar auf dem Bock ruht, wird bei der Holländerwindmühle nur die Haube mit den Flügeln in den Wind gedreht. Die Mühle am Ortseingang von Eyendorf ist heute noch voll funktionsfähig und wird als Museumsmühle genutzt. Am letzten Samstag im Mai findet hier das Mühlenfest mit Vorführungen volkstümlicher Tänze und regionalem Kunsthandwerk statt. Zudem kann in der Mühle auch geheiratet werden.

### Amelinghausen

In dem über 700 Jahre alten Heideort findet jedes Jahr Mitte August eines der größten Heideblütenfeste der Region statt. Dann wird auch die Heidekönigin

Beleuchtet von der sinkenden Sonne, verschwindet dieser Schafstall fast im violettfarbenen Heidemeer.

gekrönt. Zudem verheißt Amelinghausen mit dem Marxener Paradies, dem Steingrab Raven, der Oldendorfer Totenstatt, der Rehrhofer Heide und der Schwindequelle wunderschöne Natur- und Kulturerlebnisse. Auch der Heide-Express macht hier Halt. So kann man erholsame Wanderungen bestens mit einer Fahrt mit dem nostalgischen Zug verbinden.

## Oldendorfer Totenstatt

**Als Oldendorfer Totenstatt wird eines der interessantesten Steingräber des Landkreises Lüneburg bezeichnet. Das älteste Großsteingrab der Jungsteinzeit wurde vor rund 5700 Jahren in der Totenstatt errichtet. Grabhügel aus der Bronzezeit und Urnenfunde von der Eisenzeit bis in das 6. Jahrhundert n. Chr. komplettieren die ungewöhnlich lange Tradition dieser beeindruckenden Anlage. Es empfiehlt sich ein Besuch im Archäologischen Museum Oldendorf, von wo aus ein Rundwanderweg zur Totenstatt führt, die inmitten einer Heidefläche liegt.**

## Naturpark Elbhöhen-Wendland

Hier gibt es viel Natur, dafür wenig Menschen. Und manche von ihnen leben in Runddörfern, die wie Farbkleckse die grüne Wald- und Wiesenlandschaft zieren. Vieles scheint in diesem östlichen Zipfel Niedersachsens, wo die nahe Elbe 40 Jahre Zonengrenze war, etwas aus der Zeit gefallen: die ziegelroten Bauernhäuser aus Fachwerk, die kleinen Kirchen aus Findlingssteinen und die einsamen Alleen, die durch eine sanfte, von der Eiszeit geformte Hügellandschaft führen. Auenwälder, Feuchtwiesen und Heide sind Heimat vieler selten gewordener Tier- und Pflanzenarten. Zu ihrem Schutz sind etwa die Hälfte des Naturparks als Landschafts- oder Naturschutzgebiet ausgewiesen. Kein Wunder, dass sich dort seit geraumer Zeit auch Wölfe wohlfühlen. Ein paar Rudel streifen durch Wald und Wiese, begeistern Naturschützer und erschrecken Landwirte. Wer ihnen auf die Spur kommen möchte, wird am ehesten im Staatsforst Göhrde fündig, wo sich das größte zusammenhängende Mischwaldgebiet Norddeutschlands erstreckt.

# In Islands ältestem Ökodorf

Im Süden von Island liegt das älteste Ökodorf der Welt. Was 1930 als Heim für behinderte und nicht-behinderte Kinder begann, entwickelte sich zum Vorreiter in Sachen Inklusion und Nachhaltigkeit. Freiwillige aus aller Welt leisten ihren Beitrag.

## REISE-INFOS

**Wo? Sólheimar, Suðurland, Südisland**
**Wie? Der nächste internationale Flughafen liegt im 125 km entfernten Keflavík, östlich von Reykjavík. Die nächste Busstation ist im 9 km entfernten Minni-Borg.**
**Übernachtung: Möglichkeiten im Ökodorf**
**Info: www.solheimar.is**

Der Beginn war schwierig für Sesselja H. Sigmundsdóttir (1902–1974). Inspiriert von Rudolf Steiners anthroposophischen Ideen, gründete die damals 28-jährige Pädagogin am 5. Juli 1930 in der Landgemeinde Grímsnes og Grafningur im Süden Islands ein integriertes Heim für behinderte und nicht-behinderte Kinder, und nannte es »Sólheimar« (Welten der Sonne). Ein eigener Biohof sollte die Ernährung sichern. Doch es gab Widerstand: Gesunde Kinder sollten nicht mit behinderten Kindern spielen, meinten die einen, auf pflanzliche Ernährung zu setzen, wie es Sesselja machte, kritisierten die anderen.

Doch die Pionierin setzte sich durch. Sólheimar entwickelte sich zu einem nahezu autarken Ökodorf, das durch seine Kombination von Inklusion, Nachhaltigkeit und Selbstversorgerwirtschaft zum Vorbild vieler anderer Ökodörfer wurde. Heute leben 100 Menschen in Sólheimar, die von Bioanbau, Tourismus und verschiedenem Handwerk leben. Es gibt eine Kräuterseifen-Manufaktur, eine Kerzenwerk-

»Sonnenwelten« bedeutet der Name auf Deutsch und bezieht sich damit auf die Lehren Rudolf Steiners.

Sólheimar hat sich von der Grundidee Sigmundsdóttirs, ein Ort für ein inklusives Miteinander zu sein, nicht verabschiedet, sondern ist zusätzlich zu einem Öko-Dorf mit Land- und Forstwirtschaft erweitert worden.

stätte, eine Weberei und ein Kunstatelier. In einem kleinen Bauernhof werden Kälber und Hühner gehalten.

> »Ein großes Grundstück und ein großer Bauernhof / Mit einem Bach, einem Wasserfall und heißen Quellen. / Heize die Gebäude mit heißen Quellen und koche mit natürlichem heißem Wasser.«
> Sesselja H. Sigmundsdóttir, 1928

## Bäume pflanzen, Unkraut jäten

**Stolz sind die Bewohner auf ihr Aufforstungsprojekt »Ölur« unweit von Sólheimar, wo auf vier Quadratkilometern jährlich 17 500 Bäume gepflanzt werden. Und zu deren Hege und Pflege sind auch Volontäre gefragt. Andere Freiwillige helfen auf dem Biohof, wo in Gewächshäusern und auf Feldern allerlei Gemüse und Kräuter gedeihen (18 Tonnen jährlich!). Oder sie schauen bei den Hühnern vorbei, um den Stall auszumisten und Eier einzusammeln. Je nach Vorkenntnis ist auch bei Reparaturen und Neubauprojekten jede helfende Hand gefragt. Langweilig wird es nicht in Sólheimar, dessen Bewohner viele Ideen haben. So soll ein »Energiepark« Interessenten erneuerbare Energiequellen demonstrieren, aber auch ein botanischer Garten ist im Entstehen, um die heimischen Pflanzenarten zu zeigen. Täglich kommen Besucher aus aller Welt vorbei (rund 30 000 im Jahr), um von Sólheimar zu lernen. Denn wer könnte mit über 90 Jahren Erfahrung nicht besser zeigen, wie Nachhaltigkeit, Inklusion und erfolgreiches Wirtschaften Hand in Hand gehen, als dieses kleine Biodorf im Süden Islands?**

## + NICHT VERPASSEN! +

### Reykjadalur

Wer den kurzen, aber strammen Aufstieg vom kleinen Ort Hveragerði auf sich nimmt, wird mit einer bizarr schönen Aussicht belohnt: Das Reykjadalur, ocker und rostrot gefleckt, ist von Säulen aus Wasserdampf durchzogen. Sie markieren den Lauf eines Gebirgsbaches, der von heißen Quellen flankiert wird. Durch geothermale Aktivität tritt dort Grundwasser an die Oberfläche und vermischt sich mit vulkanischer Asche und anderen Gesteinspartikeln zu brodelndem Schlamm. Temperaturen bis zu 200 °C erreicht ein solcher Schlammtopf. Auch der Bach wird von den heißen Quellen gespeist. Ein typisch isländisches Erlebnis ist ein Bad in einem der natürlichen Pools, zu denen sich der Wasserlauf immer wieder anstaut. Zwei bis drei Personen finden in den angenehm temperierten Becken Platz.

### Selfoss

Heute ist die Stadt wichtiger Versorgungspunkt für Reisen in Richtung Nord und Ost. Sehenswert ist die Selfosskirkja auf einem Fels über der Ölfusá, die neben der Þjórsá zu den wasserreichsten Flüssen in Island gehört. Bis 1890 konnte die Ölfusá mangels Brücke nur beschwerlich gefurtet werden. Eine Hängebrücke erleichterte den Verkehr, jedoch brach sie 1944 unter der Last zweier Milchlastwagen zusammen. Ihr technisch überlegener Nachfolger hält seit 1945 Erdbeben und Fluten souverän stand.

### Eyrarbakki

**Das 550 Einwohner zählende Eyrarbakki ist heute ein gemütliches Dorf. Bunt gestrichene Holzhäuser erinnern an dessen Blütezeit, denn einst war es größter Handelsplatz und Hafen an Islands Südküste. Einen Besuch wert sind das Seefahrtsmuseum und das Árnessýsla Volksmuseum, das im legendären Húsið untergebracht ist. 1765 erbaut und mehr als 200 Jahre von dänischen Kaufmannsfamilien bewohnt, entwickelte es sich zum Zentrum für Kunst und europäische Kultur in Island. Von hier aus verbreiteten sich Mode, Musik und Literatur ins ganze Land. Vom felsigen Saum der Küste ist der Blick über den Atlantik spektakulär. Von hier soll Bjarni Herjólfsson, Wikinger und einer der ersten Siedler von Eyrarbakki, noch vor Leif Eriksson nach Nordamerika gesegelt sein. Ornithologen schätzen das nahe Vogelreservat Flói, in dem Singschwäne und Schnepfen vorkommen.**

Die Ringstraße zwischen Hveragerði und Hella führt durch das beschauliche Selfoss am Fluss Varmá.

## Blaue Lagune

Es ist Jugendlichen zu verdanken, dass das Bad zu heutiger Berühmtheit gelangte. Sie hatten den warmen Abwassersee des Kraftwerks Svartsengi als Badesee entdeckt und feierten dort ihre Partys. Das Wasser kommt aus 2000 Metern Tiefe mit 240 °C an die Oberfläche. Im Thermalbad ist es noch zwischen 37 und 42 °C warm. Mittlerweile gibt es eine eigene Blaue-Lagune-Pflegeserie mit Produkten von Shampoo bis Badesalz.

## Hafnarfjörður

Mit seinen rund 25 000 Einwohnern zählt der nur 15 Kilometer westlich von Reykjavík gelegene Ort zu den größten Städten der Insel. Trotz seiner Nähe zur Kapitale hat er seinen kleinstädtischen Charme bewahrt. Als Hansehafen blickt Hafnarjörður auf eine lange Geschichte zurück, über die das Heimatmuseum informiert. Im Wikingerdorf Fjörukráin wird die Zeit der ersten Besiedlung Islands lebendig gemacht.

**Stadt der Elfen** *Hafnarjörður gilt als Elfenhauptstadt. Im Hellisgerdi, einem bezaubernden Park inmitten der Stadt, sollen einige der Fabelwesen leben. Die Touristeninformation bietet aber auch Führungen zu den Elfenwohnsitzen in der Lavalandshaft rund um den Ort an.*

Viele warme Quellen findet man im Reykjadalur.

## Reykjavík

Es war Ingólfur Arnarson, ein Wikinger aus Norwegen, der sich hier als Erster niederließ. Wegen der Dampfsäulen nannte Arnarson die Bucht Reykjavík – »Rauchbucht«. Von der Landnahme durch Letzteren bis zur Verleihung der Stadtrechte 1786 war Reykjavík nur ein großes Dorf. Seit diesem Gründungsjahr zieht die Stadt die Menschen magisch an. Heute ist Reykjavík das unumstrittene Zentrum Islands. Das zwischen dem historischen Hafen und dem Tjörnin-See gelegene Viertel präsentiert sich heute als lebendiges, modernes großstädtisches Zentrum mit zahlreichen Einkaufs- und Ausgehmöglichkeiten. Die historische Bebauung wurde an vielen Stellen durch moderne Bauten ersetzt. Dennoch haben sich einige sehenswerte historische Bauten wie das um 1850 errichtete Falkenhaus, in dem für den Export bestimmte isländische Falken gefangen gehalten wurden, erhalten. Reykjavíks Rathaus wurde 1992 auf einer eigens für diesen Zweck aufgeschütteten Insel im See errichtet. Es gilt als Paradebeispiel postmoderner Architektur. Nur einen Steinwurf entfernt wartet am Austurvöllur die 1796 eingeweihte kleine Domkirkja mit einem Taufbecken des Bildhauers Bertel Thorvaldsen auf. Die Wahrzeichen Reykjavíks sind aber das Konzerthaus Harpa und die Hallgrímskirkja.

# Meeressäugern auf der Spur

Wegen seiner großen Bedeutung für Meeressäuger erstreckt sich im Ligurischen Meer das riesige Pelagos-Schutzgebiet für Wale und Delfine. Deren Lebensraum erforscht seit vielen Jahren das Tethys Research Institute. Dabei spielen auch Freiwillige eine entscheidende Rolle.

## REISE-INFOS

**Wo? Sanremo, Ligurien, Nordwestitalien**
**Wie? Per Zug über Genua nach Sanremo, der nächste internationale Flughafen liegt im französischen Nizza.**
**Übernachtung: An Bord und in Sanremo**
**Info: www.whalesanddolphins.tethys.org**

Der Magen als Mülleimer? Das ist der Eindruck, den Meeresforscher immer häufiger bekommen, wenn sie in den Kadavern gestrandeter Wale große Mengen an Plastikteilen entdecken. Oft verenden die Großsäuger daran. Ähnlich groß ist das Problem mit Kleinstteilen aus Kunststoff, die vom Krill aufgenommen und über die Nahrungskette an Fische weitergegeben wird.

Nicht nur das Tethys Research Institute, sondern auch der WWF beteiligt sich an der Katalogisierung von Finnwalen und Co. im nördlichen Mittelmeer.

Die als verspielt geltenden Delfine sind oft leichter im Meer auszumachen als die tiefer abtauchenden Wale.

**Zu viel Müll** *Plastikmüll, der gut 500 Schiffscontainer füllen könnte, landet täglich im Mittelmeer. Die Naturschützer schlagen regelmäßig Alarm, denn immer mehr Meeressäuger landen aufgrund dessen auf der Roten Liste gefährdeter Arten.*

Deshalb ist die Arbeit von Forschern so wichtig, um mehr über die Unterwasserwelt zu erfahren. Wie beispielsweise das Team des 1986 gegründeten Tethys Research Institute. Benannt nach dem antiken Urmeer und in Mailand zu Hause, legt die private Forschungseinrichtung ihren Schwerpunkt auf das »Santuario dei Cetacei« (auch Pelagos Sanctuary), ein 87 500 Quadratkilometer großes Meeressschutzgebiet zwischen Sardinien, den Küsten Liguriens und der Toskana, sowie Monacos und der südfranzösischen Côte d'Azur. In dem Gebiet so groß wie Österreich tummeln sich vier Wal- und viele Delfinarten, darunter Pott- und Finnwale, Rundkopf- und Streifendelfine. Doch wie viele sind es und wo halten sie sich wann bevorzugt auf? Das sind Fragen, denen die Tethys-Forscher mithilfe von Volontären nachgehen.

## Expedition mit dem Zweimaster

**Als Freiwillige kommen alle in Frage, die über eine gewisse Seetauglichkeit und gute Augen verfügen, denn sie werden zusammen mit den Meeresexperten fast eine Woche auf der »Pelagos« verbringen, einem motorisierten Zweimaster mit Platz für 16 Personen. Davon sind bis zu elf Volontäre, die die vier Forscher im Schichtbetrieb bei der Arbeit unterstützen, indem sie Fotos der gesichteten Meeressäuger dank digitalem Profiling identifizieren und katalogisieren. Aber auch Koch- und Putzkünste sind gefragt. Am Ende gewinnen alle: die Forscher mit neuen Daten, die Freiwillige mit neuen Erkenntnissen und die Meeressäuger mit mehr Schutz.**

**»Die Teilnehmerbeiträge sind über die Jahre zur Hauptfinanzierungsquelle für die Forschung geworden. Denn die Forschungstätigkeit auf See ist mit hohem logistischen Aufwand verbunden.«**
**Tethys Research Institute**

## + NICHT VERPASSEN! +

### Dolceaqua

**Winzerdorf mit Kitschpotenzial, 25 Kilometer nördlich von Sanremo: ein kleines Labyrinth aus engen Gassen und schmalen Häusern, das sich entlang einer Biegung des Flusses Nervia den Berghang hinaufzieht. Oben thront das Castello dei Doria, eine Burgruine aus dem 13. Jahrhundert. Kirchen dürfen hier natürlich ebenso wenig fehlen (etwa die barocke Sant'Antonio Abate) wie eine betagte Steinbrücke über die Nervia. Ihre gebogene Form hat bereits Claude Monet begeistert, der sie 1884 samt Burgruine in einem Gemälde verewigte. In der bergigen Umgebung gedeiht die Rebe des rubinroten »Rossese di Dolceacqua«, der als Qualitätswein aufgrund des kleinen Anbaugebietes als Rarität sehr gefragt ist. Bei alldem kann man auf die gut 2000 Einwohner schon etwas neidisch werden.**

### Sanremo

Benannt nach dem heiligen Romulus von Genoa (ligurisch: Rœmu), zählt die Hafenstadt an der ligurischen Küste schon seit dem 19. Jahrhundert zu den nobelsten Urlaubsorten an der italienischen Riviera. Angehörige aus dem europäischen Hochadel bauten sich hier ebenso Villen wie Künstler, Industriebarone und Literaten. Sie verspielten ihr Geld im feinen Casinò Municipale oder flanierten über den Corso Imperatrice, die palmengesäumter Seepromenade. Viele Hotels und Jugendstilvillen atmen trotz Massentourismus noch heute den Geist der Belle Époque. Allsommerlich kommt es in den beiden Häfen Porto Vecchio und Portosole zum Schau(ein)laufen der Luxusjachten und Edelsegler. Auch heute noch ist Sanremo ein Spielplatz der Schönen und Reichen. Einige der Luxusunterkünfte sind öffentlich zugänglich, darunter die Villa Nobel und die Villa Ormond. In der historischen Altstadt La Pigna drängen sich kleine Plätze zwischen alten Häusern, ein enges Gassengewirr führt den Hang hinauf bis zur barocken Wallfahrtskirche Madonna della Costa.

### Ventimiglia

Das Küstenstädtchen unweit der französischen Grenze ist nicht ganz so mondän wie Sanremo oder Nizza, blickt dafür auf eine über 2000-jährige Geschichte

Der Ponte Vecchio di Dolceacqua führt schon seit dem 13. Jahrhundert über die Nervia.

Oberes Bild: In eine üppige Pflanzenwelt taucht man in den Giardini Botanici Hanbury ein. Unteres Bild: In dem mondänen Badeort Sanremo ist der Glanz vergangener Zeiten noch immer sichtbar.

zurück. Denn hier, im Mündungsbereich der Flüsse Roia und Nervia, legten die alten Römer im Schutz der Berge an der Richtung Gallien vorbeiführenden Via Julia Augusta die Stadt Albintimilium an. Reste von Amphitheater und Therme im Zentrum Ventimiglias sind eindrucksvolle Relikte aus dieser Zeit. Dass die Region schon viel früher von Bedeutung war, zeigen etwas außerhalb im Ortsteil Grimaldi die Höhlen von Balzi Rossi, in denen rund 200 000 Jahre alte Menschenknochen gefunden wurden.

**Besuchertipp** *Highlight für Pflanzenfans ist der Giardini Botanici Hanbury, ein 18 Hektar großes Gartenidyll am Capo Mortola. Angelegt wurde es 1867 von dem britischen Kaufmann Sir Thomas Hanbury, der das verwahrloste Areal rund um die verfallene Villa Orengo zu seinem Alterssitz ausbaute. Wegen seiner Artenvielfalt wurde der Garten 2006 sogar zum Weltkulturerbe erkoren. Sehenswert sind zudem die Altstadt Ventimiglias mit prächtigen Geschäftshäusern, der Kathedrale Santa Maria Assunta und der Kirche San Michele.*

# Giganten des Mittelmeers

Wer an Wale denkt, hat eher die Ozeane vor Augen. Aber die riesigen Meeressäuger sind auch im Mittelmeer unterwegs. Und das nicht zu knapp: Allein vom Finnwal kreuzen vor den Küsten Frankreichs mehrere Tausend Exemplare. Acht Walarten werden regelmäßig gesichtet, vier davon sind heimisch. Und jene vier haben ihre eigenen Besonderheiten.

Mit seinen Barten siebt der Finnwal den Krill aus dem Wasser, der seine Hauptnahrung bildet.

## Rasender Riese: der Finnwal

Mit einer rekordverdächtigen Länge zwischen 25 Metern bei Männchen und 27 Metern bei Weibchen ist der Meeresgigant nach dem Blauwal das zweitgrößte Tier der Erde. Und ein rasender Riese: Im Mittelmeer bevorzugt vor den Küsten von Frankreich, Sardinien und dem italienischen Festland unterwegs, kann der Finnwal mit bis zu 45 Stundenkilometern durch die Unterwasserwelt sausen. Damit ist er mit Abstand der Ferrari unter den Großwalen. Aber auch einer der lautesten, denn seine für Menschen nicht wahrnehmbaren Infraschall-Bässe stellen mit bis zu 188 Dezibel (Kettensäge: 120 Dezibel) selbst manche Technoparty in den Schatten. Von Artgenossen können die Laute noch in Hunderten von Kilometern Entfernung wahrgenommen werden.

**Etwa 3000 Finnwale**

Als Vertreter der Bartenwale (Barten bzw. Hornplatten anstatt Zähne) siebt er massenweise winzige Krebse, den sogenannten Krill, aus dem Wasser und taucht dafür mehrere Hundert Meter tief. Geschätzte 3000 Exemplare sind im Mittelmeer unterwegs, allerdings mit sinkender Tendenz. Wie bei seinen Artgenossen machen ihm die zunehmende Vermüllung und der rege Schiffsverkehr zu schaffen. Da wird sich wohl so mancher hochbetagte Finnwal (bis 90 Jahre kann er werden) wehmütig in seine Jugendzeit zurücksehnen.

## Kopf wie ein Topf: der Pottwal

Bis zum 5109 Meter tiefsten Punkt des Mittelmeers schafft er es zwar nicht, aber immerhin bis zu 3000 Meter. Eine gute Stunde kann der Pottwal unter Wasser bleiben. Damit ist er Tauchkönig unter den Großwalen. Doch das sind keine gute Nachrichten für dessen Lieblingskost, den Tintenfisch, der selbst in

Gejagt wurden Pottwale wegen des Trans, wegen des zu Kerzen verarbeiteten »Walrats« im Kopf sowie wegen des Ambers, der in der Kosmetikindustrie Verwendung fand. Auch heute noch ist der Mensch verantwortlich für den Bestandsrückgang: Wasserverschmutzung, Fischerei und Unterwasserlärm setzen den Pottwalen zu.

den Tiefen des Mittelmeers vor dem Pottwal nicht sicher ist. Ein ausgewachsenes »Männchen« verschlingt immerhin bis zu 1,5 Tonnen am Tag. Mit bis zu 18 Meter Länge und 40 Tonnen Gewicht ist er mit Abstand der größte unter den sogenannten Zahnwalen. Meist sind Pottwale in Schulen von 15–20 Tieren unterwegs, dabei aber geschlechtlich streng getrennt. Nur in der Paarungszeit wird die Trennung aufgehoben.

## Vorbild für Moby Dick

**Die eigentümliche Form des Pottwals hat die Fantasie der Namensgeber angeregt: Dessen flache Kopfform erinnert die plattsprechenden Küstenbewohner an einen Topf (niederdeutsch: Pott), die Angelsachsen wiederum an ein Sperma, weshalb sie ihn »sperm whale« nennen. Die Form hat aber auch Künstler und Literaten angeregt, darunter Herman Melville für seinen 1851 erschienenen Roman »Moby-Dick«. Wie beim einbeinigen Kapitän Ahab aus dem Buch hatten es Walfänger vor allem auf den Pottwal abgesehen, denn dessen kolossaler Körper war besonders ergiebig. Das aus dem Fett gewonnene Tran und Walrat fand als Öl vielfache Verwendung. Gejagt werden Wale im Mittelmeer zwar schon lange nicht mehr, doch lauern vielerlei andere Gefahren. Die Zahl der Pottwale wird hier auf etwa 1800 geschätzt.**

Oberes Bild: Sehr soziale Tiere sind die Grindwale, die immer in großen Schulen auftauchen. Eher Einzelgänger sind dagegen die Cuvier-Schnabelwale (unteres Bild), die sich nur zur Fortpflanzung treffen.

**Wale sind Klimaschützer** *Meeresbiologen schätzen, dass ein einziger Wal etwa so viel Sauerstoff produziert wie 1000 Bäume. Zumindest indirekt, denn für seine Ausscheidungen kommt der Gigant an die Oberfläche und »düngt« das dortige Pflanzenplankton (etwa Grünalgen). Dieses wiederum bindet durch Photosynthese Kohlenstoff und wandelt es in Sauerstoff um. Experten zufolge ist das pflanzliche Plankton für die Hälfte des Sauerstoffs in unserer Erdatmosphäre verantwortlich.*

## Geselliger Genosse: der Grindwal

Wal oder Delfin? Das ist die falsche Frage, denn der Grindwal ist beides: Als Mitglied der Delfin-Familie (Delphinidae) gehört er zu den Zahnwalen. Wegen seiner Größe – bis zu sechs Meter Länge und drei Tonnen Gewicht – ist er gefühlt eher ein Wal (daher der Name), mit seinem hochgezogenen Mundzug und dem »Flipperlächeln« erinnert er an einen Delfin. Männliche Tiere werden durchschnittlich 60 Jahre alt, weibliche bis zu 80. Gegessen wird bevorzugt nachts, wenn Grindwale bis zu 500 Meter ins Meer abtauchen, um nach Tintenfischen zu fahnden.

### Anhängliche Tierchen

Im Mittelmeerraum hält sich der Grindwal (auch Langflossen-Grindwal genannt) bevorzugt in der Straße von Gibraltar und vor Korsika auf. Wie viele sich dort tummeln, ist unklar. Die Schätzungen reichen von 2000 bis 10 000 Exemplaren. Grindwale sind äußerst gesellige Tiere und können in Clangröße mit mehreren Dutzend Mitgliedern auftreten. Ihr englischer Name »pilot whale« stammt von der Vorstellung, dass diese Gruppen von einem »Piloten« angeführt werden.

Ihre Anhänglichkeit kann jedoch fatale Folgen haben. Wird eines der Tiere verwundet und schwimmt davon, folgt ihm die ganze Truppe und strandet zuweilen in seichtem Gewässer. Dann können die Schwergewichte nur von gut gewillten Tierfreunden aus ihrer misslichen Lage gerettet werden. Die gibt es am Mittelmeer glücklicherweise eher als auf den dänischen Färöer-Inseln im Nordatlantik. Dort wird dann zum »Grindadráp« gerufen. So heißt der ritualisierte Grindwalfang. Die armen Tiere werden geschlachtet und komplett verwertet.

## Tauchweltmeister: der Cuvier-Schnabelwal

Er ist der Feinschmecker unter den Zahnwalen, denn seine Vorlieben sind Kopffüßer, Tintenfische und diverse Kleinfische. Blöd nur, dass die meisten sich vorwiegend in den Meerestiefen aufhalten. Kein Problem jedoch für den Cuvier-Schnabelwal, denn er kann bis zu einer Tiefe von 3000 Metern abtauchen und bis zu vier Stunden unter Wasser bleiben. Das ist Weltrekord! Und es bleibt genug Zeit, sich die Leckerbissen aus den Riffs und Unterwasserschluchten am Meeresgrund zu picken, denn mit seiner schnabelartigen Schnauze und seiner relativ geringen Größe von sechs Metern kommt der Dreitonner überall hin. Der eigentümliche Name erinnert an den württembergisch-französischen Naturforscher Georges Cuvier (1769–1832), der den wenig bekannten Wal 1823 erstmals beschrieb.

### Allein auf hoher See

Cuvier-Schnabelwale sind eher Einzelgänger oder in Kleingruppen auf hoher See anzutreffen. Daher ist es schwierig, sie zu beobachten, zumal sie zwischen den mehrstündigen Tauchgängen nur wenige Minuten zum Luftholen benötigen. Das ist wohl auch der Grund, warum Walfänger für sie keine Gefahr sind, obwohl die Spezies in allen Weltmeeren anzutreffen ist. Und es ist der Grund, weshalb die Gesamtzahl schwer zu schätzen ist.

**Empfindliches Gehör** *Cuvier-Schnabelwale sind besonders anfällig für Unterwasserlärm, der beispielsweise bei der Suche nach Öl oder Gas verursacht wird. Denn dazu werden Schallexplosionen ausgelöst, um durch das Echo Informationen über die Bodenkonsistenz zu erhalten. Dabei wird jedoch das Echo-Ortungssystem der Wale gestört. Sie verlieren die Orientierung und können dadurch an der Küste stranden.*

# Vögel zählen in Slowenien

Mit 20 273 Quadratkilometern ist Slowenien gerade mal halb so groß wie die Schweiz. Dank seiner vielen Wälder und Wiesen ist das Land aber ein Hotspot für Naturfreunde. Auch Vogelfreunde kommen auf ihre Kosten. Und können dabei zum Schutz der gut 400 Arten beitragen.

Uhu (linke Seite), Habicht (oben) und Buntspecht (rechts) sind nur drei der unzähligen in Slowenien heimischen Vogelarten. Dazu gesellen sich jedes Jahr zahlreiche Zugvogelarten.

## REISE-INFOS

**Wo? Ljubljana, im Herzen von Slowenien**
**Wie? Der Flughafen von Ljubljana wird von den wichtigsten europäischen Airlines angesteuert.**
**Übernachtung: Viele Unterkünfte in Ljubljana**
**Info: www.ptice.si**

Landschaftlich ist Slowenien wie ein gemütlicher Gemischtwarenladen. Es gibt von allem etwas auf überschaubarem Raum: hier ein Stück Adria, dort bis zu 2800 Meter hohe Alpengipfel und dazwischen viel Mittelgebirge und weite Ebenen mit malerischen Seen und dunklen Wäldern. Dazu ein mildes Klima. Das zieht nicht nur Naturliebhaber aus ganz Europa an, sondern auch Vögel. Gut 400 Arten sind auf »Avibase«, der Weltvogel-Datenbank, derzeit gelistet.

»Die geringe Größe und die sehr abwechslungsreichen Landschaften machen Slowenien zu einem hervorragenden Ort für die Vogelbeobachtung. Die Wälder bedecken mehr als die Hälfte der Landesfläche und sind Heimat einige der gesuchtesten Arten«, meint »Wild Slovenia«, eine Gruppe von Naturenthusiasten. Darunter sind in den Wäldern rare Habichts- und Sperlingskauze, in den Bergen das seltene Alpenschneehuhn sowie Stein- und Gänsegeier. Rund um die Gewässer halten sich u. a. Seeadler, Schwarz- und Weißstörche auf. Dank des günstigen Klimas landen in Slowenien auch zahlreiche Zugvögel.

### Voller Einsatz für Vogelschutz

**Doch auch Slowenien ist kein Vogelparadies. Illegale Jagd und schwindende Lebensräume machen der Vogelwelt zu schaffen, 25 Arten gelten als stark gefährdet. Zu ihrem Schutz wurde 1979 die Slowenische Gesellschaft für Vogelbeobachtung und -forschung (DOPPS) gegründet. Mit über 1000 Mitgliedern ist sie die größte gemeinnützige Naturschutzorganisation im Land. Auch Wissenschaftler stehen in ihren Diensten, um die hohe biologische Vielfalt zu erhalten, geschädigte Ökosysteme wiederherzustellen, die Bevölkerung aufzuklären und in der Politik Lobbyarbeit zu machen. Dabei werden sie auch von Freiwilligen aus aller Welt unterstützt. Jährlich organisiert DOPPS Arbeitseinsätze, um Schutzgebiete zu pflegen, Biotope einzurichten und Vogelzählungen durchzuführen. Lokale Gruppen kann man auch bei Aktionen und Bildungsprojekten unterstützen. Schöner Nebeneffekt: Die Volontäre kommen nicht nur mit ungemein sympathischen Menschen zusammen, sondern lernen auch viel über die Biodiversität und Kultur Sloweniens.**

# NICHT VERPASSEN!

## Ljubljana

Die Hauptstadt Sloweniens liegt am Ufer der Ljubljanica, eines kleinen Flusses, der die Stadt dennoch deutlich in zwei Hälften teilt. Zur einen Seite liegt die Altstadt mit ihren engen Gassen, dem Dom und dem Bischofspalais. Diese sind um die drei zentralen Plätze (Stadtplatz, Alter Platz und Oberer Platz) eng beieinander angeordnet und bilden den ältesten Teil der Stadt. Zur anderen Flussseite befindet sich das belebtere Ljubljana mit dem Prešerenplatz und zahlreichen Cafés, Restaurants sowie mit der Fußgängerzone und ihren Kaufhäusern und Boutiquen. Architektonisch ist Ljubljana weitgehend barock. Doch die Stadt ist zum Teil auch das Werk des Architekten Jože Plečnik (1872–1957), der aus Ljubljana stammte und unzählige Bauwerke in und um seine Heimatstadt entworfen hat. Diese Verbindung zwischen Alt und Neu verleiht der Stadt etwas Besonderes. Einerseits ähnelt sie einer österreichischen Stadt, andererseits bekommt sie durch die Altstadt, Plečniks Architektur, die Cafés und das milde Klima ein mediterranes Flair.

**Prešeren-Platz** Am Prešeren-Platz im Zentrum Ljubljanas beherrscht die Franziskanerkirche Mariä Verkündigung das Bild. Die barocke Basilika wurde zwischen 1646 und 1660 errichtet, wobei die Fassade erst um 1700 ihr heutiges Aussehen erhielt. Ein Erdbeben im Jahr 1895 beschädigte die Decke im Innenraum und zerstörte so einen Großteil der ursprünglichen Fresken. Neue schuf Mitte der 1930er-Jahre der slowenische Impressionist Matej Sternen.

**Tromostovje** *Ebenfalls am Prešeren-Platz befindet sich eines der Wahrzeichen Ljubljanas, Tromostovje, die »Drei Brücken«. Und tatsächlich: Drei parallele Brücken kreuzen hier den Fluss Ljubljanica. Nachdem die mittelalterliche Holzbrücke 1657 niedergebrannt war, wurde sie durch eine neue ersetzt. Diese musste schließlich 1842 wieder einem neuen, diesmal steinernen, Flussübergang weichen. Zwischen 1929 und 1932 kamen dann nach Plänen von Plečnik zwei seitliche Fußgängerbrücken hinzu.*

Seit 1932 überquert das Ensemble der Tromostovje – drei eng beieinanderliegende und fast parallel verlaufende Brücken – im Schatten der Franziskanerkirche das Flüsschen Ljubljanica.

Malerischstem Mittelalter begegnet man in der Küstenstadt Piran, dessen Ringmauer noch in Teilen erhalten ist. Seinen Reichtum verdankt Piran den Salinen, die immer noch in Betrieb sind.

## Pomurje

»Tausende Zauber umgarnen Pomurje, das absonnige Land beidseitig der Mur«, schwärmte einst Feri Lainšček (* 1959). Er muss es wissen, denn der Dichter und Schriftsteller ist in diesem hübschen Land des Weins, der Heilquellen und Schlösser im nordöstlichen Zipfel Sloweniens aufgewachsen. Diese sonnenverwöhnte Kulturlandschaft rund um den Fluss Mur erstreckt sich über die Regionen Prekmurje, Prlekija und Štajerska bis in die österreichische Steiermark und Ungarn hinein. Zu den Attraktionen zählen die Weinanbaugebiete Jeruzalem und Ljutomer, die Thermen Moravske Toplice, Radenci, Banovci und Lendava sowie diverse Schlösser. Darunter erhebt sich mit Schloss Grad in Goričko das größte Barockensemble des Landes.

## Piran

Die schönste Küstenstadt Sloweniens hat ihren Reichtum dem Salz zu verdanken, das seit Jahrhunderten aus den umliegenden Salinen gewonnen wird. Entsprechend eindrucksvoll ist ihre Altstadt, die sich entlang einer Landzunge erstreckt und deren Kirchtürme, Festungsmauern und Stadthäuser sich im Wasser widerspiegeln. Wer sich bei dem frei stehenden Glockenturm von St. Bernardin an Venedig erinnert, liegt nicht falsch: Er wurde nach Vorbild des Campanile am Markusplatz errichtet. Überhaupt ist viel Flair der Lagunenstadt vorhanden, etwa beim Venezianischen Haus und dem Geburtshaus des Komponisten Giuseppe Tartini (1692–1770). Nach dem Barockmusiker ist auch der Hauptplatz benannt, wo sich das öffentliche Leben der 4000-Einwohner-Stadt bis heute abspielt.

# Pfleger im Bärenreservat Zărneşti

Ein Herz für Bären: Im Liberty Bear Sanctuary erfahrene geschundene Bärenseelen endlich die Zuwendung, die sie verdient haben. Freiwillige aus aller Welt vereinen sich hier zu den »Millionen von Freunden«.

## REISE-INFOS

**Wo? Zărneşti, Kreis Braşov, Siebenbürgen (Transsilvanien), im Herzen von Rumänien**
**Wie? Per Zug über Braşov nach Zărneşti; nächster internationaler Flughafen ist Bukarest.**
**Übernachtung: Diverse Übernachtungsmöglichkeiten in Zărneşti**
**Info: www.responsibletravel.com, www.millionsoffriends.org**

Sie malochten im Minizirkus, verwahrlosten in schäbigen Zoos oder wurden zur Gästebespaßung in engen Käfigen gehalten. Alle der gut 100 Braunbärinnen und -bären können ihre eigene Leidensgeschichte erzählen. Und haben irgendwann Glück gehabt, denn heute leben sie im Libearty Bear Sanctuary Zarnesti, der größten Bärenauffangstation Europas. Am Rande der Karpaten unweit der Gemeinde Zărneşti gelegen, steht ihnen ein knapp 70 Hektar großes, teils bewaldetes Freigelände zur Verfügung, mit Bäumen zum Klettern, Pools zum Planschen und Nahrung, die auf ihre Bedürfnisse abgestimmt sind. Tierärzte checken regelmäßig ihr Wohlbefinden.

Alles begann mit dem Schicksal der Bärin Maya, die im Jahr 2002 nach jahrelanger Verwahrlosung trotz Bemühungen der Tierschützerin Cristina Lapis

Den Bären soll die Lebensfreude wiedergegeben werden wie bei diesem, der einen Baum erklimmt.

In weitläufigen Gehegen können sich die Braunbären hier unter ihresgleichen von den Strapazen ihres bisherigen Lebens erholen. Dazu gehört auch eine genaue Überwachung ihrer Resozialisierung in die Gruppe.

starb. Von dem Leidensweg Mayas ergriffen, schuf Lapis daraufhin mit ihrer Organisation »Millions of Friends« und der Unterstützung der Gemeinde Zărneşti einen Zufluchtsort für gefangene Bären.

**»Mehr als 130 Bären wurden aus dem Albtraum eines Lebens voller Misshandlungen gerissen, einem Leben in Käfigen, … gefangen hinter rostigen Stäben und mit Zement unter den Pfoten.« Millions of Friends**

Seit seiner Eröffnung 2008 ist das Libearty Bear Sanctuary Zarnesti eine Touristenattraktion, aber darüber hinaus auf finanzielle und praktische Hilfe angewiesen. Großherzige Spender können einen Bären in Form regelmäßiger Geldbeiträge »adoptieren«, Volontäre vor Ort in der Tierbetreuung arbeiten. Beispielsweise in der Futterversorgung: Da jede Bärin und jeder Bär bis zu zehn Kilogramm pro Tag frisst, ist die Fütterung der rund 100 Tiere ziemlich aufwendig.

Andere Freiwillige überwachen den Rehabilitationsfortschritt jener Bären, die seit ihrer Gefangenschaft körperliche und psychische Schäden davongetragen haben. Auch die Besucherbetreuung und Gästeführung werden von ihnen unterstützt. Das kommt gut an. Verschiedene Veranstalter wie »Responsible Travel« bieten organisierte Aufenthalte an. Denn wo sonst haben Tierfreunde die Möglichkeit, über einen längeren Zeitpunkt so nah mit Braunbären zusammen zu sein?

Bären leben vor allem von Früchten und Beeren, aber auch von Säugetieren, Fischen und Vögeln, mitunter auch von Aas. Sie halten eine etwa zweimonatige Winterruhe, während der auch die Jungen zur Welt kommen.

# + NICHT VERPASSEN! +

## Brașov

Die Metropole am Rand der Karpaten mit rund einer Viertelmillion Einwohnern zählt mit ihren Denkmälern, dem kompakten Altstadtensemble und den Naturschönheiten der Umgebung zu den beliebtesten Touristenzielen Rumäniens. Im 13. Jahrhundert von Deutschrittern gegründet, und unter dem Namen Kronstadt Zentrum von Siebenbürgen, bezeugen im historischen Zentrum viele Bauten ihre bewegte Geschichte: So erinnert die Bartholomäus-Kirche aus dem 13. Jahrhundert an die Anfänge der wichtigen Handelsstadt, und die »Schwarze Kirche«, Biserica Neagră genannt, in ihrem gotischen Stil an die künstlerische Blütezeit des 15. Jahrhunderts. Seinen Namen erhielt das Gotteshaus nach einem Großbrand. Die prächtige Sinagoga Neologă von 1901 wiederum kündet von der Zeit, als Brasov Heimat einer großen jüdischen Gemeinde war. Wichtige Baudenkmäler liegen auch in der Umgebung, darunter die Marienburg in Feldiora oder die Burgkirchen in Prejmer und Harman.

## Burg Bran

**Schon von außen wirkt die mittelalterliche Burganlage mit ihren Türmchen, Erkern und wuchtigen Mauern recht furchteinflößend. Und nachts bei Kerzenschein könnte einem beim Gang durch die verwinkelten Korridore schon der kalte Schauer über den Rücken laufen. Denn die Burg Bran lebt vor allem vom Dracula-Hype, seit sie mit der berühmten Vampir-Figur aus dem anno 1897 erschienenen Roman des irischen Schriftstellers Bram Stoker in Verbindung gebracht wird. Beweise für eine Verbindung gibt es indessen nicht. Aber das ist auch egal, denn die im 13. Jahrhundert erstmals als »Burg Dietrichstein« erwähnte Deutschritter-Festung regt definitiv die (Grusel-)Fantasie an: Enge Wendeltreppen und verwinkelte Gänge führen zu rund 60 Fachwerkräumen, mit knarzendem Boden, wuchtigen Möbeln, scharfen Waffen und scheppernden Rüstungen. Der Blick von oben in die waldreiche Ebene ist eindrucksvoll. Nach wechselvoller Geschichte inklusive Enteignung ist Burg Bran seit dem Jahr 2009 wieder im Besitz der früheren Königsfamilie.**

Viele verschiedene Möglichkeiten zur sportlichen Bewegung bietet der Nationalpark Piatra Craiului.

Hier soll er gelebt haben, der sagenumwobene Graf Dracula: in der eindrucksvollen Burg Bran.

## Nationalpark Piatra Craiului

Das Schutzgebiet erstreckt sich auf 148 Quadratkilometern rund um das namensgebende Piatra-Craiului-Gebirge (deutsch: Königsstein) und zählt aufgrund der eigentümlichen Karstformationen und Schluchten zu den schönsten Wandergebieten der Region. Als Teil der Südkarpaten erreicht es Höhen bis über 2000 Meter über dem Meerspiegel. Höchste Erhebung ist mit 2238 Metern der Vârful La Om (»Hirtenspitze«). Auf der Westseite fällt das Gebirge teils senkrecht ab und wirkt deshalb besonders majestätisch. Der verwitternde Kalkstein hat im Laufe von Jahrmillionen zu eigentümlichen Gesteinsformen geführt, etwa zu Bögen in der Schlucht von La Zaplaz oder zu Steilwänden in den Zărneşti-Schluchten (ein Highlight für Kletterer). Bekannt ist Piatra Craiului für die große Pflanzenvielfalt und eine recht hohe Anzahl an Wölfen und Bären.

Bunte Häuser umstehen den Ratsplatz von Braşov.

# Wale zählen vor den Azoren

Die Markierungen auf den Fluken von Walen sind wie Fingerabdrücke. Jeder Wal kann auf diese Weise eindeutig identifiziert werden. Dieser Aufgabe hat sich ein Team von Forschern und Freiwilligen vor den Küsten der Azoren gewidmet.

## REISE-INFOS

**Wo? Ponta Delgada, São Miguel, Azoren**
**Wie? Die Hauptinseln São Miguel, Faial und Terceira werden mehrmals täglich von Lissabon aus angeflogen. São Miguel ist zudem Ziel von Maschinen aus anderen europäischen Städten.**
**Übernachtung: Gute touristische Infrastruktur mit Hotels auf allen neun Inseln**
**Info: www.biosphere-expeditions.org**

Die meisten kennen die Inselgruppe vom Wetterbericht, wenn dort wieder einmal von einem »umfangreichen Azorenhoch« die Rede ist. Doch nur wenige wissen, dass der vom Atlantik umspülte Archipel auch einer der besten Orte zu Beobachtung von Meeressäugern ist.

**Gigantenshow: Von April bis Juni sind rund um die Azoren die weltgrößten Meeressäuger zu sehen, darunter die »großen Drei«: Blau-, Finn- und Pottwal.**

Und das hat einen Grund: Gut 1400 Kilometer vom europäischen Festland entfernt, liegen die zu Portugal gehörenden Azoren mitten im warmen Golf-

Vor Pico setzt ein Pottwal zum Tauchgang an und zeigt seine imposante Fluke.

Die meiste Arbeit findet auf dem Boot statt, es ist wichtig, dass man sicher auf den Beinen ist, gut sehen kann und keine gesundheitlichen Probleme hat, die die Fähigkeit, sich bei Wellengang festzuhalten, beeinträchtigen.

strom. Rund um die drei großen Inselgruppen »Occidental«, »Central« und »Oriental« tummeln sich daher über 500 Fischarten, die vor den hoch aufragenden Felsen ganzjährig nährstoffreiches Wasser vorfinden. Die schroffe Küstenlinie der Inseln ist quasi das Buffet der Unterwasserwelt. Plankton und Krill gibt es en masse, was die Azoren zu einem der fischreichsten Gebiete des Atlantiks macht. Selbst der gesellige Grindwal, normalerweise ein rastloser Nomade, der in Clangröße quer durch den Atlantik reist, hält sich hier in großen Familienverbänden monatelang auf. Die bis zu 20 Meter langen Pottwale reisen erst gar nicht mehr ab, sie sind ganzjährig in kleinen Schulen anzutreffen.

## Zählen und Markieren

**Doch Grind- und Pottwale sind nur zwei der bis zu 24 Delfin- und Walarten, die sich rund um die Azoren beobachten lassen. Daher sind die einstigen Vulkaninseln perfekt für Forschungen von Meeressäugern geeignet. Und das können auch Freiwillige im Rahmen von organisierten Expeditionen tun. Beispielsweise von Biosphere Expeditions, das regelmäßige Azoren-Reisen anbietet: »An Bord werden Sie zu verschiedenen Aktivitäten eingeteilt, wie z. B. Tierbeobachtung, Fotos mit Ortsmarkierung schießen, Wale mit dem Unterwassermikrofon verfolgen, ihre Blas-Rate aufzeichnen, Schildkröten einfangen und markieren, Wasserparameter messen«, heißt es in der Aufgabenbeschreibung. Da die Erforschung von Meeressäugern angesichts der riesigen Einzugsgebiete ziemlich aufwendig ist, kann man jede helfende Hand gebrauchen. So hat jede und jeder ein gutes Gefühl, etwas für den Schutz der Weltmeere zu tun.**

## + NICHT VERPASSEN! +

### Ponta do Pico

Für wadenstarke Naturfans zählt der Aufstieg auf den Ponta do Pico zu einem der Azoren-Highlights. Mit einer Höhe von 2351 Metern ist er der höchste Berg Portugals und in seiner Form ein Bilderbuchvulkan mit bizarren Magmaformen und gewaltigem Krater. Spielt das schnell wechselnde Wetter mit, dann kann man von der Spitze aus einen der schönsten Sonnenaufgänge erleben. Die Baum- und Strauchgrenze liegt auf etwa 1200 bis 1400 Metern, wo Stechpalmen, der Azoren-Wacholder und eine endemische Heidelbeerart die Landschaft dominieren.

**Edle Tropfen** *Doch ein anderes Gewächs ist mit Abstand gefragter: die feine Verdelho-Weintraube an den Westhängen des Pico. Bereits im 15. Jahrhundert angebaut, begründete sie den Ruf der Azoren als Weinanbaugebiet. Die nährstoffreiche und wärmespeichernde Basaltlava bildet das richtige Terroir. Und damit die Weingüter von Stürmen und salzhaltiger Luft geschützt sind, wurden sie in kleine, von Mauern aus Lavastein geschützte Parzellen unterteilt. Da diese auf einzigartige Weise die Landschaft prägen, erhielten sie sogar den Status als UNESCO-Welterbe.*

Eine der schönsten Kirchen der Azoren ist die Igreja de São Salvador in Horta mit ihren blauen Azulejos.

### Horta

Der Haupthafen der Insel Faial ist nicht nur Ausgangspunkt von Walbeobachtungstouren, sondern auch einer der hübschesten Orte auf den Azoren. Das hat zum einen mit der Lage an zwei geschützten Buchten zu tun, aber auch mit den historischen Bauten in der Altstadt. Viele stammen aus dem 18. und 19. Jahrhundert, als der Hafen wichtige Zwischenstation für transatlantische Handelsschiffe und Basis für Walfänger war.

**Begeisterter Besucher** *Einer der prominentesten Gäste war im Juni 1775 Kapitän James Cook, der in Horta auf seiner zweiten Weltumsegelung kurz vor der Rückkehr nach England mit seinen beiden Schiffen »Resolution« und »Adventure« vor Anker ging und sich über den vielen Wein und das leckere Rindfleisch freute. Der weltberühmte Seefahrer notierte auch, dass Horta mit religiösen Gebäuden übersät sei. Auch heute noch ist die Zahl der Kirchen beeindruckend, darunter Barockschönheiten wie die Igreja de São Francisco und die Igreja de São Salvador mit prächtigen blauen Azulejos. Zu den weiteren Attraktionen zählen die Parks und das Horta-Museum im einstigen Jesuitenkolleg.*

### Algar do Carvão

»Kohlenschlot« heißt das eigentümliche Naturphänomen im Herzen der Insel Terceira. Dabei handelt es sich um ein 100 Meter langes Tunnelsystem im Inneren eines erloschenen Vulkans. Besonders eindrucksvoll: das von Moos, Flechten und Farnen bewachsene schwarze Magmagestein am Rand des wie ein Trichter geformten Eingangs. In 90 Meter Tiefe hat sich ein See mit Grundwasser gebildet, eingerahmt von bizarr geformten Tropfsteinformationen. Rundherum erstreckt sich eine fruchtbare Hochebene, mit saftigen Kuhweiden, dunklen Wäldern, Tümpeln, Seen und immer wieder atemberaubenden Ausblicken auf das Meer.

Oberes Bild: Über der Insel Pico wacht der gleichnamige Vulkan, hier vom Lagoa do Capitão aus gesehen. Unteres Bild: Über steile Treppen erschließt man sich die faszinierende Höhlenwelt des Algar do Carvão.

# Fährten lesen im Balkan

Die »Verfluchten Berge«, Prokletije, ein Gebirgsmassiv im Grenzgebiet zwischen Montenegro, Kosovo und Albanien, waren wegen ihrer Schroffheit lange gefürchtet. Als Rückzugsgebiet des nahezu ausgestorbenen Balkanluchses sind sie heute von enormer Bedeutung. Volontäre können zu ihrem Schutz beitragen.

## REISE-INFOS

**Wo? Prokletije-Nationalpark, Region Gusinje & Plav im Süden von Montenegro**
**Wie? Der nächste internationale Flughafen liegt in der montenegrinischen Hauptstadt Podgorica.**
**Übernachtung: In Podgorica**
**Info: www.science-camps.com, www.montenegro-eco.com**

Irgendwann in den 1990er-Jahren schien er einfach weg zu sein. Keine Spur mehr, nichts. Eine dunkle Ahnung machte sich breit. War er ausgestorben? Dann zehn Jahre später ein Hoffnungsschimmer: Forscher entdeckten Fährten des Balkanluchses. Mit rotbraunem bis hellgrauem Fell und einer Länge von bis zu 1,30 Metern ist der Einzelgänger vor allem in den abgelegenen Bergen des Balkans unterwegs.

**»Es ist ein sehr seltenes und sensibles Tier, das sich wie ein Schatten in den Bäumen bewegt«, sagt ein ehemaliger Jäger mit Ehrfurcht über das extrem scheue Tier.**

Überaus scheu ist der Balkanluchs, der vor allem durch Abholzung seinen Lebensraum verliert.

Weniger als 50 Exemplare soll es noch in Albanien, Kosovo, Montenegro und Nord-Mazedonien

Sind sie verflucht, die Berge im Nationalpark Prokletije? Man weiß es nicht. Beeindruckend sind sie allemal.

geben. Damit ist der Balkanluchs eine der seltensten Katzen der Erde. Jagd und vor allem der Schwund der Bergwälder haben seinen ohnehin geringen Bestand extrem gefährdet. Deshalb wurde 2006 von der deutschen Stiftung EuroNatur mit lokalen Partnerorganisationen das »Balkan Lynx Recovery Programme« ins Leben gerufen, um die lokale Bevölkerung zu sensibilisieren, die Lebensräume zu erforschen und Lobby-Arbeit zu unternehmen. Kleiner Erfolg: 2015 wurde der Balkanluchs als eigene Unterart des Eurasischen Luchses anerkannt und auf die Rote Liste der bedrohten Arten gesetzt.

## Luchsbegeisterte Laienforscher

**Bei der Erforschung der riesigen Lebensräume können auch luchsbegeisterte Laienforscher mitmachen. Dafür muss man kein Wildkatzenkenner sein, wohl aber sehr gut zu Fuß und für einige Tage auf Komfort verzichten können. Zusammen mit dem Team von Objectif International Science (OIS) und Nikena Eco Adventures sind die Freiwilligen über gut eine Woche im äußerst schroffen Prokletije-Gebirge unterwegs, das sich zwischen Montenegro, Kosovo und Albanien erstreckt. Aufgabe ist es, Kamerafallen an geeigneten Orten aufzustellen und nach Luchsspuren wie Kot, Haaren oder Fußabdrücken zu suchen. Alle gesammelten Daten werden in einer Datenbank dokumentiert. Da die Expedition durch eine der eindrücklichsten Berglandschaften Montenegros führt, ist das Naturerlebnis garantiert hoch. Und mit viel, viel Glück zeigt sich der scheue Balkanluchs – wie ein Schatten in den Bäumen.**

# NICHT VERPASSEN!

## Podgorica

Die Hauptstadt Montenegros hat so einiges durchgemacht. Im Zweiten Weltkrieg von deutschen und italienischen Truppen besetzt, wurde sie durch Bombardierungen buchstäblich plattgemacht. Danach musste es über Jahrzehnte als »Titograd« im sozialistischen Einheitsgrau an den jugoslawischen Diktator Josip Broz Tito (1892–1980) erinnern. Seit 1992 trägt die 150 000-Einwohner-Metropole wieder den alten Namen Podgorica, »am Fuß des Hügels«, womit die östlich anschließenden Berge gemeint sind. Sehenswürdigkeiten sind überschaubar, wovon einige an die konfliktgeladene Vergangenheit erinnern, darunter das Partisanendenkmal (Spomenik Partizanu Borcu) im Goica-Park und das schlichte Bomba-Memorial in einem Innenhof, zwei Häuserblöcke vom Unabhängigkeitsplatz. Ein bisschen Moderne zaubern der Dajbabska-Gora-Sendeturm im Süden der Stadt und die 173 Meter lange Millennium-Brücke über den Fluss Morača mit den markanten Schrägseilen.

**Neue Sehenswürdigkeit** *Wahrzeichen der Stadt ist seit 2013 die serbisch-orthodoxe »Kathedrale der Auferstehung Christi« (Hristovog Vaskrsenja) mit ihren markanten Doppeltürmen und den mit Fresken, Ikonen und Mosaiken komplett ausgefüllten Innenräumen.*

## Hajla-Massiv

Das waldreiche Bergmassiv zieht sich im Landesosten entlang der Grenze zwischen dem Kosovo und Montenegro und ist Teil des Dinarischen Gebirges. Der wie ein sanftes S geformte Grat mit mehreren 2000er-Gipfeln dient gleichzeitig als Landesgrenze. Seine höchste Erhebung ist der 2403 Meter hohe Vrh Hajle mit atemberaubendem Panoramablick weit in den Balkan hinein. Dank seiner alpinen Berglandschaft mit nackten Kalkwänden, saftigen Weiden und tiefgrünen Wäldern ist er trotz Steigungen von über 1000 Höhenmetern ein beliebtes Wandergebiet. Übernach-

Die Hauptkirche der serbisch-orthodoxen Kirche ist die Auferstehungskathedrale in Podgorica (ganz oben).

Montenegro bietet sehr viele Naturschönheiten wie etwa das Hajla-Massiv im Osten des Landes (linke Seite unten) und den gigantischen Skardarsee, den es sich mit Albanien teilt (oben).

tet wird bei Einheimischen in schlichten Bauernhäusern und urigen Almhütten. Ausgangspunkt der Touren ist das hübsche Städtchen Rožaje auf der Nordseite.

## Skardarsee (Skutarisee)

Das gewaltige Gewässer im Südwesten überrascht durch seine landschaftliche Vielseitigkeit: im Norden und Westen eine imposante Bergwelt, im südlichen, albanischen Teil sanfte Buchten, kleine Klosterinseln und leere Strände. Das recht unbekannte Naturjuwel variiert extrem in seiner Ausdehnung, die von der Fläche des Gardasees (370 Quadratkilometer) bis zur Größe des Bodensees (536 Quadratkilometer) nach der Schneeschmelze im Frühjahr reicht. Als Rast- und Brutplatz für über 250 Zugvogelarten aus Nordeuropa spielt er eine enorm wichtige Rolle, weshalb der montenegrinische Teil 1983 zum Nationalpark erklärt wurde. 2005 wurde auch der albanische Teil unter Schutz gestellt. Prominentestes Gefieder und Wappentier des Sees ist der Krauskopfpelikan. Beliebt sind Bootsfahrten und Rundtouren mit immer wieder neuen Perspektiven auf den See. Highlight für viele: das hübsche Dörfchen Rijeka Crnojevica mit alter Steinbrücke und filmreifer Flussschleife des Crnojevica.

# Mülltauchen im Mittelmeer

Über 24 Millionen Tonnen Plastikmüll produzieren die 22 Anrainerstaaten des Mittelmeers im Jahr. Vieles davon landet im Wasser oder an den Stränden. Das wollen engagierte Veranstalter ändern und organisieren in Barcelona zusammen mit Tauchschulen Müllsammelaktionen. Volontäre können dabei helfen.

Der ganz normale Wahnsinn am Mittelmeer: Massen an Müll werden täglich an dessen Ufer gespült – mit verheerenden Folgen für Flora und Fauna der Ozeane.

## REISE-INFOS

**Wo? Barcelona, Katalonien, Spanien**
**Wie? Barcelona ist das bedeutendste Drehkreuz im Norden Spaniens und per Flug und Schnellzug sehr gut zu erreichen.**
**Übernachtung: Viele Unterkünfte in Barcelona und an der Costa Brava**
**Info: www.volunteerhq.org**

Ein Kormoranpärchen beäugt neugierig die Mülltaucher, die ihre Heimat säubern.

Als »Garten Eden des Mittelmeers« wird die Unterwasserwelt vor der Costa Brava gern gepriesen. Und in der Tat ist die 220 Kilometer lange »Wilde Küste« ein Hotspot für Taucher. Muränen, Kraken, Drachenköpfe, Zackenbarsche und andere Meereswesen tummeln sich zwischen den aufragenden Felsen. Und dazwischen leider allerlei Wohlstandsmüll: Zerrissene Fischernetze, leere Wasserflaschen, schwebende Plastiktüten sind keine Seltenheit. Mehr als 247 Milliarden Plastikteile treiben dem World Wide Fund For Nature (WWF) zufolge im Mittelmeer. Mit steigender Tendenz. Allein vor der Küste Barcelonas werden laut WWF jeden Tag pro Kilometer über 26 Kilogramm Müll angespült. Damit ist die katalanische Metropole die Nummer Zwei unter den Topverschmutzern.

**»Der Tourismus erhöht das Abfallaufkommen an den Mittelmeerküsten enorm, die jährlich von über 200 Millionen Urlaubern besucht werden.« WWF**

Das sind keine guten Nachrichten für die 700 Fisch- und drei Meeresschildkrötenarten im Mittelmeer. Viele verenden qualvoll. Das ruft zunehmend Veranstalter auf den Plan, die zusammen mit lokalen Tauchschulen Müllsammelaktionen organisieren.

### Tauchen und Sammeln

**Jeden zweiten Montag geht es in den Sommermonaten los. Dann machen sich Freiwillige der International Volunteer HQ oder anderer Organisationen auf, um mit dem Boot einer der beteiligten Tauchschulen auf das Meer hinauszufahren. Einen halben Tag werden sie vor der Küste Barcelonas unterwegs sein, um im Wasser treibenden Müll zu sammeln, Fundstellen zu markieren und Meeresgetier von Plastikteilen zu befreien. Ein Tauchlehrer leitet die Freiwilligen an und zeigt ihnen zudem interessante Unterwasserspots. Wer keine Taucherfahrung hat, kann vor dem ersten Einsatz einen mehrtägigen Kurs belegen. Oder einfach im Boot bleiben, um die tauchenden Müllsammler zu unterstützen. Minimum ist eine Woche, besser sind zwei. Wer will, kann in der Freizeit einen Spanischkurs belegen, über die Meeresökologie lernen und natürlich das fantastische Barcelona erkunden. Und all das mit dem Bewusstsein, etwas Sinnvolles für den Meeresschutz zu tun.**

# NICHT VERPASSEN!

## Barcelona

Barcelona besticht mit einer gewaltigen Anzahl an Sehenswürdigkeiten, die von Ausgrabungen aus der Römerzeit über beeindruckende gotische Bauwerke und katalanische Jugendstilbauten bis hin zu malerischen Parkanlagen reichen. In ganz Barcelona verteilt findet man Werke von Antoni Gaudí, die das Stadtbild maßgeblich prägen. Am bekanntesten dabei ist die unvollendete Sagrada Família, an der seit 1882 gebaut wird. Aufgrund der vielfältigen Fülle an Sehenswürdigkeiten ist es wenig verwunderlich, dass die Hauptstadt Kataloniens mit 7,5 Millionen Touristen im Jahr als die meistbesuchte Stadt Spaniens gilt.

**Port Olímpic** Für die Olympischen Spiele 1992 ließ man den alten, maroden Industriehafen Barcelonas abreißen und legte an dessen Stelle das Olympische Dorf sowie eine mehrere Kilometer lange von Palmen gesäumte Promenade und Sandstrände an. Die Läden, Restaurants, Cafés und Nachtclubs am und in Nähe des Hafens, in dem zahlreiche Jachten vor Anker liegen, erfreuen sich sowohl bei Einheimischen, als auch bei Touristen großer Beliebtheit.

**Port Vell** Der »Alte Hafen« Barcelonas, in dem zahlreiche Jachten dümpeln, liegt am unteren Ende der Ramblas am Rand der Altstadt und hat neben einer einmaligen Atmosphäre auch einige Sehenswürdigkeiten zu bieten, darunter das Museu d'Història de Catalunya, das größte Aquarium Europas sowie das gigantische Einkaufszentrum Maremàgnum.

**Museu Marítim de Barcelona** *Das Schifffahrtsmuseum unweit des Kolumbus-Denkmals am Hafen ist eine wahre Perle. Dank einer umfangreichen Kollektion mit Schiffen und Modellen aus allen Jahrhunderten bekommt man einen tollen Einblick in die Seefahrergeschichte Kataloniens. Auch das historische Gebäude des 1936 eröffneten MMB hat Stil. Dort waren einst die königlichen Werften untergebracht. Zu den Ausstellungsstücken gehören antike Amphoren gesunkener Schiffe, nautische Instrumente, alte Seekarten und Globen sowie Gallionsfiguren. Highlight ist der originalgetreue Nachbau der »La Real«, einer Rudergaleere mit 60 Meter Länge, die 1571 in der siegreichen Seeschlacht von Lepanto eine führende Rolle spielte. Weiterer Stolz des Museums ist der Schoner Santa Eulàlia, ein 1918 erstmals in See gestochener Dreimaster.*

**La Barceloneta** Barcelonas »Fischerdorf« liegt auf einer dreiecksförmigen Landzunge und ist aus einem ehemaligen Elendsviertel hervorgegangen, das Mitte des 18. Jahrhunderts abgerissen wurde. Auf schachbrettartigem Grundriss wurde damals ein neues Viertel mit zwei- bis dreistöckigen Häusern entworfen, das den Hafenarbeitern und Fischern eine Wohnstätte bieten sollte. Den Mittelpunkt dieses noch volkstümlichen Viertels mit seinen urigen Fischlokalen bildet die Plaça de la Barceloneta mit der Kirche Sant Miguel del Port. Auch heute noch liegen die Schiffe und Boote der Fischer hier im Hafen vor Anker.

Kloster Montserrat vor dem gleichnamigen Berg.

Bunt und einladend wirkt der ab 1900 im Rahmen einer Gartenstadt von Antoni Gaudí angelegte Parc Güell.

## Montjuïc

**Der 178 Meter hohe Hausberg Barcelonas eröffnet nicht nur weite Blicke über das Häusermeer, sondern birgt auch selbst eine Vielzahl an Attraktionen, die dank einer Seilbahn auch für Nicht-Bergsteiger gut zu erreichen sind. Als grüne Lunge der Stadt wirken vor allem der Botanische Garten, der terrassenförmig angelegte Jardins del Mirador und der Jardins de Mossèn Costa i Llobera mit einer großen Kakteensammlung. Architektonische Highlights sind das Castell de Montjuïc, das während der Franko-Diktatur als Gefängnis diente, das gigantische Kunstmuseum und El Poble Espanyol (»Spanisches Dorf«), das als Freilichtmuseum Häuserstile der verschiedenen Regionen zeigt. Für Kunstfreunde ist indes die »Fundació Joan Miró« an der Nordseite des Montjuïc ein Magnet. Mit über 10 000 Werken von dem Ausnahmekünstler Joan Miró (1893–1983) zählt sie seit der Eröffnung im Jahr 1975 zu den wichtigsten Museen der Moderne.**

## Bergmassiv Montserrat

Etwa 60 Kilometer westlich von Barcelona erstreckt sich der Parc Natural de la Muntanya de Montserrat, benannt nach den »Zersägten Bergen« (Montserrat), die sich spektakulär aus der Umgebung erheben. Mit einigen Gipfeln über 1200 Metern ist das zackenförmige Bergmassiv vor allem für das Benediktinerkloster Montserrat bekannt, das sich seit dem 11. Jahrhundert in eine Felsnische schmiegt. Die dort verehrte »Schwarze Madonna« wird als Schutzheilige Kataloniens verehrt. Entsprechend viel ist hier los. Wesentlich einsamer wird es bei Wanderungen durch das Gebirgsmassiv, wo Wege und Pfade vorbei an Steineichen und Pinien bis zum 1236 Meter hohen Gipfel Sant Jeroni führen. Highlight für viele ist die Via ferrada Canal de las Damas, ein anspruchsvoller Klettersteig im Südwesten des knapp 50 Quadratkilometer großen Massivs. Für Vogelfreunde ist das Gebiet ebenfalls ergiebig. Dort sind u. a. Habichtsadler und der hübsch gefiederte Mauerläufer anzutreffen.

# Bedrohte Tiere

**Das weltweite Artensterben vergleichen heutige Wissenschaftler nicht zu Unrecht mit dem großen Saueriersterben vor 650 Millionen Jahren, nur dass heute keine Naturkatastrophe dafür verantwortlich ist, sondern der Mensch selbst. Aber auch nur der Mensch kann dieser dramatischen Entwicklung entgegenwirken und das empfindliche Ökosystem »Erde« schützen, allen voran das hochindustrielle Europa.**

Gerade für Europas Großsäuger und Zugvögel wurden zahlreiche Programme entwickelt, um die Populationen wieder aufzubauen und ihren Lebensraum zu bewahren. Die Gründe für das Artensterben sind vielfältig. Bereits im 19. Jahrhundert hat eine europaweite Jagdwut auf Raub- und Pelztiere wichtige Arten derart dezimiert, dass sich manche davon nicht mehr erholen konnten. Luchs, Wolf und Bär, aber auch der Otter wurden ziellos erlegt. Heute machen vor allem Eingriffe in die Natur, Zerschneidungen und Verbauung der Lebensräume diesen Tieren das Überleben schwer.

## Sorge um den Luchs

Da sich Tiere bei ihren Gebietswanderungen nicht an politische Grenzen halten, ist Artenschutz eine europaweite Aufgabe. Ein Beispiel dafür ist der Luchs, dieses mit scharfen Sinnen ausgestattete Raubtier, dessen Fell sich perfekt der Wildnis Skandinaviens und Osteuropas anpasst. Dieser Pelz, aber auch die Nahrungskonkurrenz zum Menschen waren sein Verhängnis. Da der Luchs große zusammenhängende Waldgebiete braucht, hat ihn die starke Besiedelung in seiner Mobilität beschnitten. Heute haben gezielte Bewaldung und der gelungene Versuch, Luchse auch in baumlosen Landschaften anzusiedeln, ihre Früchte getragen, besonders der Pardelluchs in Spanien hat mit 1000 Tieren vergleichsweise eine große Population.

## Problembären und der böse Wolf

Dem Wolf wurde vor allem sein schlechter Ruf zum Verhängnis. Von jeher als unberechenbar eingestuft, richten auch heute noch die Menschen trotz des hohen Schutzstatus ihre Gewehre auf dieses Rudeltier. Rumänien, Bulgarien und Spanien weisen die größten Populationen auf, nachdem man sich auf ein Projekt »Wölfe in Europa« geeinigt hatte. Hier finden sich auch heute wieder die größten Braunbärreservate. Diese scheuen Großsäuger bevorzugen unzugängliche, felsige Täler – früher waren sie überall zu Hause, wo es Wälder gab. Der Aufbau »bärentauglicher« Wälder, sowie Bärenwanderwege zum genetischen Austausch werden durch gezielten Artenschutz gefördert, sodass der Braunbär heute in Schweden mit etwa 3000 Exemplaren, in Rumänien mit 6700 und in der Slowakei mit 700–900 Tieren wieder in größeren Populationen lebt.

## Bedrohter Fischotter

**Flussbegradigungen, Trockenlegungen von Sümpfen und Überbejagung haben dem Fischotter das Überleben in Europa kaum möglich gemacht. Fisch-**

Luchse und Fischotter sind nur zwei von unzähligen Tierarten, die auf dem europäischen Kontinent immer mehr um ihre Lebensräume füchten müssen, die der Mensch ihnen nimmt.

**otter bevorzugen Gebiete mit langsam fließenden Gewässern, Buchten oder Marschen. Da sie überwiegend kranke und schwache Tiere jagen, tragen sie zum Erhalt des Ökogleichgewichts bei. Für die Aufzucht der Jungen, die über neun Monate erfolgt, wurden spezielle Otteraufzuchtstationen errichtet, die so eine Neubesiedlung angestammter Ottergebiete möglich macht. Dadurch haben sich die Otterbestände vielfach bereits wieder erholt.**

**Mönchsrobbe** *Meeresverschmutzung und Überfischung haben vor allem den Lebensraum der einzigen, einstmals im gesamten Mittelmeer lebenden Robbenart, der Mönchsrobbe eingeschränkt. Diese geheimnisvollen Tiere, die erst seit den 1970er-Jahren erforscht werden, leben heute nur noch in Gewässern Griechenlands und der Türkei. Die Mittelmeerrobbe ist eines der seltensten Säugetiere Europas und gehört zu den am stärksten bedrohten Tierarten der Welt.*

## Unfreier Himmel

Vor allem die Zugvögel haben durch Urbanisierung, Umweltverschmutzung und die europäische Agrarwirtschaft ihre angestammten Routen verlassen müssen und eine Störung ihrer Nist- und Rastplätze erfahren. So wurde der Bestand der Weißstörche und Kraniche seit Beginn des 20. Jahrhunderts drastisch dezimiert. Diese ungeheuer leistungsfähigen Zugvögel legen auf Zugrouten am Tag bis zu 1500 Kilometer zurück. Da sie diese Strecken nur mit Hilfe der Thermik zurücklegen können – die Aufwinde und die Flügelspannweite ermöglichen langes Gleiten –, können sie nur über Land fliegen, da auf dem Meer diese Thermik fehlt. Bei ihren bis zu 15 Wochen dauernden Reisen in den Süden oder Norden brauchen sie so genannte Trittsteinbiotope, um Kraft zu tanken. Viele dieser Biotope liegen in Europa, etwa an der Müritz, in Spanien, Ungarn und der Türkei. Der Erhalt dieser Rastgebiete, die teils auch Brutgebiete sind, kann möglicherweise ein Aussterben verhindern.

**Hilfe für Fledermäuse** *Einer der am stärksten bedrohten Kleinsäuger ist die Fledermaus, die noch zu Beginn des 20. Jahrhunderts vor allem am Land weit verbreitet war. Die Hauptgefährdungsursachen der 22 europäischen Arten liegt auf agrarpolitischer Ebene, da die Vernichtung von Kleinbauernbetrieben und das Fehlen geeigneter Nisthöhlen durch Abholzung alter Baumbestände der Fledermaus einen Wohnungsmangel beschert hat, von dem sich manche Arten nicht erholt haben. Holzschutzmittel, mit denen Dachgebälk, ein bevorzugter Nist- und Schlafplatz, behandelt wird, fördert die Todesrate. Auch Höhlen und Bergwerksstollen bieten Fledermäusen kaum mehr Zuflucht. Eine gezielte Maßnahme war deshalb der Umbau von Bunkeranlagen aus dem Ersten Weltkrieg zu neuen Überwinterungsquartieren.*

# Retter der Meeresschildkröten

An vielen Sandstränden Griechenlands legen Meeresschildkröten ihre Eier ab. Doch häufig werden sie durch Urlauber gestört. Auch Fischernetze und Schiffsverkehr machen den urtümlichen Unterwasserwesen zu schaffen. Eine Umweltorganisation kümmert sich um ihre Not. Und da ist jede helfende Hand gefragt.

Die Unechte Karettschildkröte ist wohl die bekannteste und die häufigste Art der Meeresschildkröten und weltweit beheimatet. Dennoch ist auch sie in ihrem Bestand bedroht.

## REISE-INFOS

**Wo? Glyfada, südlich von Athen**
**Wie? Nach Athen sind es nur 15 km.**
**Übernachtung: Viele Unterkünfte am Strand von Glyfada**
**Info: www.archelon.gr**

Sie liegt wie auf einer Massagebank. Mit Vorsicht reinigt eine junge Volontärin die Wunden an der rechten Flosse, die sich das Panzertier durch ein lose herumtreibendes Fischernetz zugezogen hat. Erst vor wenigen Tagen wurde die Meeresschildkröte in der Bucht von Porto Rafti von Fischern aufgenommen und ins Sea Turtle Rescue Centre gebracht. Fast wäre das nahezu 100 Kilogramm schwere Ungetüm ertrunken. Nun ist es in der Obhut der Auffangstation, die 1994 von ARCHELON, einer Schutzorganisation für Meeresschildkröten, zusammen mit der Gemeindeverwaltung von Glyfada am Strand südlich von Athen etabliert wurde. Rund 50 Tiere werden dort alljährlich aufgepäppelt, nicht alle können gerettet werden.

»Meeresschildkröten verheddern sich gelegentlich in Fischereigerätschaften, was oft zu Verletzungen oder gar zum Ertrinken führt. Häufig werden sie auch Opfer von Zusammenstößen mit Schnellbooten, insbesondere in der Nähe von Niststränden«, klagt die renommierte Schutzorganisation. Dank eines Netzwerkes von Fischereiverbänden, Umweltgruppen und Strandgemeinden werden verletzte Tiere schnell aufgegriffen und in die Auffangstation gebracht. Doch das ist nur ein Teil der Arbeit von ARCHELON.

## Nistplatz im warmen Sand

**Nicht nur Urlauber schätzen den Platz am Sandstrand, sondern auch Meeresschildkröten. Für die Tiere ist der warme Sand der perfekte Nistplatz zur Eierablage. Doch dabei werden sie oftmals gestört. Beachpartys, Hotellärm, grölende Touristen – an vielen Stränden wird die Nacht zum Tag gemacht. Das ist schlecht für die Meerestiere, die im Schutz der Dunkelheit ihre Eier ablegen wollen und dazu Ruhe brauchen. Hier kommen die Volontäre von ARCHELON zum Einsatz. An acht verschiedenen Stränden Griechenlands markieren sie Nester, entfernen Hindernisse, bewachen die Nistplätze und ermahnen lärmende Touristen. Wenn es gar nicht anders geht, buddeln sie die Eier in ruhigeren Stellen wieder ein. Da dies alles ziemlich aufwendig ist, sind pro Saison über 120 Freiwillige für mindestens vier Wochen im Einsatz. Das Schöne dabei: Man kommt mit Gleichgesinnten aus ganz Europa in Kontakt, alle mit dem gleichen Ziel: einem der faszinierendsten Meereswesen das Leben im Mittelmeer etwas leichter zu machen.**

**Drei Schwergewichte** *Im Mittelmeer sind drei Arten von Meeresschildkröten unterwegs: Die bis zu 1,20 Meter lange und gut 100 Kilogramm schwere Unechte Karettschildkröte, die bis zu 1,40 Meter lange und 180 Kilogramm schwere Grüne Meeresschildkröte und die mit 2,50 Meter Länge und 700 Kilogramm mächtigste von allen: die Lederschildkröte. Von diesen dreien nistet nur die Unechte Karettschildkröte an Griechenlands Stränden. Bevorzugte Ablageorte sind die Insel Zakynthos im Ionischen Meer, einige Buchten auf dem Peloponnes sowie Rethymno, Chania und Messara auf Kreta.*

Verräterische Spuren im Sand: Ein frisch geschlüpftes Jungtier findet seinen Weg ins Meer.

## NICHT VERPASSEN!

### Athen

Von Gebirgszügen umgeben, liegt die griechische Hauptstadt in einer Ebene in der Landschaft Attika unweit des Mittelmeers. Mit 760000 Einwohnern allein im Stadtgebiet selbst und über drei Millionen im Einzugsgebiet ist Athen das große kulturelle und wirtschaftliche Zentrum Griechenlands. Klangvolle antike Namen sind mit der Stadt verbunden, Philosophen, Dichter und Staatsmänner, denen wir die Idee der Demokratie verdanken, und nicht zuletzt weltberühmte Bauwerke. Doch neben den Zeugnissen dieser großen Vergangenheit um das uralte Siedlungsgebiet der Akropolis herum gibt es auch das moderne Athen mit Bauwerken aus dem 18., 19. und 20. Jahrhundert. Selbst im Altstadtviertel Plaka sieht man klassizistische Villen aus dem 19. Jahrhundert, auch wenn dort ansonsten eine ganz eigene Atmosphäre herrscht. In den engen, oft durch Treppen verbundenen Gassen reihen sich Kneipen, Bars und Restaurants neben unzähligen Souvenirläden. Der Stadtteil ist weitgehend eine Fußgängerzone und oft die erste Station von Besuchern, aber auch ein begehrtes Wohngebiet der Athener.

### Apollon-Küste

Zwischen Piräus und dem rund 60 Kilometer südlich gelegenen Kap Sounion erstreckt sich dieser Küstenstreifen mit schönen Sandstränden und seinen Badeorten Glyfada, Vula, Varkiza, Aigina, Faros, Marathonas und Legrena. Aufgrund seiner oft recht exklusiven Hotels und palmengesäumter Promenaden (wie in Vouliagmeni) nennt man ihn auch »Attische Riviera«.

**Kap Sounion** *Auf dem Kap Sounion steht seit 445 v. Chr. der Poseidon-Tempel. Die Athener Seeleute brachten dem Meeresgott hier vor jeder Reise ein Opfer in der Hoffnung auf gesunde Wiederkehr. An der »heiligen Spitze«, wie Homer das Kap nannte, soll sich König Ägeus (dem die Ägäis ihren Namen verdankt) ins Meer gestürzt haben, weil er glaubte, sein Sohn Theseus sei gestorben, da er dessen Boot mit schwarzen Segeln heimkehren sah. An der Felsküste von Sounion lassen sich heute noch antike Schiffsanlegeplätze erkennen.*

### Lavrion

**In der Region um die heutige Stadt Lavrion lagen im Altertum die Blei- und Silberminen, die einen großen Teil zum Reichtum Athens beitrugen. Im Hafen des etwa 43 Kilometer nördlich gelegenen antiken Thorikos wurde das Holz für die Verhüttung angeliefert und das gewonnene Erz verschifft. Ausgrabungen förderten Relikte von Wohnhäusern und Werkstätten aus der archaischen und klassischen Zeit ebenso zutage wie eines länglichen, wohl dem Dionysos-Kult verbundenen Theaters. Es lag unmittelbar neben einem Stollen. Auch Gräber wurden auf dem Areal zu Füßen des markanten, doppelspitzigen Velatouri-Berges entdeckt. Das Archäologische Museum wie auch das kleine Mineralogische Museum von Lavrion erhellen die Geschichte der antiken Bergbauregion Laurion. Erst 1977 wurden die Aktivitäten hier gänzlich eingestellt.**

### Brauron

Bereits in mykenischer Zeit wurde hier Artemis verehrt, die Göttin der Jagd, des Waldes, des Mondes und Hüterin der Frauen und Kinder. Reliefs zeigen sie noch in der Form einer »Herrin der Tiere«. Der Kult entstand, so die Legende, weil die Bewohner Braurons einen Bären erlegten, der ein Mädchen getötet hatte. Als »arktoi« (Bärinnen) führten ihre Geschlechtsgenossinnen rituelle Tänze zu Ehren der Göttin auf. Alle fünf Jahre wurden fortan die Brauronien gefeiert. Eine große Prozession zog dazu von der Akropolis im nahen Athen nach Brauron. Im 4. Jahrhundert v. Chr. mussten sogar alle adligen Mädchen Athens eine Zeit lang im Artemis-Heiligtum leben. Der frühe Artemis-Tempel wurde 480 v. Chr. zerstört und im 5. Jahrhundert neu erbaut. Aber Stoa und Speiseräume sowie das Scheingrab der Iphigenie, die den Kult von Tauris nach Brauron gebracht haben soll, sind noch erhalten.

Oberes Bild: Am Fuß des Athener Akropolis-Hügels erstreckt sich mit dem Viertel Monastiraki ein quirliger Stadtbezirk im Herzen der Altstadt Plaka. Unten: In den Bergen bei Lavrion wurde schon in der Antike Silber abgebaut.

# Bärensuche im schwedischen Dalarna

Die mittelschwedische Region Dalarna bietet Naturerlebnisse aller Art. Wassersport in einem der vielen Seen, Wanderungen durch die riesigen Wälder oder Skifahren im Winter. Dabei kann man auch einiges für den Naturschutz tun. Beispielsweise als Volontär bei einer Bärenexpedition.

## REISE-INFOS

**Wo? Orsa, Dalarna, Mittelschweden**
**Wie? Nächster internationaler Flughafen ist Stockholm. Von dort fahren Züge über Falun und Rättvik nach Mora, dann weiter mit dem Bus. Mit dem Auto nimmt man in Puttgarden, Sassnitz, Rostock oder Travemünde die Fähre.**
**Übernachtung: Viele Ferienhäuser und Pensionen in der Region Dalarna**
**Info: www.biosphere-expeditions.org, www.bjorn-vildmark.com**

Häuschen mit rostroter Fassade, tiefblaue Seen, eine Hügellandschaft aus Wald und Wiesen – die Region Dalarna ist Bilderbuch-Schweden. Wenige Fahrstunden nordwestlich von Stockholm gelegen, ist die dünn besiedelte Provinz mit fast 30 000 Quadratkilometern in etwa so groß wie Brandenburg. Bekannt ist Dalarna für seine pompösen Mittsommerfeste und Weißen Nächte. Aufgrund der hübschen Seen- und Waldlandschaft zählt die Provinz zu einer der beliebtesten Ferienregionen. Vieles, was man mit Schweden verbindet, kommt ursprünglich von dort: das »Falunrot« der schwedischen Holzhäuser (benannt nach dem Kupferbergwerk in Falun) oder das kunstvoll bemalte »Dala-Pferd« (Dalahäst), das zu den beliebtesten Souvenirs gehört.

Weniger bekannt ist Dalarna als eines der wichtigen Habitate für Braunbären, die auf der Suche nach Futter durch die riesigen Wälder streifen. Laut Skandinaviska Björnprojektet, einem Forschungsprojekt für Bären, könnten es in ganz Schweden bis zu 2800 Exemplare sein. Ende des 19. Jahrhunderts reduzierte sich ihre Zahl aufgrund exzessiver Jagd

Was sich liebt, das neckt sich – das gilt auch für Bärenmütter mit ihren Jungen.

Meist zwei bis drei Junge bringt eine Bärin nach der Winterruhe und nach nur knapp acht Wochen Trächtigkeit zur Welt, allerdings sind da dank Keimruhe schon bis zu 270 Tage seit der Paarung vergangen.

auf nur noch 130. Da die heutige Zahl niemand so genau weiß, gibt es intensive Bemühungen, Daten zu sammeln und den Aufenthalt von Bären mittels Radiosender und anderer Methoden nachzuverfolgen. Und da ist die Mithilfe von Freiwilligen sehr gefragt.

## Volontäre als Hobbyforscher

**Biosphere Expeditions, eine deutsch-britische Naturschutzorganisation, bietet regelmäßig in Zusammenarbeit mit dem Veranstalter Björn & Vildmark Expeditionen an, um Bärenspuren zu sammeln. Dazu kartieren Volontäre zusammen mit Forschern Winterhöhlen und Sommerschlafplätze von Bären, sammeln Haar- und Kotproben, deren Fundort sie dann per GPS markieren.**

**Diese Art von Expedition ist für Besucher nicht nur ein einmaliges Outdoor-Erlebnis, sondern auch ein wichtiger Beitrag zum Erhalt der Braunbären-Population.**

**Schweden ist Bärenland** *Schweden ist die Bärenhochburg Nordeuropas. Mit geschätzten 2800 Braunbären ist das skandinavische Land dort die Nummer Eins. Die bis zu 350 Kilogramm schweren Kolosse mit dem flauschigen Fell sind in Mittel- und Nordschweden zu finden, vor allem in den Wäldern von Dalarna, Gävleborg und Jämtland. Von den auf 17 000 geschätzten Exemplaren des* Ursus arctos *in Europa (ohne Russland) leben die meisten in den Karparten (etwa 7600).*

# NICHT VERPASSEN!

## Fryksås

Heidi-Feeling auf Schwedisch: Die hübsche Fryksås-Alm liegt 13 Kilometer nördlich von Orsa auf 503 Meter Meereshöhe und eröffnet einen herrlichen Panoramablick über die beiden Seen Orsjasjön und Siljan. Rund 200 Almhütten, sogenannte *fäbodar*, verteilen sich in dem Örtchen und bieten zahlreiche Übernachtungsmöglichkeiten. Feriengäste können nicht nur die Umgebung erwandern oder per Fahrrad erstrampeln, sondern im Winter auch Schneeidylle pur erleben. Die beiden Seen wiederum bieten allerlei Möglichkeiten des Wassersports, im Ort Nusnäs am Ostufer des Siljan kann man bei der Herstellung des hölzernen Dala-Pferdes zusehen.

## Falun

Dort kommt es her, das typisch schwedische Rostrot: aus der Bergbaustadt Falun, wo es heute noch aus Kupferpigmenten gewonnen wird. Bereits im 11. Jahrhundert ist die Kupfergewinnung am Tiskasjöberg nachgewiesen, im 18. Jahrhundert war Falun für zwei Drittel des weltweiten Kupferabbaus verantwortlich. 1992 schloss die letzte Grube. Seit 2001 ist der Minenkomplex UNESCO-Welterbe, dazu zählen auch die hübschen Holzhäuser in der Bergarbeitersiedlung Erlsborg, die teilweise noch aus dem 17. Jahrhundert stammen. Die Hauptstadt der Provinz Dalarna ist auch Schwedens Wintersportzentrum mit Skischanzen und Loipen und dank der umliegenden Seen ein Eldorado für Segler, Surfer und Kanuten. Zu den kulturellen Sehenswürdigkeiten zählen die barocke Kristine Kyrka, die Stora Kopparbergs Kyrka (»Große Kupferberg-Kirche«) und das Dalarnas-Museum.

## Sundborn

**Der Ort Sundborn in der Gemeinde Falun wird vor allem mit einem Namen in einem Atemzug genannt: Carl Larsson. Kein Wunder, hier hat der Maler (1853 bis 1919) mit seiner Frau Karin, ebenfalls Künstlerin, gelebt. Das liebevoll gestaltete Museum »Carl Larsson-gården« erinnert an die beiden Künstler und ihr Schaffen. Es ist in Lilla Hyttnäs, der »kleinen Hütte«, wie sie ihr Wohnhaus nannten, untergekommen. Jedes Zimmer des Hauses atmet die Kreativität des Paares, jede Ecke strahlt skandinavische Gemütlichkeit der Großfamilie aus, die hier einst gelebt hat. Und Romantik. So erstaunt es kaum, dass romantisch bemalte Geschirrserien noch heute »Sundborn« heißen und sich größter Beliebtheit erfreuen. Auch außerhalb des Museums begegnet Carl Larsson einem ständig, etwa in der Kirche oder im Dorfgemeinschaftshaus, die er mit seinen Malereien geschmückt hat.**

Schwedenidylle pur bietet der Nationalpark Hamra.

Falun ist berühmt für sein Bergwerk, das mit Arbeitervierteln und Industriedenkmälern zum Weltkulturerbe zählt.

## Nationalpark Hamra

Wälder, Moore und Bäche – der nur knapp 14 Quadratkilometer große Nationalpark ist ein Naturidyll und bekannt für seine Pflanzenvielfalt, viele Wasservögel und eine große Konzentration an Braunbären. Hier erstrecken sich einige der wenigen unberührten Nadelwälder von Mittelschweden – manche der Bäume sind über 300 Jahre alt. Den größten Teil nimmt eine Sumpflandschaft mit Mooren und Tümpeln ein, die dank markierter Wege und Holzstege gut zu erwandern ist. Da der Svartån, der das Moor durchfließt, in der Vergangenheit nie als Transportweg für den Holzeinschlag genutzt wurde, ist sein Flussbett unverändert und daher ein perfekter Lebensraum für allerlei Fische.

## Naturreservat Malingsbo-Kloten

1000 Quadratkilometer endlose Weite, mit sanften Hügeln, tiefen Tälern und einer Seenlandschaft, die sich zwischen dichten Wäldern ausbreitet. Das riesige Schutzgebiet liegt auf einem Plateau, gut 2,5 Fahrstunden nordwestlich von Stockholm. Durch die Wälder ziehen Wölfe, Elche und Hirsche, in den Gewässern tummeln sich Biber und allerlei Fischarten. Hier zeigt sich Schweden von seiner wilden Seite. Und trotzdem ist es dank ausgewiesener Wander- und Radwege sowie Kanu- und Kajakrouten für Outdoor-Freunde gut erschlossen. Campen ist nur auf ausgewiesenen Plätzen erlaubt, dafür gibt es zahlreiche Schutzhütten und Pausenplätze.

# Flipper schützen in der Adria

Die nördliche Adriaküste ist ein Hotspot für Delfine, die für das ökologische Gleichgewicht eine enorm wichtige Rolle spielen. Doch Überfischung und Massentourismus setzen den Meeressäugern heftig zu. Die lokale Organisation Vivamar will ihnen helfen. Und benötigt dafür die Unterstützung von Flipperfreunden.

## REISE-INFOS

**Wo? Zambratija, Istrien, Kroatien**
**Wie? Der nächste internationale Flughafen befindet sich im 50 km entfernten italienischen Triest. Alternativ kann man den Flughafen in Pula (80 km) ansteuern.**
**Übernachtung: Viele Unterkünfte entlang der kroatischen Adriaküste**
**Info: www.vivamar.org**

Keines der Meerestiere hat so einen guten Ruf wie der Delfin. Als »Engel der Meere« werden die grauen Tiere besungen und ihre »Weisheit« gepriesen. Selbst in mancher Therapiestunde werden sie eingesetzt. Sicherlich ist ihr »lächelnder« Mund ein Grund für ihr gutes Image – und ihre Fähigkeit zur Kommunikation mit Menschen. Doch die Zweibeiner danken es den Meeressäugern nicht. Ihr Bestand ist bedroht. Sie verenden in Schleppnetzen, verletzen sich bei Schiffskollisionen und finden wegen Überfischung und Meeresverschmutzung immer weniger Nahrung.

Auch im nördlichen Teil der Adria ist das so, wo im Golf von Triest und vor der kroatischen Küste Istriens noch etwa 220 Große Tümmler durchs Wasser pflügen. »Dies ist aufgrund seiner flachen und halbgeschlossenen geografischen Lage ein ökologisch sensibles Meeresgebiet«, meint die kroatisch-slowenische Meeresschutz-Organisation Vivamar: »Umso wichtiger ist es, den ökologischen Zustand von Bioindikatoren wie Delfinen zu überwachen.« Denn wo Delfine sind, ist das ökologische Gleichgewicht noch einigermaßen intakt.

**Einsamer Kämpfer** *Tausende von Delfinen durchpflügten einst die Adria. Von den ursprünglich vier Arten sind heute nur noch Große Tümmler unterwegs, vor allem im nördlichen Bereich nahe der kroatischen Küste und im Golf von Triest. Ihre Zahl wird auf etwa 220 geschätzt, mit sinkender Tendenz. Die anderen drei Arten, der Gemeine Delfin, der Blau-Weiße Delfin und der Rundkopfdelfin, sind nahezu verschwunden und nur noch gelegentlich anzutreffen.*

## Als Delfin-Detektiv unterwegs

**Seit ihrer Gründung im Jahr 2002 ist die Organisation Vivamar damit beschäftigt, Information über Delfine zu sammeln und setzt dafür Freiwillige aus aller Welt ein. Vormittags lernen diese, wie man Daten erfasst und Delfine identifizieren kann. Nachmittags fahren sie von ihrer Basis im kroatischen Badeort Zambratija mit dem Boot aufs Meer hinaus, um als »Delfin-Detektive« die Großen Tümmler zu beobachten, Einzeltiere anhand der Flossenform zu identifizieren und ihre Lage per**

GPS festzuhalten. Zurück in der Basis werden all die Daten in einem System erfasst, das den Forschern wichtige Erkenntnisse gibt. »Nachdem sie unserem Team geholfen haben, sehen die freiwilligen Helfer die Welt mit anderen Augen. Sie lernen mehr über den Status der Delfine und ihre Probleme«, sagt Vivamar und hofft, dass die Freiwilligen in ihrer Heimat zu Delfinbotschaftern werden. Deshalb sind ihr auch die Vorträge über die Biodiversität in der Adria so wichtig. Aber auch andere Eindrücke werden nach den zehntägigen Einsätzen bleiben: die Gemeinschaft mit den anderen Flipperfreunden und die unvergesslich schönen Sonnenuntergänge über dem Meer.

Bis zu sieben Meter hoch können Delfine wie der Große Tümmler aus dem Wasser springen.

## NICHT VERPASSEN!

### Umag

Trotz seiner perfekten Lage am Südzipfel einer Bucht hat Umag in der Nähe seiner Altstadt nur wenig Sand- oder Kiesstrand zu bieten. Dennoch lohnt der Ausblick: Weiße Boote dümpeln auf tiefblauem Wasser, das in weiter Ferne mit dem Horizont zu verschmelzen scheint. Abends ist die Hafenstraße des ehemaligen Fischerdorfs und der Touristenstadt romantisch illuminiert. Umag bietet seinen Besuchern vor allem Sport. Zwei Häfen, zahlreiche Tennisplätze – seit 1990 ist hier der Austragungsort der Croatia Open –, Wassersport sowie zahlreiche Rad- und Wandertouren ins weniger trubelige Landesinnere können unternommen werden. Auch an der Küste entlang Richtung Norden wird es ruhiger. Steht zuerst noch Hotel neben Hotel, breitet sich der Strand bei Savudrija scheinbar endlos aus.

### Novigrad

Umag und Novigrad verbindet nicht nur ihre benachbarte Lage an der Nordwestküste, sondern auch, dass es sich hier um die beiden Orte handelt, in denen noch am häufigsten italienisch gesprochen wird. Der Badeort Novigrad zieht Besucher in seine Vergangenheit – in die verwunschenen Gassen der Altstadt, die zur Burgruine hinaufführen. Im 13. Jahrhundert ließ die Fürstenfamilie Gusii-Kurjakovii diese Festung errichten, die ein düsteres Kapitel birgt: Elizabeta Kotromani, die Witwe König Ludwigs I., war mit ihrer Tochter im Kerker gefangen, bis man sie 1387 ermordete. Während dieser Zeit stickte sie ein Gewand mit geistlichen Motiven, das noch heute in der Pfarrkirche Sv. Maria aufbewahrt wird. Von der Ruine aus schweift der Blick weit über die grüne Landschaft und über den verschlungenen Fjord, an dem die Stadt errichtet ist, bis hin zu dem modernen, kleinen Jachthafen.

### Poreč

Poreč ist Istriens Perle unter den Küstenstädten. Hier stören keine großen Hotelburgen das Bild, vielmehr wird alles im alten Stil erhalten oder gebaut. Ein Spaziergang durch den Ort ist wie eine Zeitreise: ins Mittelalter, in die byzantinische Zeit, die römische und natürlich in die venezianische. Aber auch der Massen-

Novigrad ist ein schmuckes kleines Fischerstädtchen. Auch kulinarisch hat es einiges zu bieten.

tourismus ist mit Discos, Bars, Internetcafés und FKK-Stränden vertreten – Nightlife statt Nachtruhe. Doch es gibt sie auch noch, die romantischen und eher ruhigeren Ecken: in den Innenhöfen der venezianischen Stadthäuser, in denen kleine Restaurants zum Candle-Light-Dinner einladen.

## Baredine-Grotte

**Die Tropfsteinhöhle liegt in der Nähe von Poreč. Sie zählt zu den typischen Phänomenen dieser Karstlandschaft, bei der an der Erdoberfläche wenig darauf hinweist, dass sich im Untergrund große Hohlräume und von der Kraft des Wassers mit faszinierenden Skulpturen geschmückte Höhlensysteme verbergen. Ein Einsturztrichter, auch dies ein typisches Karstphänomen, führt hinunter in das Reich der Stalaktiten und Stalagmiten. Auf einer Wendeltreppe steigt man in dem Erdspalt hinunter und wird im Inneren überwältigt von der Vielfalt und Schönheit der Tropfsteine. Die Baredine-Grotte wurde eigens für die Besichtigung von Touristen instand gesetzt. Im Laufe der Jahrtausende hat das Wasser ungewöhnliche Tropfsteinformen hervorgebracht, darunter die zehn Meter langen »Vorhänge« oder den »Schneemann«. Wer sich umfassend informieren will, kann dies im Rahmen von Führungen, Höhlenkletter-Touren und wechselnden Ausstellungen in der Galerie der Höhle tun.**

## Rovinj

Vom Boot aus betrachtet, scheint Rovinj mitten im Meer zu stehen und seine Häuser geradewegs daraus aufzuragen. Von drei Seiten umgibt Wasser die Stadt, ihre Gebäude sind fast überall direkt ans Meer gebaut. Einige Bars stellen Sofas mit bunten Kissen auf die umspülten Felsen. Wer hier sitzt, kann bei einem Gläschen fast mit den Füßen in den Wellen planschen, und am Abend einen perfekten Sonnenuntergang genießen.

**Fischeridyll** *Am frühen Morgen beginnt im Hafen für die Besucher eine Art Zeitreise: Denn Rovinj besitzt einen der ältesten Fischereihäfen des gesamten Mittelmeerraums. Hier machen Fischer bei Tagesanbruch mit ihrem Fang fest, Möwen begleiten kreischend ihre Boote. Mittags dann kann man ihnen beim Reparieren der Netze zuschauen – und wer dem einen oder anderen in der Basilika Sv. Eufemija begegnet, sieht, dass sie für einen guten Fang beten.*

Die Hafenstadt Rovinj mit ihrem markanten Campanile zählt zu den Perlen Istriens.

# Bodyguards für Vögel

Mit 316 Quadratkilometern nicht mal halb so groß wie das Land Berlin, ist Malta ein wichtiger Zwischenstopp für Zugvögel. Die Jagd auf sie gehört seit Jahrhunderten zum Volkssport. Die Vogelschutzorganisation BirdLife Malta will das ändern. Dabei ist auch jede helfende Hand willkommen.

## REISE-INFOS

**Wo? Valletta, Malta**
**Wie? Der internationale Flughafen von Malta liegt 10 km südlich von Valletta im Inselinneren und wird von vielen europäischen Airlines angesteuert.**
**Übernachtung: Viele Unterkünfte rund um die Vogelbeobachtungs-Hotspots im Nordwesten der Insel**
**Info: www.birdlifemalta.org**

Alle Jahre wieder das gleiche Schauspiel: Alljährlich ab Februar ist Stopover-Time der Zugvögel. Zuerst verlassen die Mehlschwalben ihre afrikanischen Winterquartiere und legen in Malta einen Zwischenstopp ein. Dann folgen Spießenten und Sepiasturmtaucher, die mit einer Spannweite von bis zu einem Meter wahre Langstreckenflieger sind. Im März ist dann der hübsche Wiedehopf im Anflug, ebenso Steinschmätzer und Kurzzehenlerchen. Zu den wärmeliebenden Nachzüglern im Mai zählen die hübschen bräunlichen Gartengras- und Dorngrasmücken sowie die kleinen, zitronenfarbenen Gelbspötter.

**Rekordverdächtige Strecken** *Von den über 400 auf Malta gezählten Vogelarten legen etwa 170 nur einen Zwischenstopp ein. Die Ruhe kommt gelegen: Manche überwintern im 7000 Kilometer entfernten Südafrika, andere verbringen die Sommermonate 3000 Kilometer nördlich in Finnland und Schweden.*

Leider schlägt alljährlich im Frühjahr auch das Jägerherz vieler Malteser höher, für die Zugvogelschießen eine Art Volkssport ist. »Auf Malta gibt es rund 11 000 lizenzierte Jäger«, klagt das deutsche »Komitee gegen den Vogelmord«. Das sind fast fünf Prozent der einheimischen Männer. Manches Federvieh landet im Kochtopf, anderes als ausgestopfte Trophäe an der Wand. Einige Vögel, vor allem die schnelle Turteltaube, sind einfach nur lebende Zielscheiben. Nicht wenige werden lebend gefangen und als Ziervogel verscherbelt.

### Kampf gegen das Malta-Massaker

**Die bereits im Jahr 1962 gegründete Vogelschutzorganisation BirdLife Malta will dem alljährlichen »Malta-Massaker« ein Ende setzen: durch Lobby- und Aufklärungsarbeit, durch Forschungen und Kampagnen. Erfolgreich managt BirdLife Malta mehrere Naturschutzgebiete, darunter das Għadira Nature Reserve, wo alljährlich 140 Zugvogelarten zwischenlanden. Jedes Jahr im Herbst lädt das Raptor Camp Freiwillige zur Vogelbeobachtung und -kartierung ein.**

Oberes Bild: Der Wiedehopf kommt im März zur Brut nach Malta und zieht zum Überwintern in die Savannen südlich der Sahara. Unteres Bild: Rund 20 000 Turteltauben fallen jedes Frühjahr auf Malta Vogeljägern zum Opfer.

# NICHT VERPASSEN!

## Valletta

Maltas Hauptstadt ist dicht. Dicht besiedelt. Dicht mit Verkehr. Und dicht an Sehenswürdigkeiten. Wenn es eine Mittelmeerinsel gibt, die urbanes Flair verströmt und gleichzeitig südeuropäische Lebensart, dann ist es diese. Malta aber haftet auch immer noch der Ruf des Zweifelhaften an. Tatsächlich lebt die Insel von Wetten und der Spielindustrie, aber auch vom Schiffbau und von Spielzeugproduktion – und vom Tourismus. Wer als Gast kommt, dem bietet sich auf kleinem Raum eine Menge. Vor allem in Valletta, einer Stadt, die eigentlich drei in einer vereint. Die einstigen drei Städte liegen auf drei Landzungen im Meer und sind längst zu einer Metropole verschmolzen.

Oben: Maltas schönster Sandstrand, Mellieha Bay.
Unten: Ein Tagesausflug führt auf die Insel Comino.

**Großmeisterpalast** Eine der bekanntesten Sehenswürdigkeiten in Valletta ist der Großmeisterpalast. Der mächtige Sandsteinbau stammt aus dem 16. Jahrhundert, findet sich im Zentrum Vallettas und diente als Regierungssitz. Vom einstigen Prunk und dem Willen, als kleine Insel und doch mächtiger Malteserorden ganz vorn in der Weltgeschichte mitzuspielen, erzählen die Prunkräume, etwa die Grand Council Chamber oder der Armoury Corridor mit seinen Ritterstatuen und hübschen Bodenmosaiken.

**Barrakka Gardens** Jeden Mittag um zwölf Uhr knallen die Schüsse aus den Kanonen. Ein kurzer Feuerball ist zu sehen, er verpufft irgendwo im Nichts und hinterlässt eine graue Wolke aus Rauch. Die Saluting Battery ist eine der beliebtesten Attraktionen der Inselhauptstadt Valletta. Malta pflegt alte Traditionen und die haben viel mit Wehrhaftigkeit und Rittern zu tun. In den Barrakka Gardens, die in der St. Peter and St. Paul Bastion oberhalb des Hafens liegen, huldigen Arkadengänge mit Büsten und Plastiken berühmten Besuchern wie Albert Einstein oder Michail Gorbatschow; Kunstwerke und Denkmäler stehen zwischen bunten Beeten und plätschernden Brunnen und bieten einen schönen Rahmen für Entspannung. Ein Aufzug verbindet die oberen Gärten mit den unteren.

**St. John's Co-Cathedral** Von außen wirkt sie unspektakulär, kein großer Turm, nichts, was sich aus der maltesischen Architektur hervorhebt. Doch im Inneren ist die Kirche überbordend geschmückt mit Fresken, Vergoldungen und kunstvollen Friesen.

## Hypogäum von Hal Saflieni

Wie mögen sie das wohl gemacht haben? Und wie lange hat es gedauert, mit Hörnern, Knochen und Steinkeilen drei Geschosse in den Fels zu treiben und insgesamt bis zu 14 Meter tief zu graben? Und das vor 5000 Jahren? Während man über die Entstehung nur mutmaßen kann, ist ziemlich klar, was dieser Ort einmal war: eine religiöse Kultstätte für Opferungen, Feiern und Rituale in der Jungsteinzeit.

Die Kuppel der Karmeliterkirche und der Turm der St. Paul's Co-Cathedral beherrschen die Silhouette von Valletta.

## Marsaxlokk

Eigenwillig waren sie schon immer, die Einwohner von Marsaxlokk. Sie sprechen sogar ihren eigenen Dialekt, dem sogar mancher Malteser nur mit Mühe folgen kann. Doch dafür sind sie weniger bekannt: Das kleine Fischerdorf zählt heute zu den wichtigsten Zielen für Touristen, weil dort die bunten, langen Boote so hübsch im Hafen schaukeln. Mit den Sandsteinbauten im Hintergrund wirkt die Szenerie ein wenig wie Venedig, nur bunter.

**Popeye Village** *Malta erlangt mehr und mehr Beliebtheit als Drehort für Kinofilme. Das Potenzial der Insel hat als einer der ersten Robert Altman erkannt, als er 1979 den Film »Popeye« dort drehen ließ. Das Filmdorf des Sets ist bis heute erhalten und in einen Freizeitpark umgewandelt worden.*

## Mdina

Schon von Weitem kann man erkennen: Diese Stadt muss etwas Besonderes sein. Gehalten von dicken Mauern, bildet die alte Hauptstadt Mdina eine einzige Festung. Kein Wunder also, dass sie »von Mauern umgebene Stadt« heißt und auch schon als Drehort der Erfolgsserie »Game of Thrones« diente. Der arabische Einfluss auf der Insel wird in Mdina überdeutlich, viele der Gebäude könnten so auch in Marokko stehen mit den engen Gassen, den ockerfarbenen Wänden der Häuser und dem Gefühl, durch eine riesige Festungsanlage zu spazieren. 6000 Jahre reicht die Geschichte der Stadt zurück. Dennoch wirkt die Stadt dank der zahlreichen Restaurants, Cafés und Läden äußerst lebendig und abwechslungsreich.

## Megalith-Tempel

**Die Frühmenschen der Jungsteinzeit haben auf Malta einzigartige Zeugnisse ihrer Kultur hinterlassen, die zum Weltkulturerbe erklärt worden sind. Diese Tempel sind heute zu besichtigen und stellen mit ihrer schweren Steinquaderbauweise viele Forscher vor das bisher nicht gelöste Rätsel, wie man vor 5000 Jahren derartige Brocken bewegen konnte. Mystisch interessierte Menschen fragen sich eher, wofür sie errichtet worden sind. Wichtigste Tempel sind die von Hagar Qim, Mnajdra, Ta'Hagrat, Skorba und der Tempel von Tarxien.**

# Wolfsspuren im Schnee

Die Tatra zählt zu den letzten Rückzugsgebieten von Wölfen und Luchsen in der Slowakei. Allwinterlich werden sie gejagt, weshalb ihr Bestand stark dezimiert ist. Die Slovak Wildlife Society will etwas dagegen tun und setzt dabei auf die Hilfe von Volontären.

## REISE-INFOS

**Wo? Liptovský Hrádok, Liptov, Nordslowakei**
**Wie? Der internationale Flughafen von Bratislava wird von vielen europäischen Airlines angesteuert. Zwischen Bratislava und Liptovský Hrádok (300 km) gibt es eine Zugverbindung.**
**Übernachtung: Viele Unterkünfte in Liptovský Hrádok**
**Info: www.slovakwildlife.org**

Gibt es in der Tatra zu viele Wölfe oder zu wenige? Die Jäger und Bauern glauben Ersteres, Umweltschützer meinen das Gegenteil. Lange waren die Tiere ausgerottet, seit den 1970er-Jahren sind sie zurück. Und so auch die alten Probleme: Die Wölfe schätzen die Nutztiere, regelmäßig werden Kälber, Schafe und Ziegen gerissen. Auch die endemische Tatra-Gams bleibt nicht verschont. Betroffen ist vor allem das Gebiet zwischen dem Nízke-Tatry-Nationalpark (Niedere Tatra) und dem Tatranský-Nationalpark (Tatra) entlang der Grenze zu Polen. Um des Problems Herr zu werden, legte die slowakische Regierung eine alljährliche Abschussquote fest.

Nach über 1800 legal erlegten Tieren und vielen Kontroversen ist damit seit Juni 2021 Schluss. Der Wolf ist nun auch in der Slowakei ein geschütztes Tier. »Wölfe spielen als Spitzenraubtiere eine wichtige Rolle für das Gleichgewicht in der Natur«, argumentiert der World Wide Fund For Nature (WWF).

Das isolierende Winterfell schützt den Wolf auch bei Schnee und Eis vor Kälte.

**»Eine gesunde Zahl an Wölfen hat auch positive Auswirkungen auf die Landschaft. Sie reduziert die Rehwildpopulation, verhindert Schäden an jungen Bäumen und hilft damit bei der Wiederherstellung natürlicher Wälder. Es gibt keinen Grund für Wolfsjagden in unserem Land.« WWF Slovensko**

Trotz Abschussverbot bleiben die Konflikte zwischen Mensch und Raubtier bestehen. Deshalb sieht es die 1998 gegründete Slovak Wildlife Society (SWS) als ihre Hauptaufgabe, zwischen Wildtier und Mensch zu vermitteln: durch Aufklärung, durch Hilfe bei Schutzmaßnahmen für Nutztiere oder durch Kompensation bei gerissenen Tieren. Auch die Forschung spielt bei der SWS eine große Rolle. Und dabei setzen die Tierschützer auf Freiwillige aus aller Welt, denn alljährlich im Winter wird eine großflächige Suchaktion in der Tatra gestartet, um im Schnee Spuren von Wölfen, Luchsen und anderen Tieren zu sammeln, sie mittels eines GPS-Geräts zu kartieren und per Digitalkamera und Datenblatt zu dokumentieren. Das verhilft den slowakischen Tierschützern zu wichtigen Erkenntnissen über die Wildtierpopulation und den Freiwilligen zu unvergesslichen Landschaftseindrücken. Denn die Tatra, mit ihren bis zu 2600 Meter hohen Bergen, tiefen Canyons, glasklaren Seen und verschneiten Tannenwäldern verwandelt sich im Winter in eine weiße Zauberwelt.

**Kletterkünstler** *In den höheren Regionen der Tatra ist die endemische Tatra-Gams unterwegs. Zeitweise war sie vom Aussterben bedroht, doch in den letzten Jahren hat sich ihr Bestand stabilisiert. Ihre geschätzte Zahl schwankt zwischen 1000 und 1300 Tieren. Sie ist eine Verwandte der Alpengämse, wird jedoch aufgrund ihrer Isolation als eigene Gamsart betrachtet. Zu ihren natürlich Feinden zählen Wölfe, Luchse und Bären, bei Kitzen auch Steinadler.*

Die Tatra-Gams war bis vor Kurzem noch vom Aussterben bedroht. Jetzt wachsen ihre Bestände.

# NICHT VERPASSEN!

## Nationalpark Tatra

Ist das noch Europa? Oder ist das eine indonesische Vulkanlandschaft, ein gottverlassenes Hochtal in den Anden, ein Erosionsareal im afrikanischen Grabenbruch? Nein, diese fantastische Felsödnis liegt tatsächlich im Herzen von Europa: in der slowakischen Tatra, die sich 2654 Meter hoch auftürmt und die Wasserscheide zwischen zwei Meeren bildet. Ob ein Gewässer in die Ostsee fließt oder ins Schwarze Meer, entscheidet sich in diesem Gebirge, das von 300 Höhlen durchbohrt und mit 100 Gletscherseen gespickt ist, unergründlichen Relikten der letzten Eiszeit. Kein Wunder, dass die Tatra den Slowaken als größte Natursensation ihres kleinen Landes gilt. Das Gebirge zählt zu den Karpaten und erstreckt sich über die nördliche Grenze der Slowakei hinweg bis nach Polen. Der Tatra-Nationalpark ist Teil des Hochgebirges Karpaten und seit 1993 ein Biosphärenreservat der UNESCO. Es ist die kälteste Region der Slowakei und dennoch ideal zum Bergwandern und Mountainbiken. Symbol des Parks ist die hier beheimatete Tatra-Gams.

## Kriváň

Lange hielt man ihn für den höchsten Berg der Tatra, mit 2494 Metern belegt er jedoch »nur« Rang zehn. Zweifelsohne ist der Kriváň jedoch der markanteste Gipfel im Hochgebirge, beflügelte er doch schon immer die Fantasie der Menschen: Krummhorn oder Krummer Mann wird er im Volksmund genannt. Ein Engel soll seine Spitze verbogen haben. Während am Kriváň schon vor 500 Jahren nach Gold gegraben wurde, ist die Besteigung durch Pfarrer Czirbesz im Jahr 1772 die erste schriftlich belegte. Heute führen verschiedene Wanderwege – witterungsbedingt nur zwischen Juni und Oktober geöffnet – auf seinen Gipfel. Durch Kiefernwälder, vorbei an großartigen Bergseen und durch Gams-Gebiet.

**Symbolischer Gang** *Jährlich im August besteigen Hunderte Slowaken in Gedenken an die Unabhängigkeitsbewegung gemeinsam den Gipfel, der auf diese Weise auch zum heimlichen Nationalsymbol des Landes aufgestiegen ist.*

Links: Wem die Silhouette des Kriváň bekannt vorkommt, hatte wahrscheinlich schon einmal eine slowakische Cent-Münze in der Hand. Rechts: Kirche des heiligen Georg in Spišská Sobota, einem Stadtteil von Poprad.

Wenn man solch prächtige Bilder des Nationalparks Tatra sieht, fragt man sich, warum nicht viel mehr Menschen die Slowakei als Reisedestination in Betracht ziehen.

## Múzeum TANAP in Tatranská Lomnica

**Zum Schutz der natürlichen Diversität der Tatra wurde am 1. Januar 1949 der gleichnamige Nationalpark eingerichtet. Er ist der älteste in der Slowakei und erstreckt sich sowohl über die Hochgebirgsregion als auch über angrenzende Talbecken. Über die Entstehungsgeschichte der Tatra, die vor etwa 570 Millionen Jahren begann, ihre Vielfalt sowie die Arbeit zur Erhaltung von Flora, Fauna und Geologie informiert das Múzeum TANAP in Tatranská Lomnica. Das Museum beherbergt ein Ausstellungsgebäude mit Exponaten aus der Tierwelt. Darunter die großen Fleischfresser Braunbär und Wolf, Raubvögel wie Weißkopfseeadler und Wanderfalke sowie die endemischen Arten Tatra-Gams und Tatra-Murmeltier, die als Relikte der letzten Eiszeit überlebt haben. Der Außenbereich des Museums, der botanische Garten, bildet die gesamte Baum- und Pflanzenwelt der Tatra ab.**

## Poprad

Eingebettet in eine Kulisse schneebedeckter Gipfel, liegt Poprad an der Wasserscheide zwischen Schwarzem Meer und Ostsee. Die auch Deutschendorf genannte Stadt ist das Tor zur Hohen Tatra, wo Alpinisten ideale Bedingungen zum Bergwandern und Skifahren finden. Der Name Deutschendorf geht zurück auf Siedler, die hier nach dem Mongoleneinfall von 1242 sesshaft wurden. Während Poprad kaum Bedeutung erlangte, entwickelten sich die später eingemeindeten Siedlungen Vel'ká und Spišská Sobota zu wichtigen Marktzentren. Deren denkmalgeschützte Innenstädte sind kunsthistorisch wertvoll. Besonders sehenswert sind der Marktplatz von Spišská Sobota mit seinen bunten, schindelgedeckten Bürgerhäusern sowie die Kirche des heiligen Georg von 1273, die mit prächtigen, spätgotischen Flügelaltären aus der Werkstatt des Holzkünstlers Paul von Levoca ausgestattet ist.

# BILDNACHWEIS

C = Corbis, G = Getty, M = Mauritius Images

Cover: Vorderseite: Ondrej Prosicky/Shutterstock.com (Luchs, Andalusien); Rückseite: Look/Mint Images (Eishöhle, Island).

S. 2/3 Look/Avalon.red2, S. 4/5 Ondrej Prosicky/Shutterstock.com, S. 6/7 Mila Davidovic/Shutterstock.com, S. 8/9 Look/robertharding, S. 10 Look/age fotostock, S. 11 Migel/Shutterstock.com, S. 11 Look/ClickAlps, S. 12 AlbertoGonzalez/Shutterstock.com, S. 13 Look/Minden Pictures, S. 14 Jane Rix/Shutterstock.com, S. 14 Look/Bastian Linder, S. 15 G/wildestanimal, S. 17 Ervin-Edward/Shutterstock.com, S. 18 G/Christina Krutz, S. 19 G/Lydie Gigerichova, S. 20 M/Alfred Trunk, S. 20 M/Hilda Weges, S. 21 G/Olga Miltsova, S. 21 M/Lydie Gigerichova, S. 22 G/Oli Scarff, S. 23 Leighton Collins/Shutterstock.com, S. 23 Look/age fotostock, S. 24 Look/age fotostock, S. 25 M/andrzej, S. 27 M/ClickAlps, S. 27 G/Milan Zygmunt, S. 27 G/Alan Tunnicliffe, S. 27 G/Adelheid Nothegger, S. 27 G/Mike Warburton, S. 28 Look/age fotostock, S. 28 Look/ClickAlps, S. 29 G/Francesco Meroni, S. 30 G/dimitris_k, S. 31 G/Evgeni Dinev, S. 31 G/Jim Abernethy, S. 32 Look/age fotostock, S. 32 G/pidjoe, S. 33 G/j-wildman, S. 34 Look/Hemis, S. 34 G/Sean Gallup, S. 35 M/Tobias Tschepe, S. 36 Skowis-Foto/Shutterstock.com, S. 36 kingma photos/Shutterstock.com, S. 37 Look/age fotostock, S. 38 G/clickmo.de, S. 39 Look/Avalon.red2, S. 40/41 G/Benoit Personnaz, S. 43 Look/Hans Georg Eiben, S. 43 Look/Wilfried Feder, S. 44 Look/Günther Bayerl, S. 45 G/V. Giannella, S. 47 G/Zoran Obradovic, S. 47 Anton Sednev/Shutterstock.com, S. 47 Creative Travel Projects/Shutterstock.com, S. 48 Rudmer Zwerver/Shutterstock.com, S. 49 Simonas Minkevicius/Shutterstock.com, S. 49 Istvan Csak/Shutterstock.com, S. 50 M/Ingo Boelter, S. 50 G/SanderStock, S. 51 G/Daniel Bosma, S. 52 Georgios Tsichlis/Shutterstock.com, S. 53 zaferkizilkaya/Shutterstock.com, S. 54 G/happytrip, S. 55 M/Constantinos Iliopoulos, S. 56 JanBeZiemi/Shutterstock.com, S. 56 M/Norbert Probst, S. 57 Yagujinskaja/Shutterstock.com, S. 58/59 bchyla/Shutterstock.com, S. 60 fotorince/Shutterstock.com, S. 61 Damian Pankowiec/Shutterstock.com, S. 61 MrMR/Shutterstock.com, S. 62/63 Look/Minden Pictures, S. 63 Look/Reinhard Dirscherl, S. 64/65 Wirestock Creators/Shutterstock.com, S. 66 Look/Daniel Schoenen, S. 66 Look/age fotostock, S. 67 Look/age fotostock, S. 68 M/Gareth Kirkland, S. 68 M/Peter Giovannini, S. 68 G/Jean-Marc Barrere, S. 69 M/imageBROKER, S. 70 Look/Avalon.red2, S. 71 G/WIN-Initiative RM, S. 72/73 G/Manuel Romaris, S. 74 M/Olaf Krüger, S. 75 M/Alamy, S. 76 Look/age fotostock, S. 77 Look/age fotostock, S. 77 M/gualtiero boffi, S. 77 Look/Othmar Seehauser, S. 77 C/Foto Natura, S. 78/79 Look/Andreas Straufl, S. 81 G/Angelo D'Amico, S. 81 G/ermess, S. 81 M/John G. Wilbanks, S. 82 M/imageBROKER, S. 83 M/Alamy, S. 83 M/Alamy, S. 84 M/Bernard Menigault, S. 85 G/Print Collector, S. 85 M/Florilegius, S. 86 Look/Gerald Hänel, S. 87 G/Raimund Linke, S. 87 ArtBBNV/Shutterstock.com, S. 88 G/Hugo Hofverberg Hagman, S. 89 Look/Olaf Meinhardt, S. 89 Look/Olaf Meinhardt, S. 89 G/Micael Malmberg, S. 90 M/Uldis Zile, S. 91 Julija Kumpinovica/Shutterstock.com, S. 92 G/imantsu, S. 92 M/Christian Goupi, S. 93 M/Lüpez, S. 93 M/Armands Pharyos, S. 94 G/Southern Lightscapes-Australia, S. 95 C/Richard Shucksmith, S. 95 G/Danita Delimont, S. 96/97 G/Enrique R. Aguirre Aves, S. 99 Look/robertharding, S. 99 G/Jonathan Mitchell, S. 99 G/Southern Lightscapes-Australia, S. 100 M/Bart Wullings, S. 101 G/O. Haarberg, S. 102 Look/Aurora Photos, S. 103 M/Greatshots, S. 104 M/CuboImages, S. 105 M/Paolo Gislimberti, S. 105 M/CuboImages, S. 106 M/Enrico Spanu, S. 107 G/Tore65, S. 109 Marco Maggesi/Shutterstock.com, S. 109 Marian Cazacu/Shutterstock.com, S. 109 Simlinger/Shutterstock.com, S. 110 G/David Merron, S. 111 G/Arne Bivrin, S. 112 M/Paul Souders, S. 113 M/Paul Souders, S. 114 G/Paul Souders, S. 114 M/Martin Moxter, S. 115 G/David Merron, S. 116 M/Bob Gibbons, S. 116 M/Ramon Navarro, S. 117 Look/ClickAlps, S. 118 G/Cris Cantón, S. 119 M/Roger Powell, S. 119 M/Stéphane Bouilland, S. 119 M/Ramon Navarro, S. 119 M/Ramon Navarro, S. 119 M/Ramon Navarro, S. 119 M/Alamy, S. 120 C/Fernando Alda, S. 120 Look/Jürgen Richter, S. 121 G/Domingo Leiva, S. 122 M/Wild Wonders of Europe, S. 122 M/Laurie Campbell, S. 123 benny337/Shutterstock.com, S. 124 M/Yegorovnick, S. 125 G/Sven Zacek, S. 125 G/Sven Zacek, S. 126 C/dbn, S. 127 C/Marcel van Kammen, S. 127 C/Winfried Wisniewski, S. 127 C/Winfried Wisniewski, S. 127 C/Willie Rolfes, S. 127 C/Heike Odermatt, S. 127 C/Willi Rolfes, S. 129 G/HildaWeges, S. 129 G/Merten Snijders, S. 129 G/Erik_V, S. 130 Look/age fotostock, S. 131 Kluciar Ivan/Shutterstock.com, S. 131 WildMedia/Shutterstock.com, S. 132 aaltair/Shutterstock.com, S. 132 Ed Phillips/Shutterstock.com, S. 133 fotandy/Shutterstock.com, S. 135 M/Alamy, S. 135 Look/Konrad Wothe, S. 136/137 C/Scott Stulberg, S. 138 M/Yves Marcoux, S. 138 G/Ali Ayoub, S. 139 M/Jason Langley, S. 140 G/Michael Roeder, S. 141 M/Peter Weimann, S. 142 Look/Moritz Hoffmann, S. 143 M/Jürgen Feuerer, S. 143 M/Rene Mattes, S. 144 G/Arterra, S. 144 G/S. Vannini, S. 146 TadeasH/Shutterstock.com, S. 146 David Havel/Shutterstock.com, S. 146 Look/Avalon.red2, S. 147 Zsolt Biczo/Shutterstock.com, S. 147 feelthedrone/Shutterstock.com, S. 148 M/Christian Handl, S. 148 M/Werner Layer, S. 149 Look/Andreas Straufl, S. 151 Aleksandr Medvedkov/Shutterstock.com, S. 151 G/Borisb17, S. 151 Look/Rainer Mirau, S. 152 Vladimir Wrangel/Shutterstock.com, S. 152 G/Borut Furlan, S. 152 G/Mario Cigic, S. 152 G/Borut Furlan, S. 155 G/Danijela Bolanca, S. 155 M/Dalibor Brlek, S. 157 Look/Denis Feiner, S. 158 Look/age fotostock, S. 159 M/Peter Cairns, S. 159 M/Mark Hamblin, S. 159 C/Alistair Campbell, S. 160 M/Alamy, S. 161 Atmosphere1/Shutterstock.com, S. 161 Look/Franz Marc Frei, S. 162 Terje.l.m/Shutterstock.com, S. 162 G/Dave Stamboulis, S. 163 Anibal Trejo/Shutterstock.com, S. 164 Look/Saga Photo, S. 164 G/John Hemmingsen, S. 166 Juan Carlos Munoz/Shutterstock.com, S. 167 Diana Leadbetter/Shutterstock.com, S. 167 Juan Carlos Munoz/Shutterstock.com, S. 168 Look/robertharding, S. 168 C/Michelle Chaplow, S. 169 Look/robertharding, S. 170 Look/Axel Ellerhorst, S. 170 M/Siepmann, S. 173 G/Teka77, S. 173 Look/Holger Leue, S. 173 M/Radius Images, S. 174 G/David Trood, S. 175 Look/Thomas Stankiewicz, S. 176 Look/Arnt Haug, S. 176 G/Alessandro Flavio Bruno, S. 177 Look/age fotostock, S. 178 Look/Martin Siering, S. 179 G/Allard Schager, S. 180 Allard One/Shutterstock.com, S. 180 M/Neil Farrin, S. 181 G/Clive Nichols, S. 181 Look/robertharding, S. 182 KennethG/Shutterstock.com, S. 183 Look/Olaf Bathke, S. 184 M/Dieterich Werner, S. 185 M/Dieterich Werner, S. 185 M/Walter Bibikow, S. 186 G/Elena Pueyo, S. 187 Anibal Trejo/Shutterstock.com, S. 187 Look/Andreas Strauss, S. 188/189 G/Frank Olsen, S. 190 G/André Farinha, S. 191 G/Sizun Eye, S. 192 MKeerati/Shutterstock.com, S. 193 Look/Olaf Meinhardt, S. 193 Look/Olaf Meinhardt, S. 194 Bo Scheeringa Photography/Shutterstock.com, S. 195 M/Gareth McCormack, S. 197 G/George Karbus, S. 197 G/Cezary Zarebski, S. 197 G/Matt Loughrey, S. 198 G/Steffen Schnur, S. 199 G/Scott Markewitz, S. 199 G/Lars Thulin, S. 200/201 G/Anders Ekholm, S. 202 G/Maria Swärd, S. 203 G/Mats Lindberg, S. 203 G/Oskar Kihlborg, S. 205 rybarmarekk/Shutterstock.com, S. 206 M/Alamy, S. 207 Look/Thomas Rng, S. 208 M/Andreas Vitting, S. 209 M/Macronomy, S. 210 Felipe Mahecha/Shutterstock.com, S. 210 ON-Photography Germany/Shutterstock.com, S. 211 M/Martin Siepmann, S. 212 C/Robert Harding, S. 213 G/Apisak Kanjanapusit, S. 215 Look/ClickAlps, S. 216 Look/Konrad Wothe, S. 217 Yarygin/Shutterstock.com, S. 217 Fluieras Ana-Cristina/Shutterstock.com, S. 218 Dziewul/Shutterstock.com, S. 218 M/Tetyana Kochneva, S. 219 Dziewul/Shutterstock.com, S. 220/221 Look/Jürgen Richter, S. 223 Look/Jürgen Richter, S. 223 M/J.D. Dallet, S. 223 M/Alamy, S. 224 G/Johner Bildbyra, S. 225 M/Alamy, S. 226 Lepneva Irina/Shutterstock.com, S. 227 G/Marcel Petersen, S. 228 thailand_becausewecan/Shutterstock.com, S. 229 M/Peter Weimann, S. 230 H. & D. Zielske, S. 231 Look/Brigitte Merz, S. 231 M/Ernst Wrba, S. 232 Alamy/Frank Hecker, S. 232 Alamy/Julian Brooks, S. 232 Alamy/Senata, S. 233 Alamy/Nature Picture Library, S. 233 Alamy/Juniors Bildarchiv GmbH, S. 233 Alamy/Wildlife GmbH, S. 234 Aleksandar Todorovic/Shutterstock, S. 235 marcin jucha/Shutterstock.com, S. 235 Marisha_SL/Shutterstock.com, S. 236 Veronika Kovalenko/Shutterstock.com, S. 237 Zysko Sergii/Shutterstock.com, S. 238 M/Alamy, S. 238 Look/Bernard van Dierendonck, S. 239 Look/Bernard van Dierendonck, S. 240 M/Jordi Bas Casas, S. 241 Look/Bernard van Dierendonck, S. 241 M/Johan van der Wielen, S. 242 M/Ben Pipe, S. 243 G/Egmont Strigl, S. 243 M/Michael Runkel, S. 244 Zabotnova Inna/Shutterstock.com, S. 245 Vadym Lavra/Shutterstock.com, S. 245 G/Azem Ramadani, S. 245 G/Andrea Pistolesi, S. 247 goran_safarek/Shutterstock.com, S. 247 M/Ivan Coric, S. 247 G/Anna Gorin, S. 248 Look/robertharding, S. 249 Look/Thomas Stankiewicz, S. 250 G/Chris Hepburn, S. 251 G/James Osmond, S. 252/253 G/Mark Crocker - images through a lens, S. 254 G/Southern Lightscapes-Australia, S. 255 M/Joana Kruse, S. 256 Look/ClickAlps, S. 256 G/Arctic-Images, S. 257 M/Filip Fuxa, S. 258 M/Keith Levit, S. 258 M/Alamy, S. 259 M/Alamy, S. 260 M/Ben Schreck, S. 260 M/Bernd Römmelt, S. 263 M/Martin Siepmann, S. 263 Look/Christian Mueringer, S. 263 M/Martin Siepmann, S. 264 M/Wild Wonders of Europe, S. 264 G/Andreas Jäkel, S. 264 G/Westend61, S. 265 M/Jochen Tack, S. 267 M/Alberto Biscaro, S. 267 G/simonkr, S. 268 Look/ClickAlps, S. 269 Look/Hermann Erber, S. 269 G/Barbara Cerovsek, S. 270 Look/Andreas Straufl, S. 271 Look/Tobias Richter, S. 272/273 Look/age fotostock, S. 275 C/Andreas Jäkel, S. 275 Look/Heinz Wohner, S. 276 Look/Andreas Straufl, S. 276 Dusan Vainer/Shutterstock.com, S. 276 RudiErnst/Shutterstock.com, S. 277 Niks Freimanis/Shutterstock.com, S. 278 Martina Strihova/Shutterstock.com, S. 279 Look/Thomas Stankiewicz, S. 279 Look/Thomas Stankiewicz, S. 280 G/Wu Swee Ong, S. 281 Nikolai Lan/Shutterstock.com, S. 281 G/Roberto Moiola, S. 282 M/Mats Lindberg, S. 283 Margarita Hintukainen/Shutterstock.com, S. 283 Margarita Hintukainen/Shutterstock.com, S. 284 Look/Bernard van Dierendonck, S. 285 Look/Cavan Images, S. 285 M/Thomas Aichinger, S. 286 Look/age fotostock, S. 287 G/Mario Krpan, S. 287 G/AGF, S. 289 G/Luis Alvarez, S. 290 Look/Minden Pictures, S. 291 Look/Axel Ellerhorst, S. 292 Look/TerraVista, S. 293 Look/Heinz Wohner, S. 294 Elisa Hanssen/Shutterstock.com, S. 295 Elena Sherengovskaya/Shutterstock.com, S. 296/297 G/suraark, S. 297 G/Matthew Micah Wright, S. 298 G/Laure Fillon, S. 299 Look/ClickAlps, S. 300 54115341/Shutterstock.com, S. 301 Duilio Farina/Shutterstock.com, S. 301 Look/Hemis, S. 302 Kamonrat/Shutterstock.com, S. 303 Look/Reinhard Dirscherl, S. 304 M/Heiti Paves, S. 304 Andrew Sutton/Shutterstock.com, S. 306 Look/age fotostock, S. 307 Look/Minden Pictures, S. 307 Look/Hemis, S. 308 C/Robert Harding, S. 309 Look/Günther Bayerl, S. 310 Iulius Agency/Shutterstock.com, S. 311 Marian Negotei/Shutterstock.com, S. 312/313 Look/Minden Pictures, S. 314 Look/Don Fuchs, S. 315 Look/robertharding, S. 315 Look/Thomas Stankiewicz, S. 316 Look/Spaces Images, S. 317 filipzverina/Shutterstock.com, S. 318 Look/Thomas Stankiewicz, S. 319 Look/reisezielinfo.de, S. 319 Look/Thomas Stankiewicz, S. 320 Panagiotis Komninelis/Shutterstock.com, S. 321 Lenar Musin/Shutterstock.com, S. 322 Andreas Zeitler/Shutterstock.com, S. 322 Look/age fotostock, S. 323 Look/Günther Bayerl, S. 324 G/Orietta Gaspari, S. 325 Andrzej Kubik/Shutterstock.com, S. 326 Look/age fotostock, S. 327 Look/ClickAlps, S. 329 Look/Konrad Wothe, S. 329 Look/Andreas Straufl, S. 330 Look/age fotostock, S. 331 Look/Konrad Wothe, S. 333 M/Karl Allen Lugmayer, S. 333 G/George Pachantouris, S. 334 Look/age fotostock, S. 335 Look/Konrad Wothe, S. 336 Bildagentur Zoonar GmbH/Shutterstock.com, S. 337 G/RPBMedia, S. 337 G/RPBMedia, S. 339 Look/Avalon.red2, S. 340 Look/Travel Collection, S. 341 Look/robertharding, S. 343 Look/age fotostock, S. 343 Martin Pelanek/Shutterstock.com, S. 344 M/Katja Kreder, S. 344 M/Slawek Staszczuk, S. 345 Look/Manuel Bischof, S. 346 Look/Minden Pictures, S. 347 Soloviova Liudmyla/Shutterstock.com, S. 348 Kluciar Ivan/Shutterstock.com, S. 348 Rasto SK/Shutterstock.com, S. 349 G/ewg3D.

# IMPRESSUM


– MAIRDUMONT GmbH & Co. KG, Ostfildern
Kistlerhofstraße 111
81379 München
Telefon +49.89.45 80 20-0
www.kunth-verlag.de
info@kunth-verlag.de

ISBN 978-3-96965-074-5
1. Auflage

Printed in Slovakia

FSC
www.fsc.org
MIX
Papier aus verantwortungsvollen Quellen
FSC® C020353

Verlagsleitung: Grit Müller
Redaktion: Jennifer Valentin
Grafik: Ulrike Lang
Text: Martin H. Petrich, Katinka Holupirek, Laura Joppien, Annika Voigt